TOP **10**
NOVA YORK

ELEANOR BERMAN

PubliFolha

Brooklyn Bridge; Táxis de Nova York

UM LIVRO DORLING KINDERSLEY
www.dk.com

Copyright © 2002, 2013 Dorling Kindersley Limited, Londres, uma companhia da Penguin. "Top 10 New York" foi publicado originalmente na Grã-Bretanha em 2002 pela Dorling Kindersley Limited, 80 Strand, Londres, WC2R 0RL, Inglaterra.

Copyright © 2012 Publifolha – Divisão de Publicações da Empresa Folha da Manhã S.A.

Todos os direitos reservados. Nenhuma parte desta obra pode ser reproduzida, arquivada ou transmitida de nenhuma forma ou por nenhum meio sem permissão expressa e por escrito da Empresa Folha da Manhã S.A., por sua divisão de publicações Publifolha.

Proibida a comercialização fora do território brasileiro.

PUBLIFOLHA
Divisão de Publicações do Grupo Folha
Al. Barão de Limeira, 401, 6º andar,
CEP 01202-900, São Paulo, SP
Tel.: (11) 3224-2186/2187/2197
www.publifolha.com.br

EDITORA ASSISTENTE: Paula Marconi de Lima
COORDENADORA DE PRODUÇÃO GRÁFICA: Soraia Pauli Scarpa
PRODUTORA GRÁFICA: Mariana Metidieri

PRODUÇÃO EDITORIAL
EDITORA PÁGINA VIVA
TRADUÇÃO: Thais Costa
EDIÇÃO: Rosi Ribeiro
REVISÃO: Bia Nunes de Sousa e Pedro Ribeiro
DIAGRAMAÇÃO: Bianca Galante

Atualização da 3ª edição: Editora Página Viva

Dados Internacionais de Catalogação na Publicação (CIP)
(Câmara Brasileira do Livro, SP, Brasil)

Berman, Eleanor
Top 10 Nova York / Eleanor Berman ; [tradução Thais Costa].
– 3. ed. – São Paulo : Publifolha, 2013. – (Guia Top 10)

Título original: Top 10 New York.
Vários colaboradores.
ISBN 978-85-7914-261-9

1. Nova York (N.Y.) – Descrição e viagens – Guias I. Título.
II. Série.

11-01462   CDD-917.471

Índices para catálogo sistemático:
1. Guias de viagem : Nova York   917.471
2. Nova York : Guias de viagem   917.471

Este livro segue as regras do Acordo Ortográfico da Língua Portuguesa (1990), em vigor desde 1º de janeiro de 2009.

Impresso na South China, China.

Sumário

Top 10 Nova York

Empire State Building	8
Fifth Avenue	10
Rockefeller Center	12
Estátua da Liberdade	16
Ellis Island Immigration Museum	18
Times Square e Theater District	22
Central Park	26
Metropolitan Museum of Art	28
Solomon R. Guggenheim Museum	32
American Museum of Natural History	34
Museus	40
Galerias de Arte	42
Arranha-céus	44
Edifícios Históricos	46

*As listas Top 10 não estão em ordem de qualidade ou popularidade.
As 10 atrações, na opinião dos editores, são iguais em importância.*

Foi feito o possível para garantir que as informações deste livro fossem as mais atualizadas disponíveis até o momento da impressão. No entanto, alguns dados como telefones, preços, horários de funcionamento e informações de viagens estão sujeitos a mudanças. Os editores não podem se responsabilizar por qualquer consequência do uso deste guia nem garantir a validade das informações contidas nos sites indicados.

Os leitores interessados em fazer sugestões ou comunicar eventuais correções podem escrever para a Publifolha, Al. Barão de Limeira, 401, 6º andar, CEP 01202-900, São Paulo, SP, enviar um fax para: (11) 3224-2163 ou um e-mail para: atendimento@publifolha.com.br

Capa – **Corbis:** Alan Schein Photography, imagem principal. Lombada – **Dorling Kindersley:** Dave King b.
Contracapa – **Dorling Kindersley:** ca; Max Alexander c; Dave King cda, Unidentified cda.

Vista do Empire State Building; Pier 17, South Street Seaport

Figuras Históricas	48
Artes Cênicas	50
Música ao Vivo	52
Bares	54
Cabarés	56
Programas Românticos	58
Para Gays e Lésbicas	60
Festivais e Eventos	62
Compras	64
Atrações Para Crianças	66
Restaurantes	68

Área por Área

Lower Manhattan	72
Civic Center e South Street Seaport	78
Chinatown e Little Italy	84
Lower East Side e East Village	90
SoHo e TriBeCa	98
Greenwich Village	104
Union Square, Gramercy Park e Flatiron	110
Chelsea e Herald Square	116
Midtown	122
Upper East Side	132
Upper West Side	138
Morningside Heights e Harlem	144
Fora do Centro	150

Dicas de Viagem

Planejamento	160
Onde Ficar	172
Índice	180

Estátua da Liberdade; Artistas de rua na Washington Square

TOP 10 NOVA YORK

Destaques
6-7

Empire State Building
8-9

Fifth Avenue
10-1

Rockefeller Center
12-5

Estátua da Liberdade
16-7

Ellis Island Immigration Museum
18-21

Times Square e Theater District
22-5

Central Park
26-7

Metropolitan Museum of Art
28-31

Solomon R. Guggenheim Museum
32-3

American Museum of Natural History
34-7

Top 10 de Tudo
40-69

Destaques

Com seus arranha-céus, museus excelentes e a reluzente Broadway, Nova York é uma cidade de superlativos. Há inúmeras atrações, mas algumas são realmente imperdíveis para qualquer turista. O capítulo a seguir ilustra as melhores.

Empire State Building
Este arranha-céu art déco é um dos símbolos mais célebres da cidade e também cenário de inúmeros filmes. Seu observatório no 86º andar descortina uma vista panorâmica inesquecível de Nova York *(pp. 8-9)*.

Fifth Avenue
Uma mescla estonteante de lojas modernas e arquitetura de nível internacional caracteriza esta avenida, que é um dos endereços de maior prestígio na cidade *(pp. 10-1)*.

Rockefeller Center
Uma maravilha urbana no centro da cidade, com jardins, restaurantes, uma galeria de lojas no subsolo, escritórios, um rinque de patinação e mais de cem obras de arte, de murais a estátuas *(pp. 12-5)*.

Estátua da Liberdade
Símbolo da liberdade para milhões de pessoas em busca de uma vida nova nos EUA, a dama que ergue a tocha está instalada em sua própria ilha *(pp. 16-7)*.

Times Square e Theater District
Uma explosão de néon ilumina a Broadway e a Times Square, onde mais de 40 teatros famosos exibem diversos shows de grande sucesso *(pp. 22-5)*.

Ellis Island Immigration Museum
Edifícios minuciosamente restaurados proporcionam a experiência de reviver a saga dos imigrantes que vieram para Nova York em diferentes épocas, criando esta cidade multiétnica *(pp. 18-21)*.

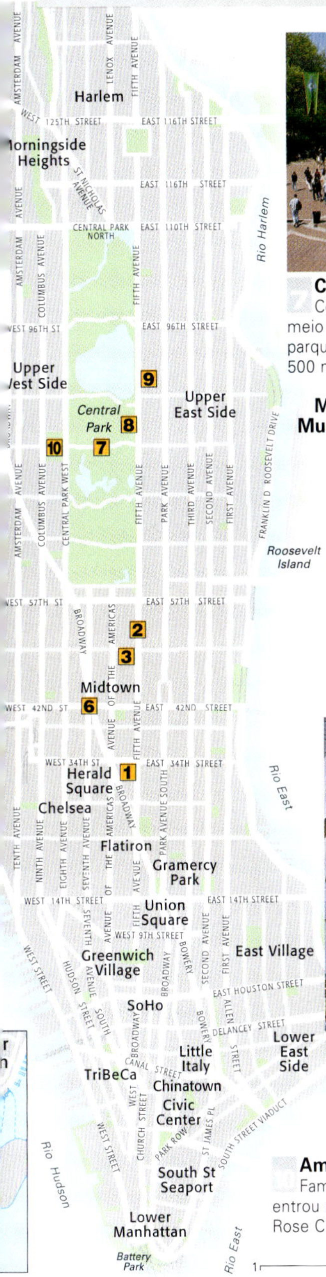

Top 10 Nova York

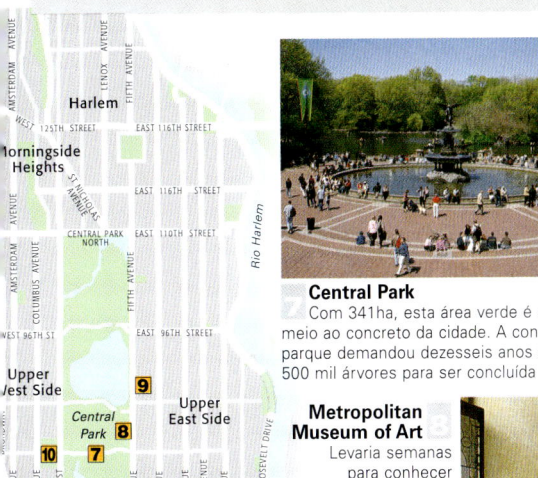

Central Park
Com 341ha, esta área verde é um oásis em meio ao concreto da cidade. A construção do parque demandou dezesseis anos e mais de 500 mil árvores para ser concluída *(pp. 26-7)*.

Metropolitan Museum of Art
Levaria semanas para conhecer este museu todo, que possui uma das melhores coleções do mundo ocidental, cobrindo 5 mil anos de cultura *(pp. 28-31)*.

Guggenheim Museum
Este edifício de Frank Lloyd Wright é por si só uma obra de arte e abriga um grande acervo de arte contemporânea *(pp. 32-3)*.

American Museum of Natural History
Famoso por seus dinossauros, o museu entrou na era espacial com o impressionante Rose Center for Earth and Space *(pp. 34-7)*.

Empire State Building

O Empire State Building é o arranha-céu mais alto e famoso de Nova York. Desde sua inauguração, em 1931, mais de 120 milhões de visitantes, incluindo a banda de rock Kiss e a rainha Elizabeth II, admiraram no observatório a vista da cidade. Projetado nos prósperos anos 1920 pelo escritório de arquitetura de Shreve, Lamb e Harmon, este clássico Art Déco foi concluído durante a Depressão e ficou em grande parte desocupado por vários anos, dando origem ao apelido "Empty State Building". O edifício aparece em inúmeros filmes; quando King Kong voltou em 1983 para comemorar o 50º aniversário do filme cult, fãs do mundo inteiro saudaram a subida triunfante de um imenso macaco inflável.

Vista do Empire State Building

- Há alguns restaurantes e lojas no piso térreo.
- Vá no fim do dia para ver as luzes da cidade se acendendo.

- 350 5th Ave com 34th St • Mapa K3
- www.esbnyc.com
- Aberto 8h-2h diariam (últ adm: 1h15)
- Adultos US$22, idosos (62+) US$20, crianças (6-12) US$16, até 5 grátis, militares de uniforme grátis; Express Pass: US$45, Audio Tour US$8
- Há revista de segurança; só são permitidas sacolas de porte médio

Destaques

1. O Edifício
2. Mural no Saguão
3. Observatório no 102º andar
4. Observatório no 86º andar
5. Pináculo
6. Elevadores
7. Vitrines na Fifth Avenue Gallery
8. Dia dos Namorados
9. New York Skyride
10. Empire State Run-up

O Edifício
Um mastro para prender zepelins, que hoje é uma antena de TV, foi construído para que o edifício de 102 andares e 443m fosse mais alto do que o Chrysler Building.

Mural no Saguão
O destaque do saguão principal é um formidável mural art déco de 11m com a imagem do Empire State Building em aço, alumínio e folheada a ouro.

Observatório no 102º Andar
Em dias claros, a vista no deque do 102º andar chega a 130km. Os ingressos são vendidos no Visitors' Center, no segundo andar (mais US$15).

Veja mais sobre arranha-céus de Nova York nas **pp. 44-5**

Observatório no 86º Andar
Todo ano, mais de 3,5 milhões de pessoas admiram a vista estupenda descortinada no 86º andar, no pavilhão envidraçado que fica 320m acima da cidade.

Pináculo

O pináculo é iluminado para comemorar feriados, novas estações e eventos, apoiar causas e fazer homenagem a grupos étnicos de Nova York: vermelho, branco e azul para os feriados nacionais; verde para o St. Patrick's Day; e azul e branco para o Chanukah.

Top 10 Nova York

Elevadores
Os visitantes sobem até o 86º andar em 45 segundos – 427m por minuto – em um dos 73 elevadores art déco. O último elevador sobe à 1h15 da madrugada.

Vitrines na Fifth Avenue Gallery
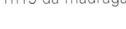
Quatro vitrines no saguão todo revestido de mármore da Fifth Avenue Gallery expõem obras e objetos de muitos museus, galerias e artistas de Nova York. Essas mostras temporárias mudam regularmente.

Dia dos Namorados
Desde 1994, casamentos são uma tradição no Empire State Building. A cada ano, quatorze casais românticos são especialmente escolhidos para se casar no único dia em que há esse tipo de cerimônia por aqui.

New York Skyride
Um passeio virtual de helicóptero em um telão leva os espectadores acima, sob e através de um dos marcos mais conhecidos da cidade.

A Construção do Empire State
O Empire State Building foi projetado por William F. Lamb, seguindo a recomendação para "fazê-lo grandioso". Foram precisos apenas 410 dias para construir este arranha-céu de 102 andares com 365 mil t de calcário e granito. Em média, quatro andares e meio eram erguidos por semana. No entanto, em dez dias a equipe de 3.500 pessoas conseguiu concluir dez andares. Devido às fundações relativamente rasas do edifício, 60 mil t de vigas de aço foram usadas para dar suporte à torre.

Empire State Run-up
Seguindo uma tradição que data de 1978, no mês de fevereiro centenas corredores sobem os 1.576 degraus do saguão até o 86º andar. O recorde atual é 9 minutos e 33 segundos.

Poupe tempo comprando ingressos on-line em www.esbnyc.com/tickets/

Fifth Avenue

A Midtown Fifth Avenue, o bulevar mais conhecido de Nova York, abriga três edifícios famosos da cidade. No final do século XIX, ela era ladeada por mansões de famílias importantes, mas quando varejistas foram para o norte no século XX, a sociedade também se deslocou nessa direção. Uma das mansões que restam é a da Cartier, que a adquiriu do banqueiro Morton F. Plant em 1917 em troca de um colar de pérolas. Embora hoje existam empresas de comércio na avenida, ela ainda é uma meca do luxo. Seu ponto alto é no domingo de Páscoa, quando o tráfego é fechado e os nova-iorquinos passeiam usando chapéus elaborados.

Fachada da Cartier, com decoração natalina

○ Visitas gratuitas na New York Public Library: 11h e 14h seg-sáb, e 14h dom; não é preciso fazer reserva para grupos de até dez pessoas.

A St. Patrick's Cathedral é aberta a visitação de 6h30-20h45 diariam.

• O centro da Fifth Avenue vai do Empire State Building (pp. 8-9), na 34th St, até a Grand Army Plaza, na 59th St, um trecho ideal para caminhar, com somente 1,6km
• Mapa H3-K3
• Informação turística: 212 484 1222
• New York Public Library: 212 930 0800, www.nypl.org

Destaques
1. Grand Army Plaza
2. Bergdorf Goodman
3. General Motors Building
4. Tiffany & Company
5. Trump Tower
6. Cartier
7. St. Patrick's Cathedral
8. Saks Fifth Avenue
9. New York Public Library
10. Lord & Taylor

Grand Army Plaza
Esta praça é dominada pelo Plaza Hotel, de 1907, e pela estátua do general William T. Sherman, feita por Augustus Saint-Gaudens. Daqui saem passeios de carruagem pelo Central Park.

Bergdorf Goodman
Fundada em 1894 como uma pequena loja de moda feminina e peles, a melhor loja de departamentos local está aqui desde 1928. A loja masculina foi aberta em 1990 no outro lado da rua.

General Motors Building
Erguido em 1968, o edifício de mármore de Edward Durell Stone se destaca pela arquitetura e pelo estúdio da CBS na área da praça, ao lado da loja FAO Schwarz.

Tiffany & Company
Bonequinha de luxo, de Truman Capote (1958), fez desta a joalheria mais famosa de Nova York. As vitrines são verdadeiras obras de arte.

Trump Tower
Um vão interno aberto de seis andares, o átrio da Trump Tower é embelezado por jardins suspensos e um espetacular paredão de água de 24m.

Cartier
Olhe para o alto e admire os vestígios da linda mansão beaux-arts de 1905 que abriga esta famosa joalheria de luxo. Na época do Natal, o edifício todo é envolto por uma gigantesca fita vermelha.

St. Patrick's Cathedral
Em 1878, James Renwick Jr. projetou a igreja mais grandiosa de Nova York em estilo gótico francês *(acima)*. As portas de bronze, o baldaquim acima do altar-mor, a Lady Chapel e a rosácea estão entre seus traços notáveis.

Saks Fifth Avenue
Uma das lojas mais bonitas de Nova York, a Saks muda sazonalmente a decoração de seu andar principal no edifício de 1924 e vende moda masculina e feminina de alta classe.

New York Public Library
O máximo em elegância beaux-arts, este marco de 1911 tem salões de mármore abobadados e uma sala de leitura com painéis que refletem a luz dos janelões em arco.

Leão guardião da Public Library

Lord & Taylor
Presente na Fifth Avenue desde 1914, a Lord & Taylor oferece moda ao alcance de todos os bolsos. A loja é conhecida por suas vitrines de Natal com animação.

A Rua dos Milionários
Desde seus primórdios no início do século XIX, a Fifth Avenue é o território da alta sociedade de Nova York, com casas que passaram a custar até US$20 mil após a Guerra Civil. Quando empresas de varejo e comércio, embora bastante exclusivas, se instalaram nessa área de milionários no fim do século XIX, estes foram morar em palacetes mais ao norte, ao longo da Fifth Avenue. Essa tendência foi lançada por Mrs. Astor, que mudou-se para a 65th Street depois que seu sobrinho William Waldorf Astor construiu o Waldorf Hotel ao lado de sua antiga residência.

Veja mais sobre compras em Nova York nas **pp. 64-5**

Rockefeller Center

Uma cidade dentro da cidade e Marco Histórico Nacional, este é o maior complexo privado do mundo. Iniciado na década de 1930, foi o primeiro projeto comercial a integrar escritórios com jardins, alimentação e lojas. Fervilhante dia e noite, o Rockefeller Center é o coração da área central de Nova York. O número de edifícios aumentou para dezenove, mas os mais recentes não têm a mesma elegância art déco das quatorze estruturas originais. Neste complexo há mais de cem obras de arte, incluindo um grande mural em cada edifício. Ainda em expansão, este lugar abriga uma das coleções de arte pública mais notáveis dos EUA.

Destaques

1. Channel Gardens
2. Jardim Submerso
3. Estátua de Prometeu
4. Estátua de Atlas
5. GE Building
6. NBC Studios
7. Estúdio do Today Show
8. Galeria de Lojas
9. Radio City Music Hall
10. Top of the Rock

Partindo da 5th Ave, atravesse a pé os Channel Gardens e vá até o Sunken Garden.

Pegue um folheto de passeios autoguiados no saguão do GE Building enquanto aprecia os Sert Murals.

Há uma vista de 360 graus de Manhattan no Top of the Rock nos 67º-70º andares.

• O Rockefeller Center se estende da 5ª à 6ª Aves, entre as 48th e 51st Sts
• Mapa J3
• www.rockefeller center.com
• NBC Studios: 30 Rockefeller Plaza, 212 664 3700, passeios a cada 15-30min 8h30-17h30 seg-sex, 9h30-18h30 sáb, 9h30-16h30 dom, entrada paga, aconselhável fazer reserva
• Today Show: Rockefeller Plaza na 49th St, aberto 7h-9h seg-sex
• Top of the Rock: 30 Rockefeller Plaza, 212 698 2000, aberto 8h-24h diariam (último elevador às 23h), entrada paga, www. topoftherocknyc.com

Channel Gardens

Com nome tirado do Canal da Mancha, pois separam os edifícios French e British, os jardins mudam com o calendário e são ladeados por anjos brilhantes no Natal. As seis figuras nas cabeceiras são de René Chambellan (abaixo).

Jardim Submerso

Rinque de patinação no inverno e verdejante café ao ar livre no verão, o Jardim Submerso é animado o ano inteiro. As bandeiras que o cercam representam os membros da ONU.

Estátua de Prometeu

Feita pelo artista Paul Manship, uma estátua de bronze de 5,5m folheada a ouro (abaixo) domina o Jardim Submerso. O pedestal representa a Terra, e o círculo com os signos do zodíaco simboliza os céus.

Estátua de Atlas

Esculpida por Lee Lawrie, esta figura de 4,5m e 6.350kg fica apoiada em um pedestal de 3m. Uma das quinze obras de Lawrie no Center, ela chama a atenção logo na entrada do International Building.

Planta do Rockefeller Center

GE Building

O elemento central do Rockefeller Center é uma torre esguia de calcário de 70 andares, com reentrâncias graduais que asseguram que nenhum escritório fique a mais de 8m de uma janela.

NBC Studios

Aqui são populares as visitas aos bastidores dos estúdios de uma grande rede de televisão. Os ingressos podem ser comprados on-line ou no saguão do GE Building. É possível se inscrever antes para os programas (p. 166).

Estúdio do Today Show

Nos dias de semana, este programa matinal de TV pode ser visto ao vivo da calçada em frente ao estúdio. Músicos conhecidos frequentemente fazem shows ao ar livre na praça.

Galeria de Lojas

Há uma grande variedade de lojas na galeria subterrânea, chamada popularmente de as catacumbas, do GE Building, incluindo uma filial da loja do Metropolitan Museum.

Radio City Music Hall

Os passeios nesta obra-prima art déco e antigo palácio cinematográfico mostram a decoração, o palco e o lendário órgão Wurlitzer (p. 51).

Top of the Rock

Os visitantes se deparam com uma vista de tirar o fôlego e têm espaço para circular nos três níveis do deque de observação.

John D. Rockefeller Jr.

Lendário filantropo e multimilionário, John D. Rockefeller Jr. (1874-1960) era filho e herdeiro de John Davison Rockefeller, um magnata do petróleo de Ohio. Ele passou a gerir os negócios da família em 1911. Rockefeller, mais conhecido como John D., tinha a convicção de que sua herança devia ser usada em benefício da sociedade. Entre suas doações filantrópicas figuram contribuições polpudas para financiar a construção da sede da ONU (pp. 124-5), do Cloisters (p. 31) e da Riverside Church (p. 145).

Top 10 Nova York

Mercúrio alado, de Lee Lawrie; Painel de Gaston Lachaise

Arte no Rockefeller Center

1 Progresso Americano
O mural do catalão Josep Maria Sert (1874-1945) mostra 300 anos do desenvolvimento dos EUA pela união da mente e da força física. O mural *Time*, também de Sert, adorna um dos tetos.

2 Sabedoria

A figura central de *Sabedoria*, de Lee Lawrie (1877-1963), segura uma bússola apontada para ondas de luz e som e é esculpida em uma tela de 240 blocos de vidro.

3 Painéis de Gaston Lachaise
Estes dois painéis do grande escultor americano (1882-1935) homenageiam a contribuição dos operários para a construção do Rockefeller Center, mostrando-os em ação.

4 News
Esta escultura heroica feita por Isamu Noguchi (1904-88) é de aço inoxidável. O painel de 10t ilustra as ferramentas da imprensa, incluindo câmera, telefone, bloco de notas e lápis.

5 Indústrias do Império Britânico
Em bronze folheado a ouro, este painel de Carl Paul Jennewein (1890-1980) mostra nove tipos de atividades industriais britânicas, incluindo cana-de-açúcar, sal e tabaco.

6 Despertar da Inteligência Humana
Um milhão de tesselas (peças de vidro esmaltado) em mais de 200 tons compõem o mosaico de Barry Faulkner (1881-1966) representando palavras ditas e escritas.

7 Portais
Feita por Josef Albers em 1961, a obra de vidro polido leitoso e mármore de Carrara cria uma superfície de quadrados recuados que dá profundidade ao mural.

8 Mercúrio Alado
Feito por Lee Lawrie em 1933, o belo relevo de Mercúrio, o deus romano da eloquência, do comércio e do lucro, celebra o império britânico. A figura clássica dourada usa um elmo – um sinal de proteção.

News, Isamu Noguchi

9 A História da Humanidade
Também de Lawrie, a história em quinze blocos tem tons de dourado, escarlate e verde-azulado, e no alto um relógio simboliza o tempo.

10 Mural 896
Mais recente, é um desenho geométrico criado para o local em 1999 por Sol Lewitt, que se estende por quatro paredes na entrada da sede da Christie's na 48th St.

Estatísticas

1. Edifício mais alto: 259m, 70 andares
2. Elevadores: 388
3. Subida de passageiros por dia: mais de 400 mil
4. Velocidade máxima do elevador: 427m por minuto (37 segundos sem parada até o 65º andar)
5. Pessoas trabalhando no complexo: 65 mil
6. Telefones: 100 mil
7. Janelas em escritórios: 48.758
8. Restaurantes: 45
9. Lojas: 100
10. Visitantes por dia: 250 mil

A Construção do Rockefeller Center

John D. Rockefeller colocando o rebite final

Quando a Depressão inviabilizou o plano original de John D. Rockefeller Jr. de um teatro de ópera, ele optou por criar um grande complexo comercial. O inovador design art déco, a cargo de Raymond Hood, incluía uma praça (Rockefeller Plaza) e uma galeria subterrânea. Os quatorze edifícios construídos em 1931-40 geraram 225 mil empregos durante o auge da Depressão. Obras de arte eram um elemento essencial e mais de 30 artistas deixaram sua marca em saguões, fachadas e jardins dentro do programa "New Frontiers".

Primeiras Transmissões de Rádio

A pioneira rede radiofônica formada pela RCA, RKO e NBC foi a primeira ocupante do Rockefeller Center. A princípio, todo o complexo era denominado de "Radio City."

Operários durante a construção do Rockefeller Center, 1932

Estátua da Liberdade

A figura que domina a baía de Nova York, oficialmente intitulada de "Liberdade Iluminando o Mundo", é um símbolo de liberdade para milhões de pessoas desde sua inauguração pelo presidente Grover Cleveland, em 1886. A estátua, um presente da França pelo 100º aniversário dos EUA, em 1876, foi idealizada pelo escultor francês Frédéric-Auguste Bartholdi, que dedicou 21 anos ao projeto. A lentidão para angariar fundos em ambos os lados do Atlântico atrasou sua conclusão em dez anos, mas não foi difícil achar financiamento para a restauração no seu centenário, orçada em US$100 milhões. A reinauguração em 3 de julho de 1986 foi festejada com um dos maiores shows pirotécnicos já vistos no país.

Festa pela restauração, 3 de julho de 1986

- É aconselhável fazer reserva e chegar cedo, para evitar as longas filas.

Para tirar boas fotos, sente-se à direita no barco de ida e à esquerda na volta.

- Pegue o trem 1 para South Ferry, o trem 4 ou 5 para Bowling Green ou o trem R ou W para Whitehall St para ir de metrô ao Battery Park.
- Balsas saem de Castle Clinton, Battery Park, a cada 20-30 min, 8h30-16h30 diariam (no inverno 9h30-15h30)
- www.nps.gov/stli

Destaques

1. Castle Clinton National Monument
2. Battery Park
3. Passeio de Balsa
4. A Estátua de Perto
5. Pedestal
6. Coroa
7. Tocha e Livro
8. Estrutura
9. Vistas
10. Exposições Históricas

A Estátua de Perto
Uma visão de perto revela o tamanho imponente da Estátua da Liberdade. Dominando a baía de Nova York, ela tem 93m de altura e pesa 200t. Seu braço direito empunhando a tocha simbólica tem 13m de extensão, ao passo que seu dedo indicador mede 2,4m e apequena qualquer ser humano.

Battery Park
Com estátuas e monumentos em honra dos primeiros imigrantes judeus de Nova York recebidos pela Guarda Costeira dos EUA, o parque também tem vista para o mar.

Passeio de Balsa
As balsas que transportam um fluxo constante de visitantes de Manhattan e Jersey City para a Estátua da Liberdade e a Ellis Island oferecem vista memorável.

Pedestal
O conceituado arquiteto americano Richard Morris Hunt foi escolhido para desenhar o pedestal de 27m da Estátua da Liberdade, que se apoia em uma base de concreto dentro das paredes em forma de estrelas pontiagudas de Fort Wood, uma fortaleza erguida para a guerra de 1812.

Castle Clinton National Monument
O forte, de 1808, hoje funciona como ponto de embarque para a Estátua da Liberdade e a Ellis Island. Exibe um panorama da história da cidade.

Coroa

Diz a lenda que a mãe de Bartholdi foi o modelo da Liberdade, mas o rosto foi de fato baseado em seus primeiros desenhos para uma estátua jamais construída no Egito. Os sete raios de sua coroa representam os sete mares e os sete continentes.

Tocha e Livro

A nova tocha, com sua chama folheada a ouro, foi acrescentada na restauração de 1984-86. A original está exposta no saguão principal. O livro na mão esquerda da estátua tem a inscrição 4 de julho de 1776 em algarismos romanos.

Estrutura

Gustave Eiffel, célebre por sua torre em Paris, criou a estrutura interna. O revestimento laminado de cobre, de 31t, se apoia em barras de um pilar central de ferro que prende a estátua à base.

Vista

Dos deques de observação no pedestal e na coroa da estátua tem-se vista espetacular de Manhattan. A coroa foi reaberta para um número limitado de visitantes em 2009, após ser fechada devido aos atentados de 11/9/2001.

Exposições Históricas

O museu dentro da base documenta a história completa da Estátua da Liberdade por meio de fotos, pôsteres, vídeos, depoimentos e réplicas em tamanho natural do rosto e do pé. É preciso ter um passe para visitar a base e a plataforma de observação.

O Portal do Novo Mundo

A Estátua da Liberdade simboliza o início de uma vida nova para milhões de imigrantes que fugiam da pobreza e da opressão. Símbolo permanente da liberdade e esperança, é tema do poema de Emma Lazarus *O novo colosso:* "...Venham a mim os exaustos, os pobres, as massas confusas ansiando por respirar liberdade... Enviais estes, os desabrigados, os arrojados por tempestades, a mim. Eu levanto minha tocha junto ao áureo portal."

🔟 Ellis Island Immigration Museum

A Ellis Island simboliza o legado da imigração nos EUA. De 1892 a 1954, foi o ponto de chegada para mais de 12 milhões de pessoas que fugiam da perseguição religiosa, da pobreza ou de conflitos políticos em seu país de origem. Seus descendentes, mais de 100 milhões de pessoas, somam quase 40% da população atual. Passageiros da primeira e da segunda classes passavam por triagem para imigração ainda a bordo dos navios, mas os pobres da terceira classe eram levados para a ilha lotada para exames médicos e legais. Essa era uma perspectiva assustadora após uma viagem extenuante para uma terra cujo idioma era desconhecido para a maioria dos recém-chegados. Até 5 mil pessoas passavam por aqui a cada dia. O museu relata a experiência deles na ilha e dá um panorama da imigração nos EUA.

Destaques

1. Área de Chegada
2. Grande Saguão
3. Fila para Exame Médico
4. Dormitório
5. Escritório de Bilhetes de Trem
6. Sala de Bagagem
7. The Peopling of America
8. American Family Immigration History Center
9. American Immigration Wall of Honor
10. Immigrants' Living Theater

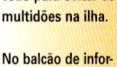

A cafeteria e as áreas de piquenique da ilha são bons locais para almoço ou lanches.

No Battery Park, pegue uma balsa cedo para evitar as multidões na ilha.

No balcão de informações do museu, pegue ingressos para o filme gratuito de 30 minutos "Island of Hope, Island of Tears".

• Para um mapa da Ellis Island, veja o detalhe de Lower Manhattan para Midtown na p. 6
• 212 363 3200
• www.nps.gov/elis
• Balsas do Battery Park: 866 STATUE4
• Balsas para a Estátua da Liberdade e a Ellis Island: adultos US$13, idosos US$10, crianças (4-12) US$5, crianças até 4 grátis
• Aberto jun-ago: 9h-18h diariam; set-mai: 9h-17h15 diariam
• Grátis

Área de Chegada

Multidões de passageiros da terceira classe *(abaixo)* entravam pelo convés original daqui após serem trazidos dos navios. Intérpretes davam as instruções em uma babel de idiomas.

Grande Saguão

Amontoados em bancos, os imigrantes aguardavam exames que determinariam seu ingresso no país. Um médico os observava subindo as escadas e marcava letras com giz nos que davam indício de requerer uma inspeção especial.

Fila para Exame Médico

Intérpretes orientavam os imigrantes nos exames médicos. Os mais temidos eram os oftalmológicos em busca de sintomas de tracoma, uma doença que causava cegueira e razão de mais da metade dos confinamentos médicos, o que levava à deportação certa.

Veja mais sobre a história de Nova York nas **pp. 48-9**

Dormitório
Imigrantes detidos para mais exames dormiam aqui em alas separadas para homens e mulheres. Embora o processo fosse estressante, apenas 2% dos estrangeiros tinham sua entrada negada no país.

Escritório de Bilhetes de Trem
Quem ia além de Nova York era levado de balsa para terminais de trem em New Jersey, a fim de seguir viagem. Os agentes vendiam até 25 bilhetes por minuto.

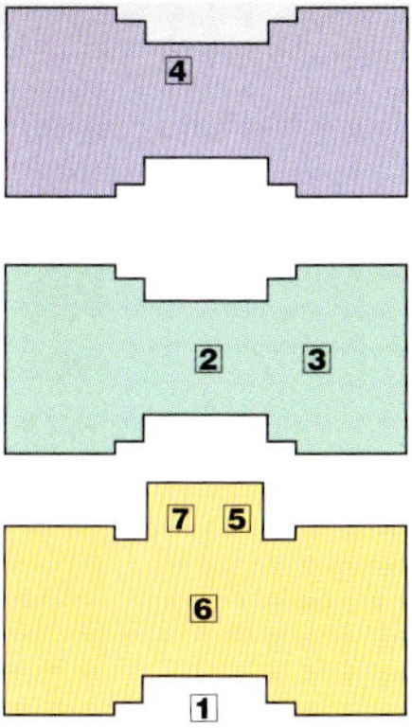

Legenda da Planta
- Primeiro Andar
- Segundo Andar
- Terceiro Andar

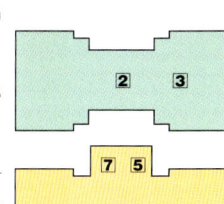

Top 10 Nova York

Sala de Bagagem
Aqui era feita a revista de arcas, baús e cestos contendo os parcos pertences que os estrangeiros traziam de seu país de origem.

The Peopling of America
Mais de 30 galerias abrangem 400 anos de história da imigração. Mostras como *The Peopling of America* têm artefatos, bens herdados, pôsteres, mapas e fotos doados pelas famílias de imigrantes.

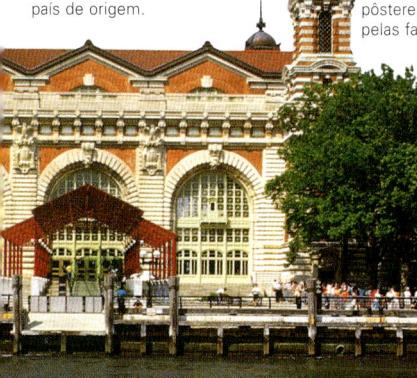

American Family Immigration History Center
Usando computadores e tecnologia multimídia, os visitantes acessam os registros de chegada de mais de 22 milhões de pessoas que entraram em Nova York entre 1892 e 1924.

A Ellis Island de New Jersey
Embora propriedade federal, a Ellis Island foi objeto de uma longa batalha por sua jurisdição territorial, só decidida em 1998. Originalmente com 1,2ha, sua área foi ampliada na década de 1900 com o aterro que a deixou com mais de 10,9ha. Em 1998, a Suprema Corte decidiu que o aterro estava no território de New Jersey e a parte original em Nova York. Autoridades de New Jersey lançaram um programa de restauração que incluía salvar os edifícios hospitalares abandonados.

American Immigration Wall of Honor
Em honra a seus antepassados, americanos pagam para ter seu nome nesta lista de mais de 600 mil. Incluindo as famílias de John F. Kennedy e Barbra Streisand, este é o maior muro de nomes do mundo.

Immigrants' Living Theater
Produções teatrais diárias, baseadas em relatos de imigrantes, são encenadas por atores que recriam as experiências na Ellis Island. O museu tem dois cinemas, uma biblioteca e um Estúdio de História Oral com reminiscências gravadas.

 Veja mais sobre museus nas **pp. 40-1**

Imigrantes italianos; Chegada à ilha; Grupo de antilhanos de língua francesa

Marcos na História da Imigração

1624
Chegada dos primeiros holandeses em Nova Amsterdã, um próspero centro de comércio que atraía colonos de diversos países. Em 1643, os 500 habitantes da localidade falavam dezoito idiomas.

1664
A aversão pelo governador holandês Peter Stuyvesant e pelos impostos da Companhia das Índias Orientais gerou pouca resistência à expulsão dos holandeses pelos britânicos, que rebatizaram a cidade de Nova York.

1790
Pelo primeiro censo do país, a população de Nova York, com 33.131 habitantes, era a segunda maior das colônias, com maioria de britânicos e holandeses.

Asiáticas em uma confecção em Chinatown

Meados do século XIX
A escassez alimentar de 1845-8 na Irlanda e a crise econômica na Alemanha impulsionaram a vinda de muitos para Nova York, cujo rápido crescimento como porto e centro fabril gerava empregos.

Polonesa na Ellis Island, c. 1910

1880-1910
Vinda de milhares de italianos e de judeus russos e poloneses, em fuga da opressão e da penúria.

1892
Quando Castle Island, um posto de controle de imigração fundado em 1855, ficou pequena para a demanda, Ellis Island assumiu a função. Instituições de cunho social foram montadas para ajudar moradores de lugares insalubres, e programas de "americanização" estimulavam a integração.

1924
Quase 40% da população de Nova York era estrangeira. Leis fixaram cotas de imigração; habitantes de colônias britânicas no Caribe se beneficiaram de sua cota e vieram em grande número.

1965
A Lei Hart-Cellar proíbe a discriminação baseada no país de origem; começa uma nova onda de imigração.

Década de 1980
Chegada de 1 milhão de imigrantes, sobretudo asiáticos e latino-americanos. A população chinesa chega a 300 mil, coreanos se tornam visíveis na cidade e aumenta o número de dominicanos.

1990-presente
Entrada de mais de 1,2 milhão, e a parcela estrangeira ultrapassa 40% da população – a mais alta desde 1910. O Queens é classificado como a área de maior diversidade étnica dos EUA.

10 Nacionalidades que Chegaram à Ellis Island

1. Itália: 2.502.310
2. Áustria e Hungria: 2.275.852
3. Rússia: 1.893.542
4. Alemanha: 633.148
5. Inglaterra: 551.969
6. Irlanda: 520.904
7. Suécia: 348.036
8. Grécia: 245.058
9. Noruega: 226.278
10. Império Otomano: 212.825

(Entre 1892-7 e 1901-31)

A Restauração da Ellis Island

Leis de 1924 definindo cotas de imigração reduziram o número de estrangeiros vindo para os EUA, e a Ellis Island perdeu a função de posto de triagem de imigração. Tornou-se então centro de detenção e deportação de estrangeiros indesejáveis, centro de treinamento da Guarda Costeira dos EUA e hospital para militares feridos durante a Segunda Guerra Mundial. Em 1954, o governo federal fechou a ilha. Ela ficou abandonada até 1984, quando um projeto de reforma de US$156 milhões substituiu as cúpulas de cobre, limpou os ladrilhos de mosaico e restaurou o interior, preservando os acessórios originais ainda existentes na maior restauração histórica já realizada nos EUA. A reforma incluiu a fundação do Ellis Island Immigration Museum (pp. 18-9), que enfoca a história dos imigrantes através de mostras e mais de 2 mil artefatos. O museu tem um arquivo de história oral com entrevistas gravadas e uma galeria interativa para crianças, e ambos podem ser visitados com hora marcada. Reaberta ao público em 1990, a Ellis Island recebe quase 2 milhões de pessoas por ano.

Restauração

A preservação da Ellis Island começou em 1965 com a reconstrução do dique, mas a tarefa mais complexa foi a restauração do edifício principal, que estava seriamente deteriorado. O período de 1918-24 foi escolhido para a reconstrução por coincidir com uma época de pico da imigração.

Toldo de vidro marca a entrada principal restaurada da Ellis Island

 Veja mais sobre museus em Nova York nas **pp. 40-1**

Times Square e Theater District

Conhecida como a "Encruzilhada do Mundo", a Times Square é o cruzamento mais famoso de Nova York e símbolo do animado bairro de teatros vizinho que inclui a Broadway. A praça se chamava Longacre Square até 1904, quando o New York Times construiu uma torre de 25 andares no local. Sua inauguração na véspera do Ano-Novo foi marcada por um show pirotécnico, o qual virou uma tradição até hoje. Atualmente, uma imensa bola de cristal desce do edifício à meia-noite para saudar o novo ano, e milhões de pessoas se reúnem na praça. A reputação da Times Square foi abalada com a decadência da 42nd St. nos anos 1970. Nos anos 1990, os peep shows e os cinemas pornôs foram fechados e, com um esforço governamental e privado, a rua e o bairro foram revitalizados.

News Ticker, Times Square

O guichê da TKTS na Times Square, na Broadway com a 47th (212 221 0013/www.tdf.org), vende meia-entrada para todos os shows da Broadway.

O Centro de Visitantes da Times Square, na 7th Ave, entre a 46th e a 47th Sts, tem cupons de desconto para shows, além de um minimuseu sobre a história desta praça.

Veja a Broadway iluminada à noite.

- *A Times Square fica no cruzamento da Broadway com a 7th Ave, na 42nd St.*
- *Mapa J3*
- *www.timessquarenyc.org*
- *Madame Tussauds de Nova York: 234 West 42nd Street, 1 800 246 8872, aberto 10h-20h dom-qui, 10h-22h sex-sáb, entrada paga, www.nycwax.com*

Destaques

1. Luzes da Broadway
2. Times Square News Ticker
3. Sede da Nasdaq
4. Sede da MTV
5. Brill Building
6. Condé Nast Building
7. New 42nd Street
8. Madame Tussauds, Nova York
9. Duffy Square
10. Off-Broadway

Luzes da Broadway
A rua mais longa da cidade se notabiliza pela parte norte da 42nd Street, chamada de "Grande Via Branca" pela profusão de néons.

Times Square News Ticker
Em 1928, o *New York Times* montou o primeiro painel eletrônico de notícias do mundo, o qual se mantém mesmo depois da mudança do *Times* para a 8th Ave.

Sede da Nasdaq
A sede da Associação de Corretores de Valores domina sua esquina com um telão que exibe regularmente notícias do mercado financeiro mundial.

Veja mais locais para diversão nas **pps. 50-1**

Sede da MTV
Na calçada desta rede de TV musical com estúdios no segundo andar, é comum haver uma multidão de adolescentes à espera da aparição ocasional de seus ídolos ou de que uma equipe de cinegrafistas desça para filmá-la na rua.

Brill Building
De Cole Porter a Phil Spector, todos produzem sucessos neste lendário edifício da indústria musical, que atrai famosos editores e arranjadores do ramo.

Condé Nast Building
O arranha-céu de 48 andares aberto em 2000 abriga este império editorial, que é sinal da revitalização da Times Square.

New 42nd Street
A reforma do novo Amsterdam Theater nos anos 1990 modernizou a 42nd Street. Hoje, os New 42nd Street Studios e vários teatros ladeiam o quarteirão.

Madame Tussauds, Nova York
Barack Obama, Brangelina e Madonna estão entre as figuras de cera que vivem na 42nd Street. O museu tem elevadores de vidro externos e uma mão enorme na placa iluminada.

Duffy Square
O quarteirão foi revitalizado com a inauguração da área da TKTS em 2008, uma impressionante faixa vermelha com degraus que levam a lugar algum.

Off-Broadway
Antes do resto da 42nd Street ser recuperado, este quarteirão entre a 9th e a 10th Avenues foi ressuscitado por companhias off-Broadway em busca de aluguéis baratos. Novas peças estreiam no Playwrights Horizons, um dos teatros mais conhecidos da área.

Theater District
Foi a mudança da Metropolitan Opera House para a Broadway, em 1883, que atraiu teatros e restaurantes chiques para cá. Nos anos 1920, cinemas luxuosos deram mais charme e néons à Broadway. Após a Segunda Guerra, a popularidade dos filmes caiu, abrindo espaço para a pornografia. Hoje, um programa de redesenvolvimento trouxe o público e as luzes brilhantes de volta à área.

Lyceum; Hilton Theater; Hudson Theater

Teatros

Lyceum
O teatro mais antigo tem teto abobadado, murais e elaborados detalhes de gesso. Com frequência, serve de apoio para o Lincoln Center *(p. 139)*.
149-157 West 45th St • Mapa J3

New Victory Theater

New Victory Theater
Construído para Oscar Hammerstein em 1900, virou um cinema pornô até ser restaurado, em 1995, voltando a atrair famílias.
209 West 42nd St • Mapa K3

Hilton Theater
Os arruinados Lyric e Apollo se uniram para formar esta casa de musicais em 1998, marcando o início de patrocínios empresariais para teatros. 214 West 42nd St • Mapa K3

Shubert Theater
Foi construído em 1912-3 como um teatro suntuoso para musicais e sede da Shubert Organization. O Booth foi erguido na mesma época. 221-33 West 44th St • Mapa J3

New Amsterdam Theater
Este templo art nouveau abrigava o famoso Ziegfield Follies. Restaurado pela Disney, hoje tem a popular peça *Mary Poppins* em cartaz. 214 West 42nd St • Mapa K3

Hudson Theater
A fachada inexpressiva esconde o interior suntuoso, cujo saguão exibe uma arcada clássica e cúpulas de vidro da Tiffany.
139-141 West 44th St • Mapa J2

Belasco Theater
Um monumento de 1907 para o empresário David Belasco, que supervisionou o inusitado projeto Revival georgiano. A cobertura dúplex era sua residência.
111-121 West 44th St • Mapa J3

Lunt-Fontaine Theater
Originalmente era o Globe (fechado em 1910). Parte do teto deste teatro podia ser removida para criar um auditório a céu aberto. 203-217 West 46th St • Mapa J3

Palace Theater
Sarah Bernhardt inaugurou o palco, e apresentar-se no Palace tornou-se o máximo. Hoje é um teatro de musicais. 1564 Broadway • Mapa J3

Winter Garden Theater
Em 1885, foi a American Horse Exchange; em 1910, foi adquirido pelos Shuberts, e em 1922, reformado. Desde 2001 é o teatro do famoso musical *Mamma Mia!*
1634 Broadway • Mapa J3

Veja mais sobre teatros em Nova York nas **pp. 50-1**

10 Peças em Cartaz na Broadway

1. O fantasma da Ópera
2. Jersey boys
3. Chicago
4. O rei leão
5. Mamma mia!
6. Billy Elliot
7. American idiot
8. Wicked
9. Mary Poppins
10. Rain

Uma Breve História do Teatro em Nova York

Oscar Hammerstein

O primeiro teatro construído em Nova York provavelmente foi o New Theater, erguido na parte baixa de Manhattan em 1732. Na sequência, o polo teatral foi mudando para a parte alta da cidade rumo ao Bowery, à Astor Place, à Union Square e à Herald Square, até se fixar em torno da Longacre Square (atual Times Square), logo após a abertura do Olympia Theater de Oscar Hammerstein na Broadway, em 1895. Nas três décadas seguintes 85 teatros foram construídos, muitos com grandiosos interiores beaux-arts, por arquitetos como Herbert J. Krapp e a dupla Herts e Tallant, estes últimos responsáveis pela criação de balcões em cantiléver que dispensavam o uso de colunas. Empresários como os Shubert e os Chanin democratizaram o acesso ao teatro, abolindo a distinção de classes entre a orquestra e os balcões, usando uma só entrada para todas. Quando os teatros modernos as suplantaram, mais de 40 dessas maravilhas foram demolidas, mas as que restam são marcos reconhecidos.

Campeões de bilheteria

Embora a atual crise econômica tenha causado o fim de alguns shows, favoritos como *O rei leão* ainda têm grande público. O campeão de permanência na Broadway é o musical *O fantasma da ópera*, em cartaz há mais de vinte anos.

Kiss Me Kate (acima) **e 42nd Street, antigos shows da Broadway**

Central Park

Área verde com 341ha, o "quintal" de Nova York propicia recreação e beleza a mais de 2 milhões de visitantes por ano. Projetado por Frederick Law Olmsted e Calvert Vaux em 1858, sua criação demandou dezesseis anos e envolveu o plantio de mais de 500 mil árvores e arbustos, o transporte de grandes quantidades de pedra e terra para formar colinas, lagos e gramados, e a construção de mais de 30 pontes e arcos.

Bethesda Terrace
Com vista para o Ramble and Lake, a esplanada ornamentada e sua fonte são o ponto central do parque. No arborizado Mall ao lado, patinadores dão verdadeiros shows de acrobacia.

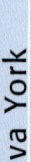

O residencial Beresford, no Central Park West

- Bebidas e refeições leves podem ser compradas na lanchonete Boat House; já o restaurante Boat House serve pratos finos.

- Vá primeiro a The Dairy, um edifício gótico vitoriano que abriga o Centro de Visitantes. Informe-se sobre as oficinas de ecologia e caminhadas guiadas gratuitas.

  Aluge bicicletas, barcos a remo e gôndolas na Boathouse, e patins no Wollman Rink.

- Do Central Park South até à 110th St e entre a 5th Ave e o Central Park West.
- Mapa D3-H3
- www.central parknyc.org
- Aberto amanhecer-anoitecer

Destaques
1. Great Lawn
2. Bethesda Terrace
3. Belvedere Castle
4. Ramble
5. Reservoir
6. Strawberry Fields
7. Conservatory Garden
8. Estátua de Hans Christian Andersen
9. Central Park Zoo
10. Delacorte Theater

Great Lawn
Neste gramado verde de 5ha os concertos grátis da Metropolitan Opera e da New York Philharmonic no verão atraem até 100 mil pessoas.

Belvedere Castle
No alto de um rochedo e dotado de torres, o castelo de pedra do século XIX mostra uma vista espetacular em todas as direções. No Henry Luce Nature Observatory há exposições sobre os diversos animais silvestres que vivem no parque.

Ramble
Esta área arborizada de 15ha é cortada por trilhas e regatos e é ideal para observar aves. Mais de 270 espécies foram identificadas no Central Park, que fica na rota de migração do Atlântico.

O Centro de Visitantes funciona das 10h-17h diariam e pode ser contactado pelo 212 794 6564

Reservoir
O lago de 43ha é margeado por uma pista de corrida que atrai muitos esportistas. Este é o maior dos cinco lagos do parque, os quais incluem o Conservatory Water, onde há divertidas corridas de barcos de brinquedo.

Conservatory Garden
Este elegante jardim de 2ha, com fontes, belas árvores floridas, bulbos e plantas anuais e perenes, fica maravilhoso na primavera, quando macieiras silvestres, tulipas e azaleias desabrocham.

Strawberry Fields
Esta tranquila área ajardinada *(acima)* foi criada por Yoko Ono em memória de John Lennon, que morava no edifício Dakota (perto). O memorial recebe presentes do mundo inteiro.

Estátua de Hans Christian Andersen
Entre as atividades infantis, aqui há sessões de narração de histórias no verão, cursos de ecologia, um carrossel antigo e teatro de marionetes.

Central Park Zoo
Este centro de preservação e zoo para crianças tem três zonas climáticas. O espaço conta com uma floresta tropical e mais de cem espécies, incluindo focas, macacos e pinguins.

A Criação do Central Park
O Central Park foi o primeiro projeto paisagístico de Frederick Law Olmsted, que já tinha 43 anos. Rejeitando os esquemas usuais de plantio, ele criou trechos com cenários calmos e pastoris, contrastando com outros acidentados e pitorescos. Há áreas separadas para recreação ativa e passiva, e trechos densos com vegetação alta escondem a cidade ao redor. O parque rendeu elogios para Olmsted e estabeleceu um padrão para projetos de paisagismo posteriores. Ele acabou se tornando o paisagista de parques mais prolífico dos EUA.

Delacorte Theater
No verão, o New York Public Theater apresenta duas peças dentro do programa "Shakespeare in the Park". Há ingressos grátis no dia, mas vá cedo para a fila. Entre as outras atrações gratuitas no parque há a série Summer-Stage de música popular e dança.

O Central Park Zoo abre diariamente; para mais informações ligue para 212 439 6500 ou entre em www.centralparkzoo.com

Metropolitan Museum of Art

Um dos melhores museus de arte do mundo, o Metropolitan "Met" é uma coleção de museus cobrindo 5 mil anos de cultura de todas as partes do globo. Todas as suas galerias especializadas têm tesouros em abundância. Fundado em 1870 por um grupo que queria criar uma grande instituição de arte nos EUA, o museu começou com três coleções europeias privadas e 174 pinturas. O acervo atual engloba mais de 2 milhões de obras. O edifício Revival gótico original de 1880, de Calvert Vaux e Jacob Wrey Mould, passou por várias ampliações. Entre os acréscimos recentes há pátios com janelões voltados para o Central Park.

Entrada do Metropolitan Museum of Art

Destaques

1. Pinturas Europeias
2. Arte Egípcia
3. Ala Michael C. Rockefeller
4. Ala Americana
5. Coleção Robert Lehman
6. Costume Institute
7. Arte Asiática
8. Ala Lila Wallace
9. Escultura e Artes Decorativas Europeias
10. Jardim no Alto

Legenda da Planta

- Piso Térreo
- Primeiro Andar
- Segundo Andar

🍴 Dentro há uma cafeteria, um bar e dois cafés. O acesso ao Roof Garden Café e ao Martini Bar é pelo primeiro andar (sazonal).

💡 Se o tempo for curto, as Pinturas Europeias (2º andar), a Arte Egípcia (1º andar) e a Ala Americana lhe darão noção da grandeza desta instituição notável.

As noites no fim de semana são menos lotadas e contam com um bar e música ao vivo.

- 1000 5th Ave com 82nd St
- Mapa F3
- 212 535 7710
- www.metmuseum.org
- Aberto 9h30-17h30 ter-qui e dom, 9h30-21h sex e sáb (saída das galerias 15 min antes do fechamento do museu)
- Entrada paga: adultos US$25, idosos US$17, estudantes US$12, crianças de até 12 e sócios grátis

Pinturas Europeias

As 2.500 pinturas europeias de velhos mestres e do século XIX do museu formam uma das maiores coleções do mundo e incluem muitas obras-primas facilmente reconhecíveis. Entre os destaques estão numerosos Rembrandt, Vermeer e telas de impressionistas e pós-impressionistas.

Arte Egípcia

Uma das maiores coleções de arte egípcia fora do Cairo, tem máscaras, múmias, estátuas, joias, a Tumba de Perneb e o espetacular Templo de Dendur, c. 15 a.C., remontado conforme se encontrava às margens do Nilo.

Ala Michael C. Rockefeller

Máscaras, esculturas de madeira, adornos de ouro e prata, ouro pré-colombiano, cerâmicas e pedras do México e Peru, e arte do antigo reino do Benim, na Nigéria, se destacam em meio a 1.600 objetos da África, Oceania e Américas que abrangem 3 mil anos.

Veja mais sobre museus em Nova York nas **pp. 40-1**

Coleção Robert Lehman
Esta extraordinária coleção privada tem mestres do Renascimento, artistas holandeses, espanhóis e franceses, fauvistas e pós-impressionistas, além de cerâmica e móveis.

Ala Americana
Destacam-se no acervo criações em vidro da Tiffany, pinturas, esculturas e salas de época do século XVII ao início do século XX.

Costume Institute
Moda feminina, de vestidos de baile a minissaias, e masculina das cortes francesas à atualidade; as exposições anuais atraem multidões.

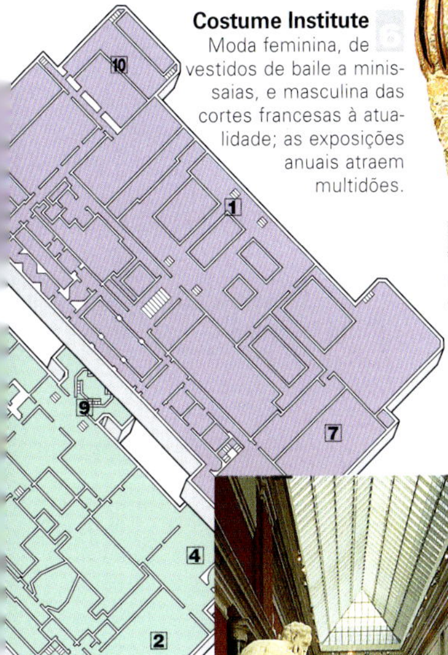

Arte Asiática
A coleção mais abrangente no Ocidente exibe pinturas, esculturas, cerâmicas e tecidos.

Ala Lila Wallace
O Metropolitan abriga uma exposição crescente de arte de 1900 até a atualidade, com obras de Picasso a Jackson Pollock.

Escultura e Artes Decorativas Europeias
Uma das maiores coleções do museu reflete o desenvolvimento da arte na Europa Ocidental e inclui cenários arquitetônicos, salões de época franceses e ingleses, tapeçarias e esculturas de Rodin e Degas.

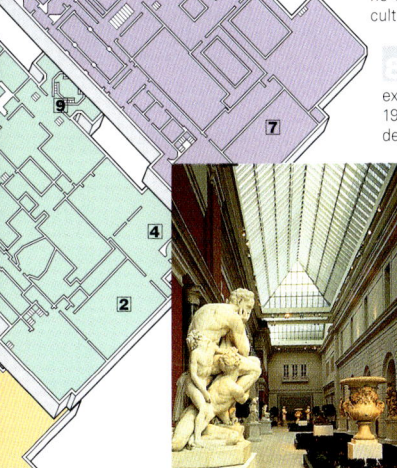

Jardim no Alto
De maio a outubro, o Iris and B. Cantor Roof Garden tem fabulosas mostras anuais de escultura contemporânea. O jardim também oferece a oportunidade de tomar um drinque diante da vista memorável do Central Park e do horizonte ao redor.

Guia do Museu
O Costume Institute e a Coleção Robert Lehman estão localizados no piso térreo. O 1º andar abrange a Ala Americana, Escultura e Artes Decorativas Europeias, Arte Egípcia e as galerias grega e romana; o 2º andar abriga Pinturas Europeias e Pinturas e Esculturas Europeias do século XIX.

Top 10 Nova York

Jogadores de cartas, 1890; *Terraço em Sainte-Adresse*, 1867; *Gertrude Stein*, 1905

🔟 Pinturas no Met

1. Autorretrato
Rembrandt (1606-69) pintou um autorretrato a cada década de sua carreira. Neste estudo de 1660, quando tinha 54 anos, ele retratou sua idade fielmente.

2. Vista de Toledo
Nuvens escuras criaram um clima lúgubre para uma das pinturas mais memoráveis de El Greco (1541-1614), mostrando a capital do império espanhol até 1561.

3. Jovem com Jarro d'Água

Pintado entre 1660 e 1667, este é um exemplo clássico do uso sutil da luz, que fez de Jan Vermeer (1632-75) um dos maiores mestres holandeses.

4. Os Ceifeiros
Um dos cinco painéis restantes da série sobre os meses do ano pintada no século XVI, este é um Pieter Bruegel (1551-69) bem realista, que destaca o uso da luz e os detalhes que o notabilizaram.

5. Madame X
Parte da coleção de arte dos EUA, esta tela de John Singer Sargent (1856-1925) mostra uma mulher americana que se casou com um banqueiro francês, tornando-se uma conhecida beldade em Paris nos anos 1880.

6. Terraço em Sainte-Adresse
Este balneário no Canal da Mancha, onde Monet passou o verão de 1867, é retratado com cores vivas e pinceladas intricadas. A obra mescla ilusão e realidade, mostrando por que Monet (1840-1926) é considerado um dos maiores impressionistas.

7. Gertrude Stein
Este retrato, criado quando Picasso (1881-1973) tinha 24 anos, mostra a influência da escultura africana e a mudança das figuras esguias para formas cubistas.

8. Jogadores de Cartas
Mais conhecido pelas paisagens e naturezas-mortas, Cézanne (1839-1906) ficou intrigado com uma cena de camponeses jogando cartas. Este projeto ambicioso realça a concentração sombria dos participantes.

9. Ciprestes
Pintado em 1889, após o confinamento voluntário de Van Gogh (1853-90) em um asilo em Saint-Remy, a tela mostra as pesadas pinceladas típicas de sua obra nesse período.

Ciprestes, 1889

10. Ritmo de Outono
Esta obra de Jackson Pollock (1912-1956), expressionista abstrato famoso por suas pinturas exuberantes, integra a coleção de arte moderna do Met.

Veja mais sobre galerias de arte em Nova York nas **pp. 42-3**

Destaques do Cloisters

1. Capela gótica
2. Sala Boppard, vitrais com a vida dos santos
3. Tríptico *Anunciação*, retábulo *Merode*
4. Tapeçarias *Nove heróis*
5. Tapeçarias *Caça ao unicórnio*
6. O Tesouro
7. O Santuário de Elizabeth
8. Estátua da Virgem da Catedral de Estrasburgo
9. Anjo no altar
10. Jardins medievais

O Cloisters

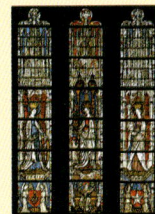

Detalhe de vitral

Além dos tesouros medievais no edifício principal, o Met tem uma extensão espetacular, o Cloisters, construído em estilo arquitetônico medieval e com vista para o rio Hudson no Fort Tryon Park, no norte de Manhattan. Inaugurado em 1938, o complexo consiste em elementos de cinco claustros medievais e de outros locais monásticos do sul da França. As coleções se destacam por esculturas arquitetônicas românicas e góticas e incluem manuscritos com iluminuras, tapeçarias, vitrais, peças esmaltadas, marfins e pinturas. Os jardins do Cloisters são um oásis na cidade. John D. Rockefeller Jr. (p. 13), que doou itens da própria coleção, foi responsável por grande parte do financiamento do museu. Para ir ao Cloisters, pegue o trem A para a 190th St.

O unicórnio em cativeiro, 1495

Arcadas no Cloisters
Estas arcadas provêm do Convento Bonnefont-en Comminges, no sul da França. Elas são datadas da passagem do século XIII para o século XIV.

Tríptico *Anunciação*, de Robert Campin, 1425

O Cloisters abre em nov-fev: 9h30-16h45 ter-dom; mar-out: 9h30-17h15 ter-dom

🔟 Solomon R. Guggenheim Museum

Uma das grandes obras arquitetônicas do século XX, este museu projetado por Frank Lloyd Wright em 1959 se destaca pela forma espiral. A coleção de arte abstrata de Solomon Guggenheim foi ampliada com doações de várias coleções importantes. O museu possui obras de Brancusi, Calder, Klee, Chagall, Miró, Léger, Mondrian, Picasso, Oldenberg e Rauschenberg. Apenas uma pequena parte, que muda periodicamente, fica em exibição, pois a galeria principal é usada para exposições temporárias. Elementos da Coleção Thannhauser, que inclui obras-primas de Cézanne, Gauguin, Van Gogh e Picasso, quase sempre estão à mostra. O Guggenheim possui o maior acervo dos EUA de obras de Kandinsky, e a Kandinsky Gallery faz exposições temporárias.

Fachada do Guggenheim Museum

🍴 O Café 3, no 2º piso do prédio anexo, é ideal para um descanso.

✱ Embora as exposições em geral sejam organizadas de baixo para cima, o melhor modo de ver o museu é subir de elevador até o topo e ir descendo.

Visitas gratuitas com áudio cobrem a arquitetura de Frank Lloyd Wright e a coleção permanente.

Há um programa diário de visitas interpretativas.

- *1071 5th Ave com 89th St • Mapa E4*
- *212 423 3500*
- *www.guggenheim.org*
- *Aberto 10h-17h45 sex-qua (19h45 sáb)*
- *Adultos US$18, estudantes e idosos (com RG) US$15, crianças até 12 e membros grátis*

Destaques

1. *Mulher Passando Roupa* (Thannhauser Collection)
2. *Mulher de Cabelo Amarelo* (Thannhauser Collection)
3. *Montanhas em Saint-Remy* (Thannhauser Collection)
4. *Diante do Espelho* (Thannhauser Collection)
5. *Haere Mai* (Thannhauser Collection)
6. *Natureza-Morta: Garrafa, Copo e Vasilha* (Thannhauser Collection)
7. *Bibémus* (Thannhauser Collection)
8. *A Ermida em Pontoise* (Thannhauser Collection)
9. *Linhas Negras*
10. *Paris pela Janela*

1 Mulher Passando Roupa

As primeiras pinturas de Picasso mostravam simpatia pela classe trabalhadora. Esta tela de 1904 usa contornos angulosos e brancos e cinzas para que a mulher simbolize as agruras dos pobres.

2 Mulher de Cabelo Amarelo

Neste retrato memorável de 1931, Picasso mostra o corpo flexível e o cabelo dourado de sua amante Marie-Thérèse, um de seus temas favoritos. Ele traçou a linha arqueada contínua da testa até o nariz que repetiria em diversas outras pinturas de sua jovem musa.

Veja mais sobre museus em Nova York nas **pp. 40-1**

Diante do Espelho
Edouard Manet escandalizou Paris com suas pinturas de prostitutas e cortesãs. Nesta cena íntima, uma mulher de costas nuas, talvez uma atriz, contempla a própria imagem.

Montanhas em Saint-Remy
Van Gogh estava se recuperando de um colapso nervoso quando pintou esta cena em julho de 1889, um ano antes de se suicidar. O tema era a cadeia baixa das montanhas Alpilles, no sul da França, que ele via do hospital onde estava internado. As pinceladas audaciosas são características das obras mais tardias de Van Gogh.

Garrafa, Copo e Vasilha
O estilo definitivo de Paul Cézanne, baseado no jogo entre superfície e profundidade, está presente nesta natureza-morta de 1877. Seu domínio de espaço e profundidade, evidente nas maçãs mosqueadas em primeiro plano, o tornou o primeiro precursor do cubismo.

A Ermida em Pontoise
Esta pintura nada sentimental *(acima)* da aldeia onde Pisarro viveu alternadamente em 1866-83 enfatiza o uso de luz e sombra. Alguns pintores da época acharam a representação dos aldeões vulgar.

Linhas Negras
Kandinsky queria que as formas ovais ricamente coloridas e as pinceladas negras provocassem reações específicas nos espectadores. *Linhas negras* (1913) é uma de suas obras não objetivas.

Paris pela Janela
Pintada após Chagall se mudar da Rússia para Paris em 1910, a cena reflete bem o estilo vanguardista. A Torre Eiffel vista ao longe é uma metáfora para Paris e a modernidade.

Haere Mai
Gauguin fez sua primeira viagem ao Taiti em 1891, à procura de um paraíso intocado pela cultura ocidental. Esta paisagem idílica *(abaixo)* foi pintada nessa viagem; os tons ricos e as formas planas mostram a simplicidade que ele buscava. A frase "Haere Mai" ("Venha Aqui") aparece no canto esquerdo.

Bibémus
Em Bibémus, nas pedreiras abandonadas perto de Aix-en-Provence, França, Cézanne achou uma paisagem moldada pelo homem condizente com seu estilo cada vez mais geométrico. Ele pintou variações desta cena.

Frank Lloyd Wright
Embora tivesse projetado vários edifícios públicos, Wright (1867-1959) era mais conhecido pelos projetos residenciais com "arquitetura orgânica", que seguia os contornos naturais do terreno, e pelos ousados vãos internos que até hoje são uma influência em todo o mundo. O Guggenheim, um de seus últimos projetos, foi um grande desafio. Wright defendia tanto o desenho em forma espiral que, quando alguém disse que as paredes eram pequenas para obras grandes, ele disse, "cortem as pinturas ao meio".

Veja mais sobre a cena artística de Nova York nas **pp. 42-3**

American Museum of Natural History

Poucas crianças de Nova York crescem sem ver os dinossauros, os dioramas em tamanho natural da vida animal e outras maravilhas da natureza neste museu que recebe mais de 5 milhões de pessoas por ano. Desde sua fundação, em 1869, o museu se expandiu para 46 salões de exposições permanentes, distribuídos entre 25 edifícios ligados, ocupando quatro quarteirões da cidade. A instituição tem 32 milhões de espécimes e artefatos culturais. Áreas expositivas mais novas, como o Hall of Biodiversity, os Fossil Halls e o Rose Center (pp. 36-7), mostram pesquisas atualizadas por meio de instalações multimídia.

O museu visto da 77th Street

- Coma na praça de alimentação ou em um dos três cafés.
- Veja os dinossauros, os mamíferos africanos e a coleção de minerais e pedras preciosas.

Há visitas grátis aos destaques do museu, entre 10h15 e 15h15 de hora em hora, diariam.

- Central Park West, entre 77th e 81st Sts
- Mapa F2
- 212 769 5100
- www.amnh.org
- Aberto 10h-17h45 diariam; Rose Center abre até 20h45 na primeira sexta de cada mês
- Adultos US$19, estudantes e idosos US$14,50, crianças US$10,50, sócios grátis; Museu e Hayden Planetarium Space Show US$25/US$19/US$14,50; Super Saver (inclui filmes IMAX e certas exposições) US$33/US$25,50/US$20,50

Destaques

1. Dinossauros e Fósseis
2. Mamíferos
3. Vida Marinha
4. Sala da Biodiversidade
5. Sala dos Povos Asiáticos
6. Sala dos Povos Africanos
7. Meteoritos, Minerais e Pedras Preciosas
8. Índios da Costa Noroeste
9. Biologia Humana e Evolução
10. Aves do Mundo

Mamíferos

Dioramas de animais em tamanho natural são divididos por continente e exibidos nos habitats naturais. A vida selvagem varia de colossais elefantes africanos a espécies asiáticas ameaçadas, como leões e leopardos.

Legenda da Planta

- Primeiro Andar
- Segundo Andar
- Terceiro Andar
- Quarto Andar
- Rose Center

Vida Marinha

O Milstein Hall of Ocean Life explora as águas da Terra e seus habitantes em belos dioramas da vida marinha. O salão é dominado pela réplica de uma baleia-azul medindo 29m.

Dinossauros e Fósseis

Grande atração do museu, a coleção de dinossauros e fósseis é a maior do mundo. O gigantesco barossauro na rotunda é o elemento mais alto em exposição.

> Meados out-meados mai: ande pelo Butterfly Conservatory onde 500 espécies de borboletas circulam soltas (entrada paga)

Sala da Biodiversidade
Aberto em 1998 para promover a preservação, o salão tem uma floresta tropical com sons, plantas e habitantes bem acurados. O paredão Spectrum of Life, de 30m, exibe 1.500 espécies, de bactérias e mamíferos a uma gigantesca lula suspensa no ar.

Sala dos Povos Asiáticos
Artefatos, obras de arte, trajes refinados e dioramas do cotidiano mostram as religiões e o estilo de vida dos chineses, coreanos, indianos e outros povos do continente.

O terceiro andar inclui o Hayden Planetarium (p. 37).

Sala dos Povos Africanos
As representações de tribos de diversos lugares da África refletem muitos anos de pesquisa. Habitações, trajes, máscaras, tecidos, armas e ferramentas estão em exposição.

Meteoritos, Minerais e Pedras Preciosas
Além da Estrela da Índia, de 563 quilates, há um cristal de topázio de 270kg originário do Brasil e o meteorito Cape York, com 4,5 bilhões de anos e 34 toneladas.

Índios da Costa Noroeste
Aqui há totens de índios americanos que denotam o uso hábil da madeira por parte de tribos que viviam do Estado de Washington ao sul do Alasca. Observe a canoa de 19m datada de 1878.

Biologia Humana e Evolução
Esta exposição sobre a origem humana e suas características físicas dispõe de réplicas de cabeças dos primeiros hominídas que o colocam diante de seus ancestrais.

Guia do Museu
Vindo do Central Park West, vá ao 2º andar para ver o barossauro e os povos e animais da África, da Ásia e das Américas Central e do Sul. A Sala da Biodiversidade, a vida marinha e os minerais e as pedras preciosas estão no 1º andar. Índios americanos, aves e répteis ficam no 3º andar, e dinossauros e fósseis no 4º andar.

Aves do Mundo
O museu tem a mais completa coleção de aves do mundo – mais de 1 milhão de espécimes, organizadas geograficamente: há salas separadas para dioramas de aves oceânicas, da América do Norte e de outras partes da Terra.

Compre ingressos com antecedência para o Space Show no Rose Center pelo 212 769 5200 ou pelo site www.amnh.org/rose

Top 10 Nova York

Cosmic Pathway; Scales of the Universe; Cosmic Pathway

Rose Center for Earth and Space

O Edifício
Aberto em 2000, o impressionante edifício expositivo enfocando a Terra e o espaço sideral é um imenso cubo de vidro que contém uma esfera de 26m de diâmetro e três andares, na qual se encontra o Hayden Planetarium.

Hall of the Universe

Hall of the Universe
Exposições que abordam o universo, galáxias, estrelas e planetas mostram as descobertas da astrofísica moderna. Balanças digitais mensuram seu peso em Saturno, Júpiter e no Sol.

Ecosphere
Um aquário vedado no Hall of the Universe abriga um ecossistema com plantas e animais que reciclam nutrientes e têm apenas a luz do sol como fonte de energia.

AstroBulletin
Este telão em alta definição exibe imagens recentes captadas por telescópio em todo o mundo e missões atuais da Nasa.

Hall of Planet Earth
Amostras geológicas do mundo inteiro e vídeos ilustram os processos que formaram a Terra e continuam a moldá-la.

Hayden Planetarium

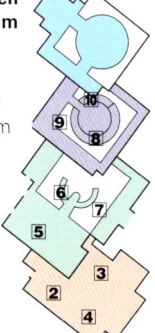

Dynamic Earth Globe
Suspenso sobre um anfiteatro no Hall of Planet Earth, este globo usa um sistema de projeção para recriar visões da Terra em rotação vista do espaço.

Earth Event Wall
Terremotos e vulcões ativos aparecem em uma tela em tempo real. Em outras estações de vídeo se vê cientistas trabalhando.

Scales of the Universe Walkway
Modelos mostram o tamanho relativo de corpos cósmicos, humanos e microscópicos, desde galáxias, estrelas e planetas ao cérebro humano e ao menor átomo.

Big Bang
O piso de vidro em torno de uma abertura circular permite observar abaixo uma interpretação multissensorial dos primeiros movimentos do universo. A narração explicativa é de Liam Neeson.

Cosmic Pathway
O Big Bang desemboca nesta rampa inclinada de 109m com imagens astronômicas que traçam marcos ao longo de 13 bilhões de anos de evolução cósmica.

Veja mais sobre museus em Nova York nas **pp. 40-1**

Destaques

1. Via Láctea em 3D
2. Simuladores velozes
3. Estudo da galáxia
4. Projetor estelar
5. Dados do planetário com apoio da Nasa
6. Supercomputador Infinite Reality Onyx 2
7. Mapa 3D da galáxia
8. Cálculo contínuo da localização de estrelas
9. "Flyby" da nebulosa Orion
10. Simulações de acontecimentos atuais

O Hayden Planetarium

O Hayden Planetarium, um avanço notável no estudo da astronomia e da astrofísica, conta com um sistema de cúpula digital altamente sofisticado que é o simulador de realidade virtual de alta resolução mais avançado já construído. Os shows espaciais realizados no Space Theater de 429 lugares consistem em voos virtuais num universo de grande precisão científica. É aconselhável reservar ingressos para esses shows com antecedência ou buscá-los cedo no mesmo dia para garantir seu lugar. Não perca "Journey to the Stars", um show espacial espetacular narrado por Whoopi Goldberg, que lança os visitantes no céu noturno, em uma viagem épica através do tempo e do espaço.

Nebulosas Virtuais

O planetário exibe uma representação virtual de cada estrela e nebulosa em um mapa 3D da galáxia. A alta tecnologia da apresentação cria um clima totalmente realista – você até se esquece que está em um teatro.

O Hayden Planetarium no Rose Center for Earth and Space

Nas páginas seguintes, **Times Square à noite**

The
NEW
TIMES
SQUARE
SUNTORY
WHISKY
NOVOTEL
The
NEW
TIMES
SQUARE
The
NEW
TIMES
SQUARE

The NEW TIMES SQUARE

Solomon R. Guggenheim Museum; Frick Collection

Museus

1 Metropolitan Museum of Art
Levaria semanas para ver todos os tesouros deste museu imenso com programação sempre variada e detentor de uma coleção impressionante de mais de 3 mil pinturas europeias. As salas grega, romana, cipriota e asiática atraem público em massa, e a Joyce and Robert Menschel Hall for Modern Photography também é muito concorrida *(pp. 28-31)*.

Museum of Modern Art

2 Museum of Modern Art
Os trabalhos de restauração empreendidos em 2004, para celebrar o 75º aniversário do museu, custaram US$425 milhões e dobraram a capacidade do edifício. O MoMA possui uma das coleções de arte moderna mais abrangentes do mundo, incluindo obras de Picasso, Van Gogh e Warhol.
◈ *11 West 53rd St • Mapa J3 • Aberto 10h30-17h30 qua-seg (até 20h sex)*
• *www.moma.org • Entrada paga*

3 American Museum of Natural History
O maior museu do gênero no mundo expõe de tudo, de dinossauros a trajes chineses e pedras preciosas raras. Além dos shows no planetário do Rose Center, há filmes em um gigantesco cinema IMAX *(pp. 34-7)*.

4 Solomon R. Guggenheim Museum
O Guggenheim expandiu seu acervo com doações de peso, incluindo mestres impressionistas de Justin Thannhauser, obras expressionistas abstratas, surrealistas e cubistas de Peggy Guggenheim, uma coleção de arte conceitual e minimalista americana, e a coleção mais extensa de obras de Kandinsky nos EUA *(pp. 32-3)*.

5 Whitney Museum of American Art
Toda a gama de arte americana do século XX pode ser vista na coleção permanente instalada neste edifício formidável de Marcel Breuer, que exibe também mostras temporárias de arte contemporânea. ◈ *945 Madison Ave com 75th St • Mapa G4 • Aberto 11h-18h qua-qui, 13h-21h sex, 11h-18h sáb e dom*
• *www.whitney.org • 1-800-WHITNEY*
• *Entrada paga*

6 Frick Collection
A mansão do industrial Henry Clay Frick, com pátio interno ajardinado e fonte, emoldura a coleção excepcional de Velhos Mestres, mobiliário francês e por-

celanas esmaltadas Limoges.
Aprecie Rembrandt, Vermeer e
Hals na West Gallery; e Holbein,
Ticiano e Bellini no Living Hall.
◉ *1 East 70th St com 5th Ave • Mapa G4*
• Aberto 10h-18h ter-sáb, 11h-17h dom
• www.frick.org • Entrada paga

Brooklyn Museum
Em um belo edifício beaux-arts, este museu apresenta uma ampla gama de exposições especiais, assim como coleções permanentes de arte asiática, egípcia, africana e americana. O Elizabeth A. Sackler Center for Feminist Art é o primeiro espaço público do gênero no país. ◉ *200 Eastern Pkwy, Brooklyn • Metrô 2, 3 para Eastern Pkwy • Aberto 10h-17h qua-sex, 11h-18h sáb e dom, 11h-23h primeiro sáb do mês (exceto set) • www.brooklyn museum.org • Entrada paga*

Morgan Library & Museum
Este palácio foi projetado em 1902 para abrigar a coleção do bilionário J. Pierpont Morgan, um conjunto extraordinário de manuscritos, livros e gravuras raros, e galerias com exposições temporárias. O estúdio e a biblioteca originais de Morgan impressionam pela opulência. ◉ *225 Madison Ave com 36th St • Mapa K4 • Aberto 10h30-17h ter-qui (até 21h sex), 10h-18h sáb, 11h-18h dom • www.themorgan.org • Entrada paga*

Museum of the City of New York
A coleção de brinquedos é um chamariz deste museu, cujas exposições temporárias têm temas como moda, arquitetura, diversão, identidade cultural, tradições étnicas e história social. O museu também exibe um filme com momentos marcantes na evolução da cidade. ◉ *1220 5th Ave com 103rd St • Mapa D3 • Aberto 10h-17h ter-dom • www.mcny.org • Entrada paga*

Museum of the City of New York

American Folk Art Museum
Primeiro museu de Nova York construído do zero, o American Folk Art Museum tem criticado a história cultural do país desde sua abertura, em 1961. Trata-se de uma estrutura de oito andares e iluminação engenhosa que exibe uma coleção de arte popular dos EUA, incluindo pinturas, esculturas, colchas feitas à mão, rosa dos ventos e mobiliário. ◉ *2 Lincoln Square (Columbus Ave com 66th St) • Mapa G2 • 12h-19h30 ter-sáb, 12h-18h dom • www.folkartmuseum.org • Entrada paga*

Mary Boone Gallery; Paula Cooper Gallery

Galerias de Arte

Gagosian
Espere grandes nomes e preços equivalentes nesta galeria de prestígio com três filiais, uma na parte alta da cidade e duas em Chelsea, todas com a amplidão necessária para expor arte em grande escala. Damien Hirst, Anselm Kiefer, Richard Serra e Cy Twombly estão entre os artistas contemporâneos representados. 980 Madison Ave (e Chelsea: 555 West 24th St e 522 West 21st St) • Mapa E4 • Aberta 10h-18h ter-sáb • www.gagosian.com

Marlborough
Esta galeria de arte de nível internacional, que funciona em dois endereços, representa o espólio de artistas de prestígio como Larry River, Red Grooms e R. B. Kitaj. A galeria em Midtown já expôs obras de escultores como Anthony Caro e Jacques Lipschitz. Na filial em Chelsea há esculturas e pinturas recentes. 40 West 57th St, Floor 2 (e Chelsea: 545 West 25th St) • Mapa H3 • Aberta 10h-17h30 seg-sáb • www.marlboroughgallery.com

Mary Boone
Um dos grandes nomes do mundo da arte mudou do SoHo para uma elegante galeria em Chelsea onde as obras expostas ainda têm um cunho despretensioso e novatos talentosos partilham o espaço com artistas de renome. Mostras coletivas intrigantes, a cargo de curadores independentes, incluem escultura, fotografia e pintura. 541 West 24th St entre 10th e 11th Sts (e Uptown: 745 5th Ave) • Mapa L2 • Aberta 10h-18h ter-sáb (marcar hora no sáb no verão) • www.maryboonegallery.com

Obras contemporâneas na Pace Wildenstein Gallery

Pace Wildenstein
Você vê obras de Picasso, Rothko, Chuck Close e Agnes Martin nesta galeria de prestígio que expõe mestres modernos do século XX e artistas vivos. Na 57th Street há galerias de fotografia, gravura e pintura. A galeria em Chelsea expõe peças em grande escala. 32 East 57th St, Piso 4 (e Chelsea: 510 West 25th St e 545 West 22nd St) • Mapa H4 • Aberta 10h-18h ter-sex, 10h-18h sáb • www.pacewildenstein.com

Sperone Westwater
Excelente para ver algumas das artes contemporâneas mais criativas produzidas na atualidade. A galeria foi fundada em 1975 para expor artistas europeus que até então tinham pouco reconhecimento nos EUA, e em 2010 mudou-se para um edifício projetado por Foster e Bergman em Bowery. Já realizou exposições de obras de Bruce Nauman e Donald Judd. 257 Bowery • Mapa N4 • Aberta 10h-18h ter-sáb • www.speronewestwater.com

A espaçosa Paula Cooper Gallery

The Drawing Center
Fundado em 1977 para promover a arte do desenho, este centro sem fins lucrativos já expôs os trabalhos de mais de 2.500 artistas emergentes, incluindo as primeiras obras de Kara Walker e Sikander Shahzia, além de obras de mestres consagrados. Aqui ocorrem leituras mensais de novas obras literárias. ⓢ *35 Wooster St • Mapa P4 • Aberto 12h-18h qua, sex-dom, 12h-20h qui, fechado 25-26 nov, 24 dez-1º jan • www.drawingcenter.org*

apexart
Exposições de artes visuais contemporâneas, além de palestras, leituras, oficinas infantis e performances inovadoras, são oferecidas nesta organização sem fins lucrativos, que visa promover a diversidade cultural e intelectual. Mais de 17 mil visitantes passam por suas portas a cada ano para ver as obras mais recentes de artistas como Dave Hickey, Martha Rosler e David Byrne. ⓢ *1291 Church St • Mapa P3/P4 • Aberta 11h-18h ter-sáb • www.apexart.org*

Matthew Marks
Uma das primeiras galerias comerciais em Chelsea, foi aberta em 1994 em uma garagem adaptada. Marks é especializado em expor a obra de artistas consagrados, como Ellsworth Kelly, Jasper Johns, Nan Goldin e Brice Marden. Outros três endereços em Chelsea exibem obras recentes de pintores, fotógrafos e escultores *(p. 120)*.

Paula Cooper
Projetado com criatividade, este espaço amplo filtra a luz natural através do teto de uma catedral, servindo de cenário para arte conceitual e minimalista assinada por Donald Judd, Sol Lewitt, Sophie Calle e outros. Paula Cooper foi a primeira galeria a ser inaugurada no SoHo, em 1968, mas resolveu sair de lá em 1996 e se instalar em Chelsea *(p. 120)*.

Paul Kasmin
Paul Kasmin é filho de um boêmio e negociante de arte de Londres e, seguindo a tradição familiar, sempre aposta em novos artistas, com os quais realiza exposições coletivas. Nomes mais consolidados, incluindo escultores e fotógrafos, aparecem em exposições individuais *(p. 120)*.

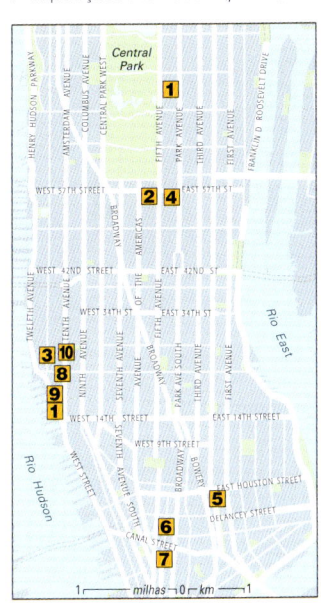

Chrysler Building; Vista do World Financial Center a partir do ancoradouro de iates

Arranha-céus

Empire State Building
O Empire State Building (1930-1) é a estrutura mais alta de Nova York. Por 28 anos sua importância foi eclipsada pelo World Trade Center, que acabou sendo destruído no ataque terrorista em setembro de 2001. Com um observatório no 86º andar, o edifício recebe 3,5 milhões de visitantes por ano *(pp. 8-9)*.

Empire State Building

GE Building
Elevando-se com 70 andares no céu, este impressionante arranha-céu *(p.13)*, projetado por Raymond Hood e erguido entre 1931 e 1933, exibe reentrâncias rasas que parecem recuar à distância. Parte da grandeza do projeto de Hood se deve ao contraste entre a altura do edifício e o Rockefeller Center por perto. ◈ *30 Rockefeller Plaza entre 50th e 51st Sts • Mapa J3 • Fechado ao público*

Chrysler Building
A torre reluzente de aço inoxidável com recuos progressivos do Chrysler Building dá um ar mais gracioso à cidade. William Van Alen projetou este clássico art déco entre 1928-30 como uma homenagem ao automóvel. O edifício exibe um friso decorativo de calotas estilizadas e gárgulas prateadas que evocam as tampas de radiador aladas de um automóvel da Chrysler *(p. 123)*.

Flatiron Building
Este edifício triangular com 21 andares intriga os nova-iorquinos desde que foi construído por Daniel Burnham em 1902. Sua forma era tão inusitada que as pessoas faziam apostas sobre uma eventual queda. A chave do sucesso deste projeto singular foi a opção pela estrutura de aço em vez das pesadas paredes de pedra tradicionais: um precursor dos futuros arranha-céus *(p. 112)*.

Woolworth Building
O arquiteto Cass Gilbert foi o responsável por este extravagante edifício neogótico de 1913, o mais alto do mundo por duas décadas após sua conclusão. A rica ornamentação em terracota acentua a moldura de aço da estrutura, cujos 60 andares pairam acima da Broadway. O pequeno saguão tem um luxuoso interior de mármore, com pedra da Grécia e de Vermont. ◈ *233 Broadway entre Park Pl e Barclay St • Mapa Q4 • Grátis*

Lever House
Projetado por Gordon Bunshaft, o revolucionário Lever House, de 24 andares, foi concluído em 1952. Primeiro arranha-céu de Nova York construído em forma de uma altaneira laje vertical de vidro e aço, ele deu início à eventual transformação da Park Avenue em um corredor dominado por torres de vidro. ◈ *390 Park Ave entre 53rd e 54th Sts • Mapa J4 • Aberto durante o horário comercial*

Seagram Building

O primeiro edifício de Mies van der Rohe em Nova York é este icônico "caixote de vidro" com esguios retângulos de bronze em meio a paredes de vidro fumê que se erguem da praça aberta horizontal. Os materiais no saguão envidraçado projetado por Philip Johnson ajudam a nublar a divisão entre o interior e o exterior. O edifício abriga o restaurante Four Seasons, que serve cozinha americana. ◉ *375 Park Ave entre 52nd e 53rd Sts • Mapa J4 • Aberto durante o horário comercial*

Citigroup Center

Citigroup Center

O Citigroup Center de 59 andares, construído em 1978, foi o primeiro arranha-céu pós-moderno de Nova York. O elegante topo triangular nunca serviu à finalidade original como painel solar, mas tornou o edifício prontamente reconhecível. Uma base aberta sobre quatro colunas altas e o exterior de vidro e alumínio refletivo dão um toque etéreo ao prédio, apesar de seu volume imenso. ◉ *153 East 53rd St com Lexington Ave • Mapa J4 • Fechado ao público*

World Financial Center

O complexo pós-moderno de Cesar Pelli, composto de quatro torres altas em torno de um magnífico jardim de inverno com palmeiras, dotou a cidade de um elegante centro financeiro ao ser concluído em 1985. Há também espaços públicos para concertos e eventos especiais, e uma praça ao ar livre junto às águas, com uma marina e vista da Estátua da Liberdade *(p. 74)*.

Winter Garden, World Financial Center

World Wide Plaza

A cobertura de cobre e a coroa de vidro fosco no alto da torre de 48 andares, que foi projetada pela Skidmore, Owings & Merrill, dão um toque romântico tradicional ao edifício pós-moderno de 1989. Há uma arcada oculta que funciona como outra entrada. A construção do complexo World Wide Plaza, que inclui dois prédios de apartamentos, um teatro e uma grande praça aberta, revigorou um bairro decadente. ◉ *Entre 8th e 9th Aves e 49th e 50th Sts • Mapa J2*

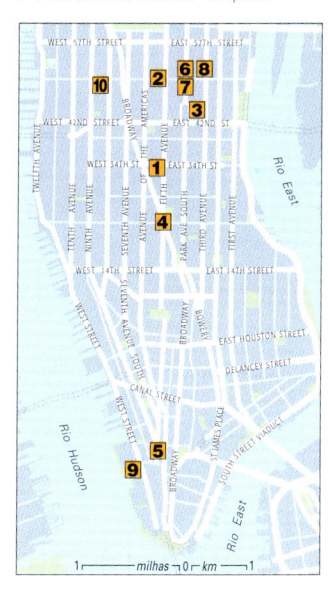

➤ *Veja mais sobre arquitetura em Nova York nas* **pp. 46-7**

Grand Central Station; U.S. Custom House

Edifícios Históricos

St. Paul's Chapel
Concluída em 1766, esta igreja exibe um magistral interior georgiano iluminado por lustres Waterford. O banco onde George Washington fez uma oração após sua posse como presidente está preservado *(p. 80)*.

City Hall
Erguido em 1803-12 com influências renascentistas francesas, este edifício georgiano é um dos mais belos da cidade. No interior, há uma rotunda rodeada por dez colunas coríntias e duas escadas de mármore em espiral *(p. 80)*.

A fachada imponente do City Hall

Trinity Church
Esta igreja possui portas de bronze assinadas por Richard Morris Hunt. Erguida em 1839-46, sua torre quadrada, que era a mais alta de Manhattan, foi superada pelas de Wall Street. Alexander Hamilton *(p. 48)* e Robert Fulton estão enterrados aqui *(p. 73)*.

St. Patrick's Cathedral
James Renwick Jr. projetou a maior catedral católica dos EUA, aberta em 1879, em estilo gótico francês com torres gêmeas de 100m. O interior exibe altares laterais dedicados a santos e figuras sagradas, capelas e vitrais *(p. 124)*.

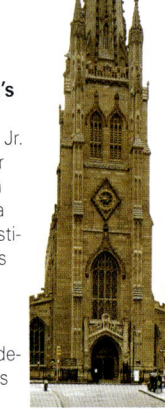

Trinity Church

Carnegie Hall
O filantropo Andrew Carnegie financiou a primeira grande sala de concertos da cidade, construída em 1891. Uma reforma em 1996 restaurou os belos balcões de bronze internos e os ornamentos em gesso, e acrescentou um museu. Os corredores são ladeados por objetos evocativos de grandes artistas que se apresentaram aqui *(p. 50 e p. 125)*.

Cathedral of St. John the Divine
A maior catedral do mundo foi iniciada em 1892 e continua em obras. O edifício em parte românico e em parte gótico exibe traços impressionantes, como a cantaria, a nave, as janelas salientes presentes no altar e a rosácea. Sede da arquidiocese episcopal de Nova York, a igreja serve de cenário para muitos musicais vanguardistas e eventos teatrais *(p. 145)*.

New York Stock Exchange

A fachada deste edifício, inaugurado em 1903, é apropriadamente monumental para sua função essencial à economia dos EUA. As figuras no frontão representam as "fontes da prosperidade americana". A "Quinta-Feira Negra", de 1929, início da Depressão, começou aqui *(p. 73)*.

U.S. Custom House

Destaque entre prédios neoclássicos da cidade, tem oito andares e data de 1907. Exibe um telhado de mansarda e belas esculturas, incluindo quatro de Daniel Chester French. Um mural náutico, de 1927, de Reginald Marsh, adorna a rotunda oval *(p. 74)*.

New York Public Library

New York Public Library

Datado de 1911, este edifício beaux-arts de mármore branco é magnífico por dentro e por fora. Com escadas, terraços e fontes imponentes, suas salas de leitura inspiram relaxamento. Abriga eventos e conferências *(p. 124)*.

Grand Central Terminal

Este terminal ferroviário de 1913 é notável por sua beleza; o saguão principal é banhado por luz natural e o teto, abobadado, é decorado com constelações cintilantes *(p. 123)*.

Igrejas e Templos

Zion St. Mark's Evangelical Lutheran Church
Construída em 1892, evoca o passado alemão do Upper East.
● 339 East 84th St • Mapa F5

St. George's Ukrainian Catholic Church
Igreja contemporânea construída em estilo bizantino. ● 30 East 7th St • Mapa M4

St. Nicholas Russian Orthodox Cathedral
Cinco cúpulas com cruzes marcam esta igreja barroca russa.
● 15 East 97th St • Mapa E4

St. Sava Serbian Orthodox Cathedral
Janelas bizantinas foram acrescentadas a esta igreja de 1856.
● 16-20 West 26th St • Mapa L3

St. Vartan Armenian Cathedral
A cúpula folheada a ouro foi inspirada nas igrejas da Armênia. ● 630 2nd Ave • Mapa K4

St. Elizabeth of Hungary Church
Esta igreja neogótica tem teto abobadado pintado. ● 211 East 83rd St • Mapa F4

Greek Orthodox Cathedral of the Holy Trinity
A sede da diocese foi construída em 1931 em estilo bizantino.
● 319 East 74th St • Mapa G5

Temple Emanu-El
A maior sinagoga do mundo foi construída em 1929.
● 1 East 65th St • Mapa G4

First Chinese Presbyterian Church
O santuário de pedra é datado de 1819. ● 61 Henry St
• Mapa P5

Islamic Cultural Center
Noventa lâmpadas com hastes de latão pendem da cúpula. ● 1711 3rd Ave (com 96th St) • Mapa E4

Top 10 Nova York

Alexander Hamilton; DeWitt Clinton; John D. Rockefeller Jr. *(à esquerda)*

Figuras Históricas

Peter Minuit
Enviado pela Holanda em 1626 para governar Nova Amsterdã, Peter Minuit (1580-1638) era tão detestado que seus súditos aprovaram a ocupação britânica.

Alexander Hamilton
Líder revolucionário e primeiro-secretário do Tesouro, Hamilton (1755-1804) implantou políticas boas para os negócios, que ajudaram Nova York a se firmar como polo financeiro dos EUA. Ele morreu em um duelo com seu oponente político Aaron Burr e está enterrado no cemitério da Trinity Church.

William "Boss" Tweed
Líder político de Tammany Hall, Tweed (1823-78) personificou a corrupção política, a extorsão e o acerto de contas. Calcula-se que ele e seus comparsas embolsaram US$200 milhões dos cofres públicos. Para disfarçar seus crimes, fazia obras sociais como orfanatos, banhos públicos e hospitais, mas morreu na prisão.

William "Boss" Tweed

DeWitt Clinton
Prefeito da cidade, governador do Estado e senador, Clinton (1769-1828) foi quem negociou a construção do canal Erie em 1817-25. Ao ligar os Grandes Lagos ao rio Hudson, ele ajudou a assegurar o futuro de Nova York como um importante porto marítimo.

Jacob Riis
Consternado com a situação indigna dos imigrantes, Riis (1849-1914), um reformador social, escritor e fotógrafo, usava fotos tiradas em cortiços para ilustrar suas matérias, chocando a classe média e levando-a a agir. Seu artigo de 1888 *Flashes from the Slums* e seu livro *How the Other Half Lives* chamaram a atenção do país.

Jacob Riis

John D. Rockefeller Jr.
O generoso John D. Rockefeller Jr. (1874-1960) apoiou projetos habitacionais no Harlem, no Bronx e no Queens, criou o Fort Tryon Park e o Cloisters, e doou dinheiro para a compra do terreno da ONU. A construção do Rockefeller Center *(pp. 12-5)* gerou milhares de empregos no auge da Depressão e deu um marco perene à cidade.

Fiorello LaGuardia
Considerado o melhor prefeito de Nova York, LaGuardia (1882-1947), após sua eleição em 1933, modernizou e centralizou uma administração municipal caótica, eliminou o desperdício, unificou o sistema de trânsito e obteve fundos federais para ajudar a cidade. Homem do povo, ele é lembrado por ler os gibis no rádio durante uma greve dos jornais locais.

Robert Moses

Como supervisor de obras e chefe do setor de parques entre as décadas de 1930 e 1950, Moses (1888-1981) ampliou e modernizou as áreas verdes da cidade. Pelo lado negativo, disseminou rodovias, em vez de investir em um sistema de transporte público, e foi responsável por projetos urbanísticos que arrasaram muitos bairros para abrir espaço para edifícios altos.

Robert Moses

Donald Trump

"The Donald" (1946), o extravagante empreendedor imobiliário, deixou uma marca indelével em Nova York. O imenso Trump Place está voltado para o rio Hudson, enquanto o apartamento mais barato no prédio residencial mais alto do mundo, a Trump World Tower, custa cerca de US$1 milhão.

Rudolph Giuliani

Rudolph Giuliani

Dá-se ao prefeito Rudy Giuliani (1944) o mérito de reduzir a criminalidade, tornar a cidade mais limpa e melhorar a qualidade de vida dos nova-iorquinos durante suas gestões de 1993-2001. Antes polêmico pela personalidade forte, sua liderança após o ataque ao World Trade Center uniu a cidade em choque e conquistou elogios no país e no exterior.

Datas Históricas de Nova York

1626
Peter Minuit compra Manhattan dos nativos. Contas e bugigangas avaliadas em cerca de US$24 selaram o negócio.

1664
Os britânicos tomam Manhattan dos holandeses. Nova Amsterdã se torna Nova York.

1789
George Washington é empossado como primeiro presidente e faz seu juramento no Federal Hall. Nova York é a primeira capital dos EUA.

1792
Abertura da Bolsa de Valores de Nova York; 24 corretores assinam um acordo sob uma árvore na Wall Street e a cidade se torna um polo financeiro.

1859
O Central Park abre e a cidade ganha uma área verde frequentada por milhões de pessoas a cada ano.

1886
A Estátua da Liberdade é inaugurada e vira símbolo de liberdade para milhões de imigrantes, que formam um "caldeirão" de nacionalidades.

1898
Os cinco *boroughs* se unem e formam Nova York, a segunda maior cidade do mundo.

1931
O Empire State Building faz de Nova York a capital mundial dos arranha-céus.

1952
A cidade se torna a sede da ONU.

2001
Terroristas sequestram aviões para destruir as torres do World Trade Center.

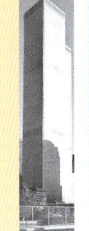

Madison Square Garden; Radio City Music Hall; Brooklyn Academy of Music

Artes Cênicas

Carnegie Hall

Carnegie Hall
Esta sala de concertos abriu em 1891 com a estreia de Tchaikovsky nos EUA como maestro. Uma campanha liderada pelo violinista Isaac Stern evitou a demolição da sala após o Lincoln Center (p. 139) ser concluído, em 1969. Com mais de 200 anos, mantém seu estilo italiano intacto após uma reforma esmerada (p. 125).

Metropolitan Opera House

Metropolitan Opera House
O edifício mais elegante do Lincoln Center exibe magníficos murais de Marc Chagall emoldurados por janelões em arco. O interior conta com refinados lustres de cristal que são içados até o teto antes das apresentações. O teatro apresenta o American Ballet Theater e muitos grupos em turnê, além de sua famosa companhia de ópera (p. 139).

Avery Fisher Hall
Graças à generosidade do benfeitor Avery Fisher, a sala superou seus problemas acústicos iniciais e tornou-se sede da New York Philharmonic, a sinfônica mais antiga dos EUA. Feito por Rodin, um busto do compositor Gustav Mahler, ex-diretor musical da orquestra, fica no lado oeste do edifício, sendo uma das esculturas públicas de maior destaque no Lincoln Center (p. 139).

New York State Theater
O palco foi construído em 1964 segundo especificações do lendário coreógrafo George Balanchine, fundador do New York City Ballet, que dança aqui no inverno e na primavera. A New York City Opera Company também está sediada aqui e suas produções notáveis são bem mais acessíveis do que as do vizinho Metropolitan (p. 139).

Alice Tully Hall
Esta sala, com uma fachada impressionantemente moderna, foi construída em 1969 para a Chamber Music Society do Lincoln Center. Além de concertos de câmara e voz, recebe apresentações de alunos e mestres da Juilliard School, muitas das quais gratuitas (p. 139).

Veja mais sobre locais para diversão nas **pp. 24 e 52-3**

New York City Center

O ornamentado edifício em estilo mourisco, cuja cúpula é de azulejos espanhóis, foi aberto em 1923 como uma loja maçônica. Salvo de investidas imobiliárias pelo prefeito LaGuardia *(p. 48)*, perdeu suas companhias para o Lincoln Center, mas sobreviveu e hoje recebe companhias de dança em turnê. ✆ *131 West 55th St, entre 6th e 7th Aves • Mapa H3 • 212 581 1212 • Entrada paga • www.nycitycenter.org*

New York City Center

Joyce Theater

Um cinema art déco de 1941 foi adaptado em 1982 para ser um espaço intimista de dança. Companhias pequenas e de porte médio do mundo todo apresentam espetáculos interessantes que não se vê em outros locais de Manhattan. O público pode dialogar com os artistas e intérpretes após algumas apresentações. ✆ *175 8th Ave com 19th St; Joyce Soho: 155 Mercer St • Mapa L2 • 212 242 0800 • Entrada paga • www.joyce.org*

Radio City Music Hall

Aberto em 1932, o maior teatro do país exibe um opulento interior art déco. Outrora um cinema, hoje recebe shows musicais e alguns eventos especiais. O show natalino anual com a trupe de dança Rockettes é uma tradição nova-iorquina. ✆ *1260 6th Ave com 50th St • Mapa J3 • 212 247 4777*

• *Visitas: 11h-15h seg-sáb • Entrada paga*
• *www.radiocity.com*

Brooklyn Academy of Music (BAM)

Datado de 1908, este edifício neoitaliano atrai um grande público com a programação mais vanguardista da cidade em termos de música, teatro e dança internacionais, destacando o Next Wave Festival, que existe desde 1981. ✆ *30 Lafayette Ave, Brooklyn • Metrô 2, 3, 4, 5, B, Q para a Atlantic Ave • 718 636 4100 • Entrada paga • www.bam.org*

Madison Square Garden

Sede do New York Knicks, o time de basquete, e do de hóquei New York Rangers, o Madison Square Garden abriga 20 mil lugares e também é usado para shows de música e patinação, torneios de tênis e boxe. ✆ *7th Ave com 32nd St • Mapa K3 • 212 465 6741 • Entrada paga • www.thegarden.com*

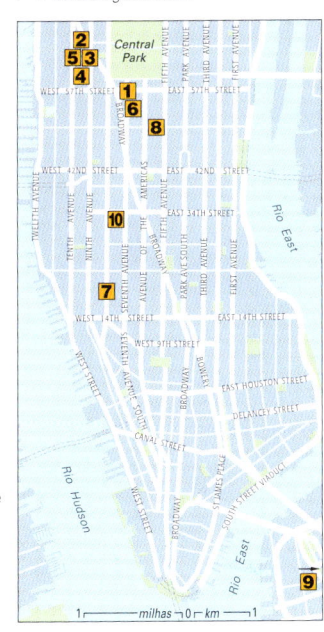

Birdland; Blue Note; Iridium Jazz Club

Música ao Vivo

Beacon Theatre

Beacon Theatre
Pense nos maiorais e é possível que já tenham se apresentado no Beacon, caso de Bob Dylan, Sting e B. B. King. Os shows variam de música pop e rock leve a gospel e world music.
Broadway na West 74th St • Mapa G2 • Abre 1 hora antes do show • Entrada paga

Village Vanguard
Desde 1935, este clube num porão apresenta grandes astros do jazz. Os anos iniciais foram ecléticos, lançando cantores folk como Harry Belafonte. A partir da década de 1950, o jazz passou a dominar. 178 7th Ave South • Mapa M3 • Aberto 20h-madrugada • Entrada paga

Jackie McLean no Vanguard

Birdland
Outra lenda, embora tenha saído do endereço inaugurado por Charlie Parker em 1949. Perto da Times Square, o clube tem três níveis, o que dá boa visibilidade. A Birdland Big Band toca às segundas-feiras. 315 West 44th St entre 8th e 9th Aves • Mapa J2 • Aberto 17h-3h seg-dom • Entrada paga

Blue Note
Tony Bennett, Natalie Cole e Ray Charles já se apresentaram neste clube no Greenwich Village. A ênfase é no jazz, mas também há blues, música latina, R&B, soul e big bands. 131 West 3rd St entre MacDougal St e 6th Ave • Mapa N3 • Aberto 19h-2h dom-qui, 19h-4h sex e sáb • Entrada e couvert pagos

S.O.B.s
A sigla é de Sounds of Brazil, mas a música varia de africana, reggae e hip-hop a soul e jazz. Os ritmos são irresistíveis e a pista de dança fica lotada.
204 Varick St com West Houston St • Mapa N3 • Horário de funcionamento varia • Entrada paga

Highline Ballroom
Com visual industrial, este espaço no entorno do Meatpacking District propicia uma experiência intimista. Mos Def, Lou Reed, Jonatha Brooke e Lady Sovereign já passaram por aqui. 431 West 16th St entre 9th e 10th Aves • Mapa M2 • Entrada paga

Iridium Jazz Club
Aberto em 1994, o Iridium tem boa comida e excelentes grupos de jazz, novos e consagrados. O grande guitarrista Les Paul toca nas noites de segunda. 1650 Broadway com West 51st St • Mapa J3 • Aberto 19h-2h sex-sáb, 17h-24h dom-qui • Entrada paga

Veja mais locais para diversão em Nova York nas **pp. 50-1**

Dizzy's Club Coca Cola

Parte do Jazz no Lincoln Center, apresenta escalações variadas de grandes grupos de jazz. O couvert é exorbitante, mas o "after hours set" costuma custar no máximo US$10, e a comida tem preço razoável. ◈ *Broadway na 60th St • Mapa H2 • Sets às 19h30, 21h30 e 23h30 diariam • Entrada e couvert pagos*

Jazz Standard

Jazz Standard

Ótimo restaurante, o Blue Smoke *(p. 115)* tem acústica excelente e música tradicional e de vanguarda. A Mingus Big Band toca na maioria das segundas. ◈ *116 East 27th St entre Park Ave 5th e Lexington Ave • Mapa L4 • Aberto 19h-3h ter-sáb (a partir de 18h dom) • Entrada paga*

Bowery Ballroom

Bowery Ballroom

A abertura do Bowery Ballroom em 1998 deu grande impulso à revitalização do Lower East Side. Dotado de ótima acústica e visibilidade, apresenta artistas conhecidos, roqueiros independentes e bandas locais. ◈ *6 Delancey St entre Bowery e Chrystie St • Mapa N4 • Horário de funcionamento varia • Entrada paga*

Casas Noturnas

Bar 13
Tem três andares, um deque no alto e excelentes DJs. ◈ *35 East 13th St • Mapa M4*

Element
Beba no térreo e dance até cansar neste clube que foi um banco. ◈ *225 East Houston St • Mapa N5*

Webster Hall
As bandas, os DJs e as festas semanais atraem estudantes da NYU. ◈ *125 East 11th St • Mapa M4*

Santos Party House
Os frequentadores dançam nos diversos níveis desta casa noturna de Lower Manhattan. ◈ *96 Lafayette St • Mapa P4*

Marquee
É difícil entrar se você não for modelo, mas vale a pena. House e hip-hop. ◈ *289 Tenth Ave • Mapa L2*

Greenhouse
Luzes coloridas estimulam os dançarinos a se soltarem na pista de uma das primeiras casas noturnas ecologicamente corretas. ◈ *150 Varick St • Mapa N3*

The Sullivan Room
Este lugar intimista atrai os melhores talentos de tecno. ◈ *218 Sullivan St • Mapa N3*

The 40/40 Club
Bar de esportes e clube de R&B do rapper Jay-Z, abriga também áreas VIP exclusivas. ◈ *6 West 25th St • Mapa L3*

Cielo
Os ricos e bonitos frequentam este clube de soul e deep house. ◈ *18 Little West 12th St • Mapa M2*

Pacha New York
Dance music e estilo urbano se espalham nos quatro andares da filial do superclube de Ibiza. ◈ *618 West 46th St • Mapa J2*

Top 10 Nova York

Flute; Salon de Ning; Plunge

Bares

King Cole Bar and Lounge
O famoso mural do Old King Cole feito por Maxfield Parrish, paredes revestidas de painéis de mogno e acomodações suntuosas compõem o cenário do bar de hotel mais famoso de Nova York, que só a partir de 1950 passou a admitir a entrada de mulheres. Neste ambiente luxuoso e caríssimo, a música suave de piano cria um clima ideal para fechar negócios e iniciar romances. ◉ *St. Regis Hotel, 2 East 55th St entre 5th e Madison Aves • Mapa H4 • 212 753 4500*

King Cole Bar

Forty-Four
Bem no centro de Manhattan, o Royalton inspirou uma legião de imitações de seu estilo butique ao ser inaugurado, em 1988. Em 2007, uma reforma de US$17,5 milhões no saguão, no bar e no restaurante deu fim ao interior pós-moderno de Philippe Starck. Agora mais aconchegante, o Forty-Four tem elementos de latão, aço, madeira, veludo, camurça e pele, enquanto a Brasserie 44 é um espaço chique, com confortáveis banquetas de teca e couro creme. ◉ *Royalton Hotel, 44 West 44th St • Mapa J3 • 212 944 8844*

Angel's Share
Para chegar a este bar de influência asiática no East Village é preciso passar por um movimentado restaurante japonês. A clientela elegante toma coquetéis caros e pede travessas de dim sum e ostras fritas do restaurante vizinho. ◉ *8 Stuyvesant St • Mapa M4 • 212 777 5415*

Flute
Com um estoque fantástico de mais de 150 tipos de champanhe, vários disponíveis em taça, este antigo bar clandestino mescla opulência com uma atmosfera romântica e atendimento simpático. Tem uma filial em Gramercy. ◉ *205 West 54th St entre 7th Ave e Broadway, 212 265 5169; 40 East 20th St 212 529 7870 • Mapas H3 e L4*

Campbell Apartment
Esta joia fica escondida no Grand Central Terminal, no espaço em que o magnata ferroviário John W. Campbell mantinha seus escritórios com luxuosos revestimentos na década de 1920. Trata-se de um bar que exibe vitrais com caixilhos de chumbo, teto lindamente pintado e um balcão de madeira entalhado, tudo inspirado em um palácio florentino. Uísques escoceses, potentes coquetéis do velho mundo e vinhos de ótimas safras completam o cenário elegante. A clientela se veste de forma casual chique. ◉ *Balcão oeste, Grand Central Terminal, 15 Vanderbilt Ave com 42nd St • Mapa J4 • 212 953 0409*

Veja mais sobre restaurantes em Nova York nas **pp. 68-9**

Salon de Ning
Bar sofisticado de temática asiática, situado no 23º andar, com vista deslumbrante do horizonte de Manhattan. O terraço ao ar livre é um lugar imbatível em noites de verão. Os fãs dizem que, apesar dos preços altos, vale a pena, por coquetéis como o exclusivo Sling Ning. ◊ *Peninsula Hotel, 700 5th Ave com 55th St • Mapa H3 • 212 956 2888*

Plunge
Aprecie a linda vista de Nova York e do rio Hudson neste bar na cobertura do badalado Gansevoort Hotel, no Meatpacking District. Embora a conta se revele um tanto cara, o lugar é maravilhoso para relaxar nos meses de verão.
◊ *Gansevoort Hotel, 18 9th Ave com 13th St • Mapa M2 • 212 206 6700*

Boathouse Bar
Veja o sol se pôr e as luzes se acenderem no horizonte da cidade neste bar ao ar livre ao lado do lago no Central Park, ou seja, uma localização realmente cinematográfica. O cenário é especialmente romântico em noites quentes, quando se vê barcos a remo e gôndolas. ◊ *Central Park perto da East 72nd St • Mapa G2 • 212 517 2233*

Vista do parque no Boathouse

Hudson Bar
Com piso de vidro iluminado por baixo, teto elaborado pintado à mão e decoração mesclando Luís XV e Guerra nas Estrelas, o bar no Hudson Hotel atrai um público elegante. Os clientes adoram o ambiente daqui, apesar do preço alto dos drinques. Se preferir um lugar mais calmo, pode ir ao Library Bar do hotel, com prateleiras repletas de livros, sofás confortáveis e lareira. ◊ *Hudson Hotel, 356 West 58th St • Mapa H2 • 212 247 0769.*

Ñ
Vale a pena vir a este quarteirão fora de mão no SoHo para encontrar um bar convidativo e altamente kitsch, com drinques a preços razoáveis e tapas espanholas que podem ser acompanhadas por diversos tipos de xerez, sangrias com frutas ou vinhos da Espanha. O flamenco ao vivo esquenta o ambiente à noite. Como o lugar é pequeno, chegue cedo para conseguir uma mesa. ◊ *33 Crosby St entre Broome e Grand Sts • Mapa P4 • 212 219 8856*

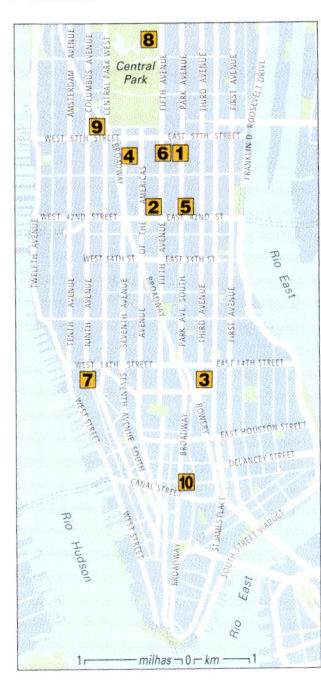

Top 10 Nova York

Don't Tell Mama; Chicago City Limits; Stand Up NY

TOP 10 Cabarés

Café Carlyle

as noites, das 21h30 às 3h. Não há couvert, mas um mínimo de duas bebidas por pessoa por show para quem ocupa uma mesa. A casa fica cheia nos fins de semana, mas é mais tranquila nos dias úteis.. ◈ *235 East 84th St • Mapa F4*

Café Carlyle
Sofisticado, o Café Carlyle é o máximo em Nova York e vale a pena pagar seu couvert caro; Eartha Kitt vivia por aqui e Woody Allen às vezes participa das jam sessions nas noites de segunda. Pianistas como Barbara Carroll e Earl Rose tocam no Bemelmans Bar. ◈ *Carlyle Hotel, 35 East 76th St com Madison Ave • Mapa G4 • Entrada paga*

Triad
Este popular espaço para artes cênicas no Upper West Side é palco de espetáculos diversos, desde stand-ups de humor até shows de cabaré moderno e teatro burlesco. ◈ *158 West 72nd St • Mapa G2 • Entrada paga*

Brandy's Piano Bar
Desde 1979 este bar no Upper East Side atrai amantes da música. Artistas de talento apresentam canções de shows e clássicos imperdíveis todas

Don't Tell Mama
Este lugar divertido no Theather District não anuncia qual será a atração – cantores, mágicos ou humoristas. Não há nomes famosos, apenas amadores ou aspirantes ao sucesso. Às vezes, até os garçons sobem no palco. ◈ *343 West 46th St entre 8th e 9th Aves • Mapa J2 • Entrada paga*

Feinstein's

Feinstein's at Loews Regency
Este é um lugar badalado para ver artistas como o guitarrista John Pizzarelli e o coproprietário Feinstein, vocalista e compositor indicado ao Grammy. ◈ *Loews Regency Hotel, 540 Park Ave com 61st St • Mapa H4 • Entrada paga*

Café Sabarsky
Nas noites de quinta, este café vienense na Neue Galerie tem cabaré contemporâneo às 21h; o jantar de preço fixo é servido a partir das 19h. Reserve ingressos no museu. ◈ *Neue Galerie, 1048 5th Ave com 86th St • Mapa F3 • 212 628 6200t*

Veja mais sobre lugares com diversão nas **pp. 50-1**

Joe's Pub
Ligado ao Public Theater no East Village, este oásis intimista apresenta uma variedade de artistas – emergentes e conhecidos. Como o lugar não faz reserva para jantar, algumas pessoas ficam em pé, dependendo da hora em que chegam. ◊ *425 Lafayette St entre East 4th e Astor Place • Mapa N4 • Entrada paga*

The Metropolitan Room
Este lugar elegante é elogiado pela atmosfera animada e os ótimos artistas, incluindo Annie Ross, Marilyn Maye e Billy Stritch. ◊ *34 West 22nd St entre 5th e 6th Aves • Mapa L3 • Entrada paga*

The Duplex

The Duplex
O cabaré mais antigo da cidade tem diversão variada, de velhas versões de *Nunsense* ou *Mark Twain Tonight* a cantores, humoristas, a diva drag Lady Bunny ou a trupe Funny Gay Males. Os shows irreverentes atraem héteros e gays. ◊ *61 Christopher St com 7th Ave South • Mapa N3 • Entrada paga*

Laurie Beechman Theater at the West Bank Café
O salão daqui exibe regularmente shows de cabaré. Algumas das apresentações são abertas, o que significa que os artistas podem intimar quem está na plateia para cantar com eles. ◊ *407 West 42nd St entre 9th e 10th Aves • Mapa K2 • Entrada paga*

Clubes de Humor

The Comic Strip Live
Lugar ótimo para ver novos talentos; Eddie Murphy e Jerry Seinfeld surgiram aqui. ◊ *1568 2nd Ave • Mapa E4*

Caroline's Comedy Club
No centro do Theater District, o Caroline's apresenta grandes nomes e novatos. ◊ *1626 Broadway • Mapa J3*

Dangerfield's
Um dos melhores e mais antigos, serviu de escola para o lendário Rodney Dangerfield. ◊ *1118 1st Ave • Mapa G5*

Gotham Comedy Club
Lugar espaçoso para grandes talentos da Comedy Central e de outras fontes. ◊ *208 West 23rd St • Mapa L3*

Comedy Cellar
Todos os tipos baixam neste porão apertado para assistir a shows experimentais ◊ *117 Macdougal St • Mapa N3*

People's Improv Theater
Aqui você pode rir e também ter aulas de humor. ◊ *154 West 29th St • Mapa N3*

Stand Up NY
Veja novatos e profissionais neste espaço intimista. ◊ *236 West 78th St • Mapa F2*

NY Comedy Club
Grandes humoristas e couvert acessível. ◊ *241 East 24th St • Mapa L4*

Upright Citizens Brigade Theater
Entre as improvisações hilárias há as apresentações do *Asssscat 3000* nas noites de domingo. ◊ *307 West 26th St • Mapa L2*

Chicago City Limits Theater
Antigo teatro com shows brilhantes de improvisação. ◊ *318 West 53rd St • Mapa H2*

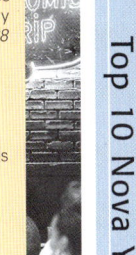

Passeios de carruagem no Central Park; Staten Island Ferry

Programas Românticos

1. Passeio de Carruagem no Central Park
As carruagens de aluguel puxadas por cavalos que ficam na orla do Central Park são o máximo do romantismo. O condutor, com traje luxuoso e cartola, ajuda as pessoas a subirem na carruagem para o passeio de vinte minutos pelos marcos do parque *(pp. 26-7)*.

2. Jantar no River Café
O horizonte de Manhattan fica ainda mais deslumbrante visto deste restaurante em uma barcaça do outro lado do East River, no Brooklyn. A comida é digna do cenário; o preço do pacote vale a pena *(p. 157)*.

River Café, sob a Brooklyn Bridge

3. Anoitecer visto do Empire State Building
Cenário de dezenas de filmes românticos, este lugar também presenciou muitos pedidos de casamento. Na hora do poente, milhões de luzes vão se acendendo nos edifícios *(pp. 8-9)*.

Beekman Tower Hotel

4. Drinques na Cobertura do Beekman Tower Hotel
Os terraços cobertos no 26º andar deste marco art déco têm vista memorável das luzes da cidade e do East River. Peça champanhe e aprecie a cena em grande estilo.
◎ *Beekman Tower Hotel, 3 Mitchell Place com 1st Ave e 49th St • Mapa J5*

5. Passeio de Gôndola no Lago do Central Park
Relaxe a bordo da autêntica gôndola veneziana que desliza pelas águas e aprecie a beleza do parque refletida no lago e os edifícios que o cercam como uma coroa.
◎ *Loeb Boat House, Central Park com East 74th St • Mapa G3 • Pago*

6. Caminhada nos Jardins do Cloisters
Esta extensão do Metropolitan é um oásis de beleza e serenidade, que deixa as pessoas em paz com o passado e as faz refletir sobre o futuro. Mais de 250 tipos de plantas originárias da Idade Média se encontram nestes jardins. O Trie Cloister exibe plantas que aparecem nas Tapeçarias do Unicórnio *(p. 31)*.

Veja mais sobre programas especiais em Nova York nas **pp. 62-3**

Jantar no One if by Land...
Uma estalagem de carruagens do século XVIII restaurada no Greenwich Village, luz de velas e o som suave de piano compõem o cenário mais sedutor de Manhattan. ◈ *17 Barrow St entre 7th Ave South e West 4th St • Mapa N3 • 212 228 0822 • www.oneifbyland.com*

Staten Island Ferry
Fique no deque de cima e veja os edifícios de Manhattan se distanciando enquanto o barco passa pelas ilhas Liberty, Ellis e Governors. Tire fotos na volta *(p. 155)*. ◈ *Whitehall Terminal, Whitehall e South Sts • Mapa R4 • Barcos a cada 15min-1h, 24 horas diariam • Grátis*

Brooklyn Bridge

Brooklyn Bridge
A caminhada na Brooklyn Bridge proporciona uma vista incrível dos edifícios através dos intricados cabos da ponte. Traga a câmera para filmar essas paisagem. ◈ *A ponte começa atrás do City Hall, Broadway e Park Row • Mapa Q4*

Concerto na St. Paul's Chapel
Entre nesta capela, o edifício público mais antigo da cidade, e usufrua momentos de serenidade. Os concertos às segundas às 13h dão chance de se deleitar com o cenário e a música *(p. 80)*.

Oásis na Cidade

Samuel Paley Plaza
Com uma cachoeira, é um refúgio na agitada Midtown. ◈ *3 East 53rd St • Mapa J4*

Greenacre Park
Parque verdejante com uma cascata artificial. ◈ *217-21 East 51st St • Mapa J4*

Bryant Park
Uma área verde com canteiros de plantas atrás da Public Library. ◈ *6th Ave entre 41st e 42nd Sts • Mapa K3*

Metropolitan Museum Roof Terrace & Bar
Tome um drinque ou só aprecie a linda vista do Central Park e das torres da cidade além. ◈ *5th Ave com 82nd St • Mapa F3 • Aberto mai-fim out*

High Line
Esta ferrovia elevada virou um parque elegante e transformou a região ao redor. ◈ *Ganesvoort St com 10th Ave • Mapa M2*

Theodore Roosevelt Park
Uma área verde sombreada atrás do American Museum of Natural History. ◈ *Columbus Ave entre 77th e 81st Sts • Mapa F2*

John Jay Park
Depois dos playgrounds há bancos numa área calma com vista do East River. ◈ *East 77th St com FDR Drive • Mapa F5*

Wave Hill
Antiga propriedade com jardins e estufas. ◈ *675 West 252nd St, Bronx*

Grace Church
Obra-prima de Renwick, esta bela igreja de 1846 é um oásis de paz no Village. ◈ *802 Broadway • Mapa M4*

St. John the Baptist Church
Santuário e um jardim com estátuas e uma fonte. ◈ *210 West 31st St • Mapa K3*

Show de drag no Lucky Cheng; Christopher Street; Next

🔟 Para Gays e Lésbicas

Stonewall Pub

Stonewall Pub
Ao lado do Stonewall Inn, onde uma batida policial em 27 de junho de 1969 desencadeou uma revolta dos gays contra a constante opressão da polícia, o bar atual é um lugar bem mais pacífico. Fotos nas paredes rememoram sua história. ◎ *53 Christopher St • Mapa N3*

Christopher Street
A profusão de bares, lojas e boates entre a 6th e a 7th Avenues era o ponto de encontro dos gays de Greenwich Village, que hoje se concentram em Chelsea e Hell's Kitchen. No entanto, a área mantém um clima histórico. A frequência atualmente é um pouco mais velha. ◎ *Mapa N3*

Chelsea
Atualmente é neste bairro que tudo o que importa acontece. Gays animados lotam os bares e se espalham nas calçadas nos fins de semana, e há sempre algum tipo de atração disponível em todos os cafés e casas noturnas. ◎ *8th Ave entre a West 14th e a West 23rd St • Mapa M2/L2*

Bluestockings Bookstore
Esta popular livraria do Lower East Side – cujo nome deriva de um grupo feminista do século XVIII – se transforma ao longo do dia. É uma excelente fonte de literatura feminina, com café de comércio justo e espaço para um calendário repleto de leituras, espetáculos e outros eventos. Mulheres de todas as etnias e idades são bem-vindas – e homens também, é claro. ◎ *172 Allen St com Stanton St • Mapa N5*

Lesbian, Gay, Bisexual and Transgender Community Center
Desde 1983, este tem sido um núcleo da comunidade gay: ponto de encontro para organizações locais, líder em educação pública, saúde e conselhos emocionais e sede de eventos sociais. Além disso, dispõe de uma enorme biblioteca, onde está documentada a história gay e lésbica.
◎ *208 West 13th St • Mapa M2*
• *Aberto 9h-23h diariam*

Publicações
A *Next* é uma revista semanal voltada para o cenário de clubes e diversão em geral. Outras publicações incluem o *Gay City News*, jornal que cobre política, saúde e artes; e a *Metro-Source*, uma bela revista de estilo de vida. Procure outros semanários sobre entretenimento vendidos em bancas, com seções sobre clubes e eventos para gays e lésbicas.

Baladas em Clubes

Muitos bares e clubes têm noites especiais, como as quintas no Happy Ending, os sábados no HK e os domingos no The Monster. A maioria das noites no Cock e no Splash Bar é animada. Como a vida noturna local é pressionada por aluguéis altos e queixas de vizinhos, os lugares mudam muito de endereço. *Veja detalhes em publicações com a programação*

Lesbian Herstory Archive

Fundado em 1973, o maior e mais antigo arquivo do mundo sobre lesbianismo fica em Park Slope, um conhecido bairro de lésbicas. Gerido por voluntárias, o arquivo engloba arte, livros, fotos, periódicos, vídeos e filmes sobre o tema e realiza eventos em apoio a escritoras e artistas lésbicas.
484 14th St, Brooklyn • Metrô (F) 15th St, Prospect Park • 718 768 3953 • Abre com hora marcada

David Barton Gym

Rapazes musculosos de Chelsea vêm em peso a esta academia chique no histórico espaço Y na 23rd St, cujo dono é o famoso David Barton. Além de ioga, aulas de spinning, sauna e banhos russos, o lugar tem DJ e salão de cabeleireiro da rede Bumble & Bumble. *215 West 23rd St, perto da 7th Ave • Mapa L3 • Aberta 5h30- 24h seg-sex, 8h-21h sáb e dom • Entrada paga*

Shows de Drags

Uma brigada de garçons transexuais e shows de drags no porão fazem do Lucky Cheng o restaurante chinês mais original de Nova York, atraindo até ônibus de turistas. Não deixe de assistir às drag queens que dublam músicas no Lips, e as que se apresentam ao som de ritmos latinos em La Nueva Escuelita. *Veja detalhes em publicações com a programação*

Lugares para Paquera e Petiscos

Eastern Bloc
Local pequeno e escuro no East Village, com inspiração na era soviética. Costuma lotar.
505 East 6th St • Mapa N5

Gym
Este lugar descontraído abriga o primeiro bar gay voltado a esportes de Nova York. *167 8th Ave • Mapa L2*

Therapy
Lounge chique em dois níveis, com shows de cabaré, DJs e ótimos drinques. *348 West 52nd St • Mapa H2*

G
Lounge badalado com um DJ, balcão redondo de aço inoxidável e alta sociabilidade.
225 West 19th St • Mapa L3

SBNY
Veja go-go boys se molhando no palco e vídeos eróticos. *50 West 17th St • Mapa M3*

Phoenix
Bar despretensioso no East Village, com um clima convencional e drinques baratos.
447 East 13th St • Mapa M5

The Eagle
Aqui tudo gira em torno de jeans, couro e fetiches. *554 West 28th St • Mapa L2*

Posh Bar
Bar elegante e descontraído com drinques pela metade do preço no happy hour. *405 West 51st St • Mapa J2*

Henrietta Hudson
Bar simples e animado de lésbicas em Greenwich Village. *438 Hudson St • Mapa N3*

The Cubby Hole
Aconchegante bar de lésbicas no qual as clientes cantam junto com a jukebox.
281 West 12th St • Mapa M2

Easter Parade; Festa de San Gennaro

🔟 Festivais e Eventos

St. Patrick's Day Parade
As pessoas se vestem de verde irlandês para este grande dia, quando bandas, políticos e belas garotas marcham pela 5th Ave para declarar seu amor pela Emerald Isle. Milhões de pessoas vão assistir e as comemorações se estendem até a noite. ◎ *5th Ave • 11h 17 mar • Veja na imprensa o percurso exato*

Easter Parade
Seguindo uma antiga tradição, a 5th Avenue fecha para o trânsito em Midtown no domingo de Páscoa, e as famílias em seus melhores trajes caminham na avenida, com senhoras usando chapéus exóticos ou tradicionais. ◎ *5th Ave • Mapa H3-J3 • 11h dom de Páscoa*

9th Avenue Food Festival
A maior farra gastronômica da cidade começou em 1974. Vendedores atendem milhares de pessoas, que lotam as ruas para provar comidas de todos os países, de burritos a samosas. ◎ *9th Ave, da 37th à 57th St • Mapa H2-K2 • Meados mai*

Fogos em 4 de Julho
Multidões vão apreciar este show pirotécnico no Hudson River. A Macy's gasta mais de US$1 milhão por ano nesta festa da independência nacional. ◎ *East River • Mapa R3 • 21h30 4 jul*

Fogos em 4 de julho no Hudson River

West Indian Day Carnival
A população antilhana do Brooklyn comemora seu legado com um desfile de carros alegóricos enormes, belas fantasias coloridas e contagiantes músicas caribenhas. Barracas nas ruas vendem especialidades do Caribe. ◎ *Eastern Parkway, Brooklyn • Metrô C para a Franklin Ave • Dia do Trabalho (1ª seg set)*

West Indian Day Carnival

Festa de San Gennaro
O padroeiro de Nápoles é carregado pelas ruas de Little Italy, e a Mulberry Street fica lotada dia e noite com música, jogos de quermesse e toneladas de comida típica. Sanduíches apimentados de linguiça são a marca deste evento de dez dias, mas há delícias italianas para todos os gostos. ◎ *Mulberry St • Mapa P4 • dez dias a partir da 3ª semana set*

Maratona de Nova York

Cerca de 30 mil pessoas correm na maratona de 42km que começa na Staten Island, passa pelas cinco regiões e termina no Central Park. O público fica ao longo da rota torcendo e oferecendo água para os maratonistas. ◊ *A 1st Ave acima da 59th St é um bom lugar para ver* • *Mapa H5* • *10h45 1º dom nov*

Macy's Thanksgiving Day Parade

Os nova-iorquinos vão às ruas e o resto do país vê pela TV o desfile de personagens de desenho animado, bandas, carros alegóricos com astros de cinema e TV, e a trupe de dança Rockettes, que anuncia o início da temporada de Natal. ◊ *Central Park West na 77th St ao longo da Broadway até a 34th St* • *Mapa G2* • *9h Dia de Ação de Graças*

Christmas Tree Lighting Ceremony

A árvore de Natal mais alta dos EUA, enfeitada com luzes, fica ao lado do rinque de patinação no Rockefeller Center. Anjos com trombetas nos Channel Gardens e janelas decoradas nas lojas de departamentos na 5th Avenue inspiram o clima natalino. ◊ *Rockefeller Center* • *Mapa J3* • *1ª semana dez*

New Year's Eve Ball Drop

Multidões começam a se formar horas antes, prontas para festejar a aparição da imensa bola de cristal Waterford iluminada, que é baixada pontualmente à meia-noite, marcando o início oficial do ano-novo. Outros eventos da "First Night" incluem festas animadas em casas noturnas por toda a cidade e uma corrida à meia-noite, com fogos de artifício no Central Park e um desfile de fantasias. ◊ *Times Square* • *Mapa K3* • *Meia-noite 31 dez*

Grandes Eventos Esportivos

U.S. Open Tennis Championships
O último Grand Slam do ano. ◊ *USTA National Tennis Center, Queens* • *Ago-set*

New York Yankees e Mets Baseball
Os eternos rivais competem no esporte favorito dos EUA. ◊ *Yankee Stadium, Bronx; Citi Field, Queens* • *Abr-set*

New York Knicks Basketball
Jogos ágeis com ingressos sempre esgotados. ◊ *Madison Square Garden, 7th Ave* • *Out-abr*

New York Liberty
Basquete feminino profissional. ◊ *Madison Square Garden, 7th Ave* • *Jun-ago*

New York Jets e Giants Football
Os dois times jogam em New Jersey; há poucos ingressos. ◊ *Giants Stadium, New Jersey* • *Set-dez*

New York Rangers Hockey
O hóquei no gelo requer perícia e velocidade. ◊ *Madison Square Garden, 7th Ave* • *Set-abr*

Millrose Games
Torneio de atletismo com a participação dos melhores atletas. ◊ *Madison Square Garden, 7th Ave* • *Fev*

Wood Memorial
Corrida com cavalos do Kentucky Derby. ◊ *Acqueduct Raceway, Queens* • *Meados abr*

Belmont Stakes
A última corrida de cavalos da "triple crown." ◊ *Belmont Park, Long Island* • *2º sáb jun*

New York Red Bulls
Hoje mais popular, o futebol atrai fãs fervorosos. ◊ *Giants Stadium, New Jersey.* • *Abr-out*

Bloomingdale's; Barney's; Henri Bendel

Compras

Macy's

Macy's
Na maior loja do mundo, as opções abrangem de alimentos a futons. Indissociável de Nova York, realiza uma exposição de flores na primavera e o Tap-O-Mania, quando milhares de sapateadores se reúnem na Herald Square *(p. 119)*.

Bloomingdale's
Depois da Macy's, esta é a loja de departamentos mais conhecida da cidade e oferece moda masculina e feminina. O piso principal, com cosméticos, joias e acessórios, atrai multidões, mas os andares superiores são mais tranquilos. *1000 Lexington Ave com 59th St • Mapa H4*

Lojas de Departamentos na 5th Avenue
Bergdorf Goodman, Saks Fifth Avenue e Lord and Taylor têm ampla variedade de marcas conhecidas de moda masculina, feminina e infantil, além de uma seleção refinada de acessórios para casa. Todas têm belíssimas vitrines sazonais. *Bergdorf Goodman, 754 5th Ave (com 57th St); Saks Fifth Avenue, 611 5th Ave (com 50th St); Lord and Taylor, 424 5th Ave (com 38th St) • Mapa H3-K3*

Barney's New York
Se você tem dinheiro de sobra, este é o lugar certo para grifes de estilistas ao gosto de uma clientela jovem, rica e elegante. Suas liquidações semestrais são lendárias e atraem multidões em busca de peças chiques e baratas. *660 Madison Ave com 61st St • Mapa H4*

Saks Fifth Avenue

Henri Bendel
Montada como uma série de butiques, a Bendel's oferece moda feminina inovadora e divertida para clientes glamurosas. A sacola de compras marrom e branca da loja virou símbolo de status e sua padronagem é usada em acessórios. *712 5th Ave com 55th St • Mapa H3*

Century 21
Compradores espertos sabem que vale a pena atravessar a cidade em busca de prateleiras da Century 21, lotadas de grifes famosas a preços bem módicos. Você verá até celebridades saindo daqui com as características sacolas vermelhas. Além de vender roupas da moda e esportivas, a

Veja mais sobre compras em Nova York na **p. 165**

loja também é especialmente boa para quem procura cosméticos e acessórios para mulheres. ◉ *22 Cortlandt St • Mapa Q4*

H&M em Midtown

H&M
A rede sueca Hennes & Mauritz fez grande sucesso ao abrir sua loja na 5th Avenue de Nova York em 2000. Seu segredo? As peças joviais para homens, mulheres e crianças a preços muito baixos, cujo ótimo efeito vai além do valor pago. ◉ *640 5th Ave com 51st St; 34th St com Herald Square; 558 Broadway • Mapas J3, K3 e N4 respectivamente*

Estilistas na Madison Avenue
O epicentro das butiques de grife em Nova York era a 57th Street entre a 5th e a Madison Avenues, onde ainda há lojas como a Burberry. Mas como lojas como Nike e Levi's se instalaram aqui, os estilistas famosos se mudaram para a Madison Avenue, onde lojas e butiques exclusivas agora se estendem da 59th até a 79th Street.
◉ *Giorgio Armani, 760 Madison Ave; Yves Saint Laurent, 855-859 Madison Ave • Mapa F4-H4*

Butiques no SoHo
Jovens endinheiradas entre 20 e 30 anos fazem suas compras nas badaladas butiques do SoHo, como Anna Sui, A.P.C., Miu Miu e Cynthia Rowley. As lojas se concentram entre a Thompson Street e a Broadway, e entre a Prince e a Greene Streets, mas todos os quarteirões nesta área reservam ótimos achados. Vale a pena aproveitar a chance de garimpar artigos para casa em lojas como a Portico e a Armani Casa. ◉ *Anna Sui, 113 Greene St; A.P.C., 131 Mercer St; Miu Miu, 100 Prince St; Cynthia Rowley, 376 Bleecker St; Portico, 139 Spring St; Armani Casa, 97 Greene St • Mapa N3-N4*

Superlojas na 6th Avenue
Em torno da 18th Street, os edifícios de ferro fundido que formavam a lendária "Fashion Row" no final do século XIX são hoje outra meca de consumo. Seus ocupantes atuais incluem superlojas como Bed, Bath and Beyond de artigos para casa, Old Navy para roupas descontraídas e outlets de moda como T.J. Maxx.
◉ *Bed, Bath and Beyond e T.J. Maxx, ambas na 620 6th Ave; Old Navy, 610 6th Ave • Mapa L3*

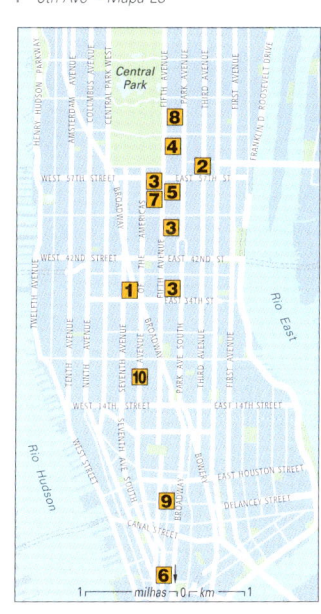

Coney Island; Carrossel no Central Park; Children's Museum of Manhattan

Atrações Para Crianças

Central Park
Entre as inúmeras atividades para crianças há narração de histórias, voltas no carrossel, ciclismo, passeio de barco, patinação no gelo, palestras sobre ecologia e caminhadas guiadas. O Central Park Zoo é de tamanho médio, ao passo que o Tisch Children's Zoo permite alimentar os animais mansos *(pp. 26-7)*.

Bronx Zoo
O maior zoo urbano dos EUA reproduz habitats autênticos para mostras como Himalayan Highlands, African Plains, Jungle World, Congo Gorilla Forest, Tiger Mountain e a popular atração Madagascar. Há fácil acesso para todos os cercados através de trens e bondinhos sazonais *(p. 151)*.

Urso-polar no Central Park Zoo

Children's Museum of Manhattan
Cinco andares de cunho educativo e interativo com exposições como Body Odyssey, uma jornada dentro de um corpo imenso; Inventor Center, que usa scanners e imagens digitais; e um estúdio de TV onde as crianças produzem programas. Menores de 4 anos têm uma área lúdica especial *(p. 140)*.

American Museum of Natural History
Junte-se às hordas de pais nova-iorquinos que mostram aos filhos os famosos dioramas de animais selvagens em habitats realistas e as fascinantes mostras de dinossauros. O totem e a imensa canoa na mostra sobre índios da Costa Noroeste e os enormes meteoritos e espécimes de rochas minerais também estão entre os favoritos. O Rose Center é interessante para crianças mais velhas e adolescentes *(pp. 34-7)*.

New Victory Theater
Marco dos anos 1900, o "New Vic" foi transformado no primeiro teatro de Nova York voltado à diversão familiar. Trupes do mundo inteiro apresentam peças, números circenses e outras atrações adequadas à meninada. Antes das apresentações, há seminários com funcionários e elenco, que mostram o funcionamento de um teatro.
◎ *209 West 42nd St entre 7th e 8th Aves • Mapa J3 • Bilheteria aberta 12h-19h ter-sáb, 11h-17h dom e seg • Entrada paga • www.newvictory.org*

FAO Schwarz
Você ficará encantado com esta loja de brinquedos que vende de enormes animais empalhados aos brinquedos de ação mais recentes. Este espaço mágico foi fundado pelo imigrante alemão Frederick August Otto Schwarz em 1862 e hoje é a loja-conceito de dezenas de filiais no país. As

crianças adoram olhar, mas prepare-se para ser induzido a comprar. ◈ *767 5th Ave com 58th St • Mapa H3*

Coney Island/ New York Aquarium

Após anos de descuido, Coney Island passou por grandes renovações. Entre as atrações da ilha estão o Luna Park, com brinquedos emocionantes, a famosa roda gigante, a comprida praia Sandy e uma passarela à beira-mar. O excelente New York Aquarium, situado no calçadão, é um complexo ao ar livre e coberto onde se pode ver baleias, morsas, golfinhos, cavalos-marinhos e até tubarões. Um ótimo passeio de um dia para famílias *(p. 155)*.

Cruzeiros de Navio

Um passeio de barco no porto de Manhattan é sempre emocionante e não há meio melhor de apreciar o mar do que na escuna *Pioneer*, de 1885, no South Street Seaport. Passeios de 90 minutos no almoço são bons para pessoas mais agitadas; os de duas horas partem à tarde e no início da noite. ◈ *South Street Seaport Museum: Pier 16 no South Street Seaport • Mapa Q4 • Qui-dom mai-set • Entrada paga*

Circos

Sem fins lucrativos e com um repertório divertido, o Big Apple Circus de Nova York instala seu picadeiro de outubro a dezembro no Damrosch Park do Lincoln Center. Para quem prefere espetáculos circenses mais tradicionais, os Ringling Bros. e o Barnum & Bailey se apresentam em março e abril. ◈ *Big Apple Circus, Lincoln Center Plaza; Ringling Bros./Barnum & Bailey, Madison Square Garden, 7th Ave com 32nd St • Mapas H2 e K3 • Entrada paga*

FAO Schwarz

Children's Museum of the Arts

Quando as crianças enjoarem dos passeios turísticos, leve-as a este museu no SoHo, onde há exposições interativas. Crianças são convidadas a criar as próprias obras de arte usando tintas, colagens, giz e outros materiais à vontade, e gastar o excesso de energia nas áreas recreativas. Menores de 5 anos dispõem de uma seção WEE (experimentação e exploração assombrosas) no Artists Drop-In. Há arte infantil de outros países em exposição. ◈ *182 Lafayette St entre Broome e Grand Sts • Mapa P4 • Aberto 12h-17h qua-dom, 12h-18h qui • Entrada paga • www.cmany.org*

Top 10 Nova York

O Spring Pool Room no Four Seasons; Nobu

Top 10 Restaurantes

Union Square Café
O primeiro restaurante de Danny Meyer é um dos mais populares de Nova York desde 1985, devido à comida deliciosa, à equipe cordial e ao ambiente confortável. O chef Michael Romano dá novos toques a favoritos americanos e usa os ingredientes mais frescos do vizinho Union Square Greenmarket *(p. 115)*.

Union Square Café

Gotham Bar and Grill
Um eterno favorito. Alfred Portale foi um dos pioneiros da "comida vertical", deliciosas camadas tão habilmente dispostas que dá até pena de desmanchá-las. A nova cuisine americana daqui é elegante e o espaço, com colunas, casual e sofisticado. O almoço de três pratos é uma ótima pedida. *12 East 12th St entre 5th Ave e University Pl • Mapa M3 • 212 620 4020 • $$$*

Gotham Bar

Nobu
É difícil fazer reserva para o Nobu, onde o chef Matsuhisa adota a linha fusion nipo-peruana e produz pratos inspirados. Diga "Omakase" ("deixo a seu encargo") para que o chef escolha por você entre as opções sempre sublimes. A fantástica decoração de David Rockwell enriquece a experiência. Ao lado, o casual Nobu Next Door não exige reserva e tem preços razoáveis *(p. 103)*.

Jean Georges
Um astro culinário desde seus antigos restaurantes Jo Jo e Vong, Jean-Georges Vongerichten, do restaurante homônimo, produz pratos que estão entre os melhores de Nova York, com molhos delicados e combinações criativas asseguradas pela maestria francesa. O decorador Adam Tihany criou uma ambientação refinada, mas que não ofusca o chef *(p. 143)*.

Daniel
Outro expoente da gastronomia, Daniel Boulud agora tem um restaurante em estilo renascentista veneziano e repleto de flores, digno de seu talento extraordinário. Seus menus sazonais têm opções divinas, como galeto ao forno com abacaxi condimentado ou bacalhau com crosta de trufas negras. O almoço é uma maneira menos cara de provar algumas delícias *(p. 137)*.

Momofuku Ssäm Bar
O garoto-prodígio David Chang faz uso de humor e de muitos ingredientes à base de porco neste restaurante extremamente inventivo. As trouxinhas de porco no vapor são lendárias, e pode-se contar diariamente com frutos do mar inusitados e legumes frescos de ótima aparência *(p. 95)*.

Para conseguir mesa em um restaurante famoso de Nova York, faça reserva com dois meses de antecedência ou reserve para o almoço.

Per Se
É preciso ligar dois meses antes para conseguir mesa neste restaurante caro de Thomas Keller. Um dos poucos a conquistar quatro estrelas do exigente *New York Times*, atrai a clientela pela comida, o serviço e a vista do Central Park. Os clientes podem visitar a cozinha *(p. 143)*.

Le Bernardin
Os frutos do mar são imbatíveis neste restaurante francês discretamente luxuoso, aclamado por revolucionar o modo de servir peixe em Nova York. O chef Eric Ripert parece não ter oponentes. A perfeição custa caro e você paga amargurado, mas a refeição é memorável *(p. 129)*.

Gramercy Tavern

Gramercy Tavern
Outro sucesso de Danny Meyer, este salão rústico talvez seja o restaurante fino mais despretensioso de Nova York. O chef Michael Anthony mantém seu alto padrão. Não é preciso reserva para a área da Tavern *(p. 115)*.

Four Seasons
Esta instituição de Nova York com decoração de Philip Johnson resiste intocada ao tempo e está entre as mais cotadas de comida continental. O Grill Room ainda é o favorito para almoços reforçados, e o Pool Room é perfeito para jantares que celebram uma ocasião especial *(p. 129)*.

Opções Baratas

Lombardi's Pizza
Uma das melhores da cidade, com massa fina em forno de carvão *(p. 89)*.

Salaam Bombay
Bom restaurante indiano com almoço e brunch acessíveis. ◉ *319 Greenwich St • Mapa Q3 • 212 226 9400*

Porchetta
Sanduíches fenomenais de porco assado lentamente. ◉ *110 East 7th St • Mapa M5 • 212 777 2151*

Nyonya
Bom fast-food da Malásia. ◉ *194 Grand St • Mapa P4 • 212 334 3669*

Saigon Grill
Ótima comida vietnamita em dois endereços práticos. ◉ *91-3 University Place, Mapa P4 • 620 Amsterdam Ave com 90th St, Mapa E2 • 212 875 9072*

Flor de Mayo
Mescla cozinha peruana, cubana e chinesa; o frango assado em estilo peruano é excelente. ◉ *2651 Broadway • Mapa D2 • 212 595 2525*

Republic
Pan-asiático ruidoso com pratos à base de talharim. ◉ *37 Union Square West • Mapa M4 • 212 627 7168*

Il Bagatto
Até quem mora longe vem a este italiano no East Village com comida e preço bons. ◉ *192 East 2nd St • Mapa N5 • 212 228 0977*

La Bonne Soupe
O melhor de Midtown para sopa de cebola, fondue e outros pratos de bistrô *(p. 129)*.

Pomaire
Este alegre restaurante chileno fica no Theater District. ◉ *371 West 46th St • Mapa J2 • 212 956 3056*

Veja mais sobre restaurantes e categorias de preço nas **pp. 77, 83, 89, 95, 103, 109, 115, 121, 129, 137, 143, 149 e 157**

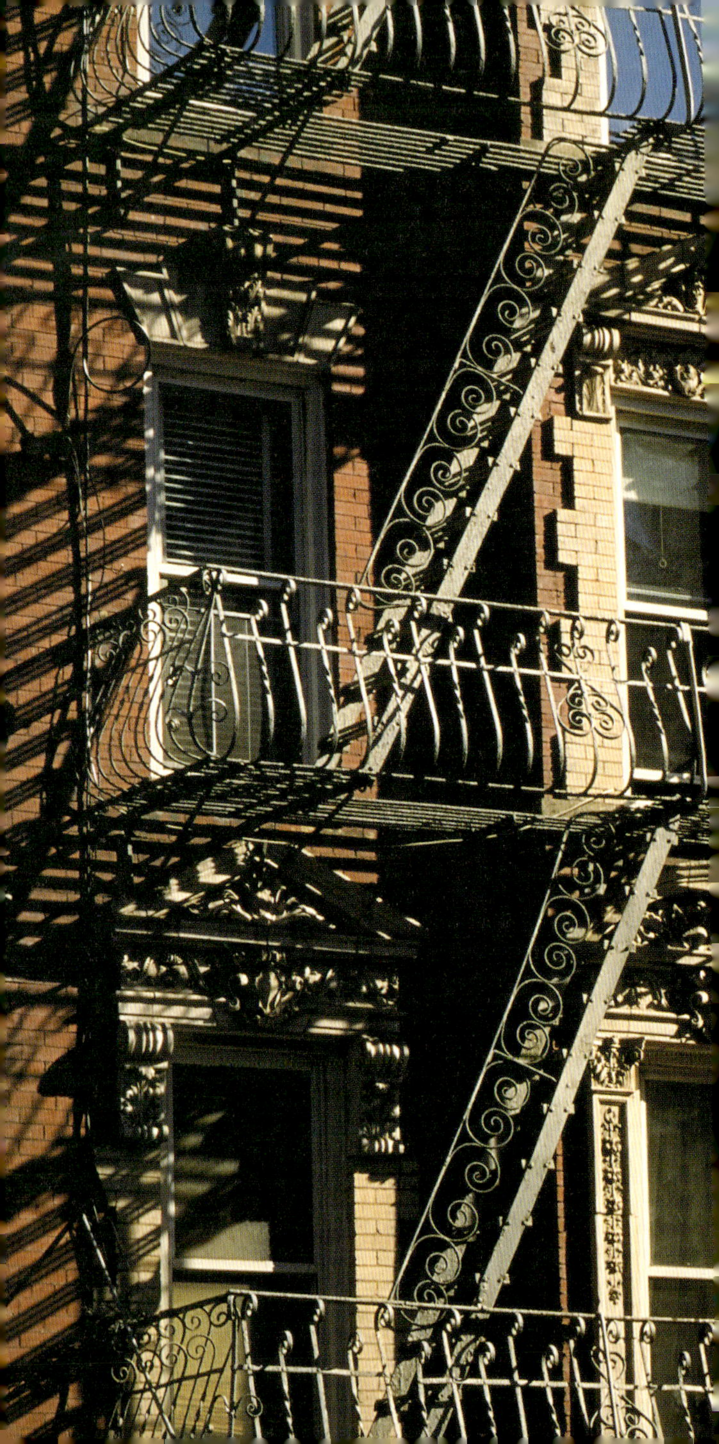

ÁREA POR ÁREA

Lower Manhattan
72-7

Civic Center e
South Street Seaport
78-83

Chinatown e Little Italy
84-9

Lower East Side e
East Village
90-5

SoHo e TriBeCa
98-103

Greenwich Village
104-9

Union Square, Gramercy
Park e Flatiron
110-5

Chelsea e
Herald Square
116-21

Midtown
122-9

Upper East Side
132-7

Upper West Side
138-43

Morningside Heights
e Harlem
144-9

Fora do Centro
150-7

TOP 10 NOVA YORK

Federal Reserve Bank; Federal Hall National Memorial; Battery Park City

Lower Manhattan

A NOVA YORK ANTIGA E A CONTEMPORÂNEA *se encontram na ponta da ilha. A cidade nasceu aqui sob domínio holandês e tornou- -se a primeira capital do país após a Revolução (1775-83). No cruzamento das ruas Broad e Wall ficam o Federal Hall National Memorial, marcando o lugar onde George Washington tomou posse como presidente, em 1789, e a New York Stock Exchange, gigante financeiro fundado em 1817. Os arranha-céus, erguidos no século XX, deixaram o horizonte bem mais interessante. O ocorrido com as torres do World Trade Center em 2001 prejudicou a parte mais baixa de Manhattan, porém não a destruiu. O Museu e Memorial Nacional 11 de Setembro dá chance aos visitantes de rememorarem os eventos de setembro de 2001 por meio de exposições fotográficas, artefatos, filmes e um percurso.*

A bela esplanada em Battery Park City

Atrações

1. New York Stock Exchange
2. Trinity Church
3. Federal Hall National Memorial
4. U.S. Custom House
5. Battery Park City
6. Museu e Memorial Nacional 11 de Setembro
7. Museum of Jewish Heritage
8. Federal Reserve Bank
9. Charging Bull
10. Battery Park

New York Stock Exchange

O edifício atual foi inaugurado em 1903, e atrás de sua fachada neoclássica fica o coração financeiro dos EUA. A Bolsa de Valores cresceu de um negócio com empresas locais para uma empresa global. Nos dias mais movimentados, bilhões de ações são negociadas por mais de 8.500 empresas de capital aberto, embora agora haja menos frenesi, já que tudo é computadorizado. Em épocas de alta, entre 5 e 7 bilhões de ações trocam de mãos por dia na Bolsa. ◈ *20 Broad St com Wall St • Mapa R4 • www.nyse.com • Fechada ao público*

Antigo teletipo da Bolsa de Valores

Trinity Church

Admirado edifício gótico, é a terceira igreja neste local de uma das mais antigas paróquias anglicanas dos EUA, fundada em 1697. Desde sua conclusão, em 1846, a igreja vem recebendo acréscimos notáveis, incluindo a sacristia, a capela e a ala de Manhattan; as portas de bronze foram doadas como homenagem a John Jacob Astor III. Personalidades da cidade estão enterradas no cemitério ao lado da igreja. A Trinity é conhecida por seus programas musicais, com concertos toda segunda e quinta às 13h e outros aos domingos, com o coro completo. A Trinity também cuida da programação da St. Paul's Chapel *(p. 80)*.
◈ *Broadway com Wall St • Mapa Q4 • Aberta 7h-18h diariam (igreja), 7h-16h (pátio da igreja); visitas 14h diariam e após o culto de 11h15 dom • Grátis*

Federal Hall National Memorial

Embora a estátua de bronze de George Washington nos degraus marque o lugar da posse do primeiro presidente da nação, o edifício original deu lugar em 1842 a esta bela estrutura com colunas em estilo Revival grego, que abrigou a Alfândega dos EUA e uma agência do Federal Reserve Bank. A partir de 1955, passou a sediar um museu, onde estão expostas a Constituição e a Carta dos Direitos dos cidadãos do país. O edifício passou por uma restauração recente e há visitas guiadas durante o dia. ◈ *26 Wall St com Nassau St • Mapa R4 • Aberto 9h-17h seg-sex • www.nps.gov/feha • Grátis*

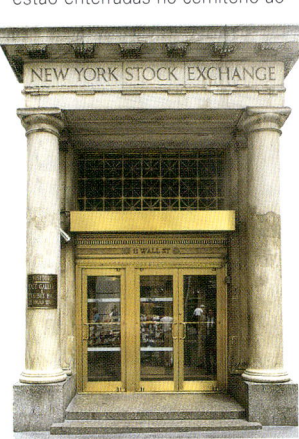

New York Stock Exchange; Trinity Church

Área por Área – Lower Manhattan

U.S. Custom House

Uma reforma em 1994 instalou galerias reluzentes ao redor da grandiosa rotunda deste casarão clássico. Parte dele é ocupada pelo George Gustav Haye Center, uma extensão do Smithsonian National Museum of the American Indian, que tem exposições temporárias sobre os índios do país, incluindo trajes e artefatos. Objetos cerimoniais, brinquedos e instrumentos musicais na sala de pesquisa podem ser examinados e pesquisados no computador disponível no local *(p. 47)*. ◈ *1 Bowling Green entre State e Whitehall Sts • Mapa R4 • Museu aberto 10h-17h sex-qua, 10h-20h qui • Grátis*

Battery Park City

Vários arquitetos de renome envolveram-se nesta extensão de Manhattan, um encrave comercial e residencial às margens do rio Hudson, construído num aterro de 37ha criado com terra escavada para o World Trade Center. Uma esplanada de 3km descortina uma vista estupenda da Estátua da Liberdade. Partes da área foram danificadas pelo colapso das torres gêmeas, mas um futuro melhor está previsto. Aprecie as obras de arte públicas ou visite o Skyscraper Museum. ◈ *Perto da West St, da Battery Place até a Chambers St, limitada pelo rio Hudson • Mapa Q3-R3*

George Washington em Nova York

Uma estátua no Federal Hall National Memorial *(p. 73)*, onde George Washington tomou posse, evoca o tempo que o presidente passou em Nova York, assim como o banco no qual ele rezou na St. Paul's Chapel *(p. 80)* e o museu na Fraunces Tavern onde ele se despediu de suas tropas em 1789.

National September 11 Memorial and Museum

Inaugurado em 11 de setembro de 2011, o décimo aniversário da tragédia, este memorial inclui o nome de cada pessoa morta nos ataques. No museu estão expostos artefatos, memorábilia e fotos que homenageiam as vítimas. ◈ *One Liberty Plaza • Mapa Q3 • Ingressos on-line • www.911memorial.org*

Museum of Jewish Heritage

Uma experiência memorável para pessoas de qualquer credo religioso, este museu enfoca a vida do povo judeu no século XX antes, durante e após o holocausto, contada em 2 mil fotos, artefatos e filmes documentários originais. ◈ *36 Battery Place, Battery Park City • Mapa R3 • Aberto 10h-17h45 dom-ter, qui, 10h-20h qua, 10h-15h sex e véspera de feriados judaicos • Entrada paga • www.mjhnyc.org*

Interior do Federal Hall; Federal Reserve Bank; U.S. Custom House

O touro da Bolsa

Federal Reserve Bank

Embora o ouro não seja mais transferido como pagamento entre nações, parte da reserva mundial de ouro se encontra no cofre cinco andares abaixo do solo deste edifício. As cédulas saídas desta agência exibem a letra B no selo do Federal Reserve. ✪ *33 Liberty St entre William e Nassau Sts • Mapa Q4 • Visitas 9h30, 10h30, 11h30, 13h30, 14h30, seg-sex • Grátis, reserve (212 720 5000)*

Charging Bull

Em dezembro de 1989, o escultor Arturo di Modica instalou esta estátua de bronze em frente à Bolsa de Valores de Nova York na calada da noite. Ela foi retirada, mas ganhou um posto "temporário" na Broadway. O touro representa a força e o poder do povo americano após a queda do mercado de ações, em 1987. ✪ *Broadway no Bowling Green Park • Mapa R4*

Battery Park

Em parte construído sobre o aterro dos séculos XVIII-XIX, este parque no porto da cidade é visitado a caminho de Castle Clinton, o forte de 1811 e ponto de embarque nas balsas para a Ellis Island e a Estátua da Liberdade. Área verde que abriga monumentos e estátuas. ✪ *Broadway e Battery Place • Mapa R3-4 • Aberto diariam • Grátis*

Um Dia Explorando Lower Manhattan

Manhã

Comece no **Battery Park** para ver o porto e dê uma olhada no **Castle Clinton** (p. 16), um forte de 1811 com dioramas sobre a evolução de Nova York. Depois visite o **Museum of the American Indian** na **U.S. Custom House**. Cruze o **Bowling Green**, o primeiro parque da cidade, então vire à direita na Whitehall e à esquerda na Pearl Street e vá ao **Fraunces Tavern Museum**, um edifício de 1719 restaurado, onde George Washington se despediu de suas tropas.

Suba a Broad Street até a Wall Street para ver a **New York Stock Exchange**, onde o caos volta e meia se instala no piso do pregão. Por perto fica o **Federal Hall** (p. 73), onde o primeiro presidente do país tomou posse. Steak é uma especialidade do Financial District, então pare e almoce na **Bobby Van's Steakhouse** (p. 77), na Broad Street com Exchange Place.

Tarde

Continue subindo a Nassau Street (uma continuação da Broad Street) para ver a **Chase Plaza** e suas famosas esculturas. Na extremidade da Plaza na Liberty Street fica o adornado **Federal Reserve Bank** e depois a Louise Nevelson Square, que tem a obra *Sombras e bandeiras*, da artista que dá nome à praça.

Retorne à Liberty Street e entre no Tribute WTC Visitor Center no nº 120 (www.tributecenterwtc.org). Encerre o dia desfrutando um jantar no animado bistrô pariense **Les Halles** (p. 77).

Área por Área – Lower Manhattan

Os imigrantes; Os quatro continentes; Quatro árvores

🔟 Esculturas ao Ar Livre

1 Os Imigrantes
Refletindo a diversidade dos que chegaram aos EUA de 1855-90, a obra de 1973 de Luis Sanguino inclui um africano, um judeu, uma família, um padre e um operário. ◎ *Battery Park • Mapa R3*

2 Giovanni da Verrazzano
O primeiro europeu a chegar de navio ao porto de Nova York em 1524 foi homenageado pela colônia italiana local com esta estátua feita por Ettore Ximenes em 1909. ◎ *Battery Park • Mapa R3*

3 Os Quatro Continentes
O escultor Daniel Chester French reflete visões do século XVIII – a Ásia meditativa e a exótica África ficam de lado, enquanto a régia Europa junto aos dinâmicos EUA, no centro. ◎ *U.S. Custom House, 1 Bowling Green • Mapa R4*

4 Sombras e Bandeiras
As figuras de 1977 de Louise Nevelson evocam a ilha viária em que vivem. A maior está enraizada no solo e as outras sobre estacas. ◎ *Entre Maiden Lane, William e Liberty Sts • Mapa Q4*

5 Jardim Submerso
Os borrifos da fonte central cobrem o chão deste jardim. A obra de 1960 de Isamu Noguchi sugere rochas saindo do mar. ◎ *Chase Manhattan Bank Plaza entre Nassau e Liberty Sts • Mapa R4*

6 Quatro Árvores
Esculturas de 1974 de Jean Dubuffet, que parecem cogumelos, pairam sobre os pedestres dando um toque de humor a esta área agitada. ◎ *1 Chase Manhattan Plaza entre Nassau e Liberty Sts • Mapa R4*

7 George Washington
Desenhada e fundida em bronze em 1883, a estátua de Washington com pedestal de granito mostra sua mão recuando da Bíblia após sua posse. ◎ *Federal Hall National Memorial, 26 Wall St • Mapa R4*

8 Cubo
Feito por Isamu Noguchi em 1967, o cubo vermelho de 9m de altura se equilibra em um canto desafiando a gravidade. ◎ *Marine Midland Plaza, 140 Broadway • Mapa Q4*

9 Checagem Dupla
A pasta da figura de bronze sentada de 1982, de J. Seward Johnson Jr., contém um grampeador, uma calculadora e, às vezes, um sanduíche deixado por um transeunte. ◎ *Liberty Plaza entre Broadway e Church St • Mapa Q4*

10 Escultura de Yu Yu Yang
Esta escultura sem título cria intrigantes padrões com uma laje de aço em forma de L, atravessada por um disco circular. ◎ *Orient Overseas Building, 88 Pine St • Mapa R4*

Fraunces Tavern; Bobby Van's Steakhouse

Categorias de Preço
Refeição para uma
pessoa com três pratos, **$** até $25
uma taça de vinho **$$** $25-$50
da casa ou cerveja, **$$$** $50-$80
impostos e serviço. **$$$$** mais de $80

Onde Comer

1. Battery Gardens
Oferece um menu de nova cuisine americana com toques asiáticos e vista panorâmica do porto. ◎ *Battery Park defronte à 17 State St • Mapa R4 • 212 809 5508 • $$*

2. Gigino's no Wagner Park
O Gigino's tem excelente comida italiana da costa Amalfitana e vista deslumbrante do salão sofisticado e do terraço voltado para as águas. ◎ *20 Battery Place ao lado do Jewish Heritage Museum • Mapa R3 • 212 528 2228 • $$$*

3. Smorgas Chef
As almôndegas suecas são famosas e há vários pratos mais leves. Ambiente charmoso. ◎ *53 Stone St com William St • Mapa R4 • 212 422 3500 • $$$*

4. Bobby Van's Steakhouse
Os destaques são os steaks excelentes, a vista da Stock Exchange e o cenário em um marco beaux-arts de 1898. ◎ *25 Broad St na Exchange Place • Mapa R4 • 212 344 8463 • $$$*

5. Fraunces Tavern
Esta taverna singular datada do século XIX se orgulha de ter sido a residência do ex-presidente George Washington. O local de caráter histórico abriga um restaurante e um museu. ◎ *54 Pearl St com Broad St • Mapa R4 • 212 968 1776 • $$*

6. Harry's Café
A histórica India House abriga um café e steakhouse no piso térreo, que atrai boa parte do pessoal da Wall Street. ◎ *1 Hanover Square entre Pearl e Stone Sts • Mapa R4 • 212 785 9200 • $$-$$$$*

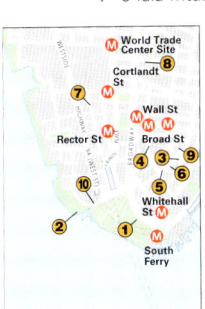

7. George's Café
Hambúrgueres, sopas, omeletes, sanduíches, saladas e lanches substanciosos no centro. ◎ *89 Greenwich St com Rector St • Mapa R3 • 212 269 8026 • $*

8. Les Halles
O distrito financeiro se funde a um bistrô parisiense nesta filial do lugar na Park Avenue que é comandado pelo chef, escritor e astro de TV Anthony Bourdain. ◎ *15 John St entre Broadway e Nassau St • Mapa Q4 • 212 285 8585 • $$*

9. Joseph's
Quando o pessoal da Wall Street quer comida italiana, o Joseph's é sempre lembrado. No menu há fettucine Alfredo e lula frita. ◎ *3 Hanover Square • Mapa R4 • 212 747 1300 • $$$*

10. 2 West
Com influências francesas, esta steakhouse fica no Ritz Carlton Hotel e tem vista para o Hudson e o Battery Park. ◎ *2 West St no Battery Park • Mapa R3 • 917 790 2525 • $$$*

Área por Área – Lower Manhattan

➤ *Todos os restaurantes aceitam cartões de crédito e servem pratos vegetarianos, exceto quando há indicação do contrário*

Surrogate's Court; Detalhe em relevo, antigo AT&T Building; Police Plaza

Civic Center e South Street Seaport

PARTE DA MELHOR ARQUITETURA de Nova York se encontra no Civic Center, sede do governo municipal. Os edifícios daqui cobrem séculos, desde a St. Paul's Chapel, do século XVIII, até o pioneiro Woolworth Building, do século XX. Perto daqui ficam a famosa Brooklyn Bridge e o velho centro marítimo da cidade, South Street Seaport, cujos píeres e edifícios foram restaurados, tornando-se um polo fervilhante de cafés, restaurantes e museus.

Atrações

1. South Street Seaport
2. Brooklyn Bridge
3. Woolworth Building
4. Antigo AT&T Building
5. St. Paul's Chapel
6. City Hall
7. Municipal Building
8. New York County Courthouse
9. Surrogate's Court/ Hall of Records
10. Police Plaza

Woolworth Building

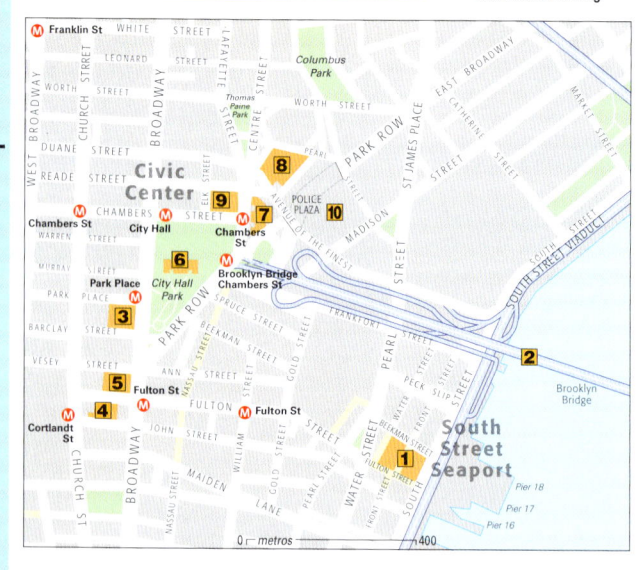

South Street Seaport

South Street Seaport
As ruas de pedra, os píeres e os edifícios que formavam o centro da atividade portuária de Nova York no século XIX (a "rua dos veleiros") foram transformados em centro turístico. Há lojas, barracas de comida, restaurantes, bares, um museu sobre o tema marítimo, uma frota de navios de alto bordo e muita diversão ao ar livre.
Mapa Q4 • Museu aberto jan-mar: 10h-17h sex-dom; abr-dez: 10h-18h ter-dom • www.southstseaport.org

Brooklyn Bridge
Quando foi concluída, em 1883, ligando Manhattan ao Brooklyn, esta ponte pênsil era a maior do mundo e a primeira feita de aço. Sua construção levou dezesseis anos, empregou 600 operários e ceifou vinte vidas, incluindo a do engenheiro projetista John A. Roebling. Hoje é um símbolo de Nova York e quem percorre a pé seu 1,8km de extensão é recompensado com panoramas fabulosos das torres da cidade, vistos através de seus cabos intricados.
(lado de Manhattan) Park Row perto do Municipal Building • Mapa Q4 • Grátis

Woolworth Building
Erguido em 1913, seu interior é belíssimo; paredes de mármore, filigranas de bronze, teto de mosaico e vitrais criam um efeito mágico. O arquiteto Cass Gilbert também tinha senso de humor – as esculturas incluem o magnata Woolworth contando sua fortuna em moedas e o próprio Gilbert com uma maquete do edifício. Ele lançou o padrão para os arranha-céus que surgiriam nos anos 1920 e 1930 *(p. 44)*. *Broadway entre Park Pl e Barclay St • Mapa Q4*

Antigo AT&T Building
Construído em 1922, este edifício se destaca pelo excesso. Na época, diziam que a fachada tinha mais colunas que qualquer outro prédio no mundo; o saguão é uma floresta de pilares de mármore. Perto, na 120 Broadway, o antigo Equitable Building, de 1915, é digno de nota por outro exagero: seu volume foi responsável pela primeira lei que obriga os arranha-céus a ficarem afastados da calçada. *195 Broadway • Mapa Q4 • Aberto horário comercial • Grátis*

Brooklyn Bridge; Caricatura em baixo-relevo do arquiteto Cass Gilbert com o Woolworth Building

St. Paul's Chapel

Datada de 1766, a igreja mais antiga de Manhattan foi erguida como uma capela "uptown" da Trinity Church e ganhou relevância enquanto a Trinity estava sendo reconstruída após o grande incêndio de 1776. A capela foi inspirada na St. Martin-in-the-Fields de Londres. A uma quadra do Ground Zero, a igreja tem uma mostra interativa sobre o 11 de Setembro.
◉ *209 Broadway entre Fulton & Vesey Sts • Mapa Q4 • Culto episcopal 8h, 10h dom, 12h30 qua • Concertos 13h seg, US$2 doação • www.saintpaulschapel.org*

City Hall

Sede do governo municipal desde 1812, é um dos edifícios públicos mais belos do início do século XIX do país. O projeto dos arquitetos Mangin e McComb Jr. é de 1802. Uma estátua da Justiça coroa a estrutura. Os fundos do edifício, voltados ao norte, foram revestidos de mármore em 1954, pois os arquitetos não esperavam que a cidade se desenvolvesse nessa direção. ◉ *Broadway e Park Row • Mapa Q4 • É preciso marcar hora pelo 212 788 2656 • Grátis • www.nyc.gov*

City Hall

O Tribunal de "Boss Tweed"

Concluído em 1881, o primeiro New York County Courthouse na 52 Chambers Street foi obra de Boss Tweed *(p. 48)*, político corrupto que gastou uma fortuna neste grande monumento de mármore para si mesmo. O interior elaborado e a rotunda octogonal estão sendo restaurados, mas seu uso futuro permanece incerto.

Municipal Building

Dominando o Civic Center e se espalhando pela Chambers Street, este edifício de 25 andares foi o primeiro "arranha-céu" projetado por McKim, Mead e White, e concluído em 1914. O topo mais parece um bolo de noiva, com torres e pináculos encimados pela famosa estátua Fama Cívica, de Adulph Wienman. A intricada abóbada de terracota foi inspirada na entrada do suntuoso Palazzo Farnese, em Roma, e a entrada para a estação de metrô na ponta sul, uma praça com arcadas, tem uma impressionante abóbada de azulejos Guastavino. ◉ *1 Center St com Chambers St • Mapa Q4*

Interior da St. Paul's Chapel; Municipal Building

New York County Courthouse

New York County Courthouse

Suba a escadaria do New York County Courthouse de 1926 (adjacente ao U.S. Courthouse de 31 andares com uma pirâmide no topo, de 1933) e entre para admirar a rotunda com colunas de mármore e luminárias Tiffany. Observe os murais no teto representando a Lei e a Justiça. O prédio hexagonal tem um tribunal em cada uma de suas alas. ⓢ *60 Center St • Mapa P4 • Aberto 9h-17h seg-sex; reserve visitas com antecedência (646 386 3153) • Grátis*

Surrogate's Court/ Hall of Records

Com interior inspirado na Opéra de Paris, este exemplar beaux-arts de 1907 exibe um magnífico saguão central com escadaria de mármore e mosaicos no teto. Na fachada há estátuas representando a Justiça, as estações, o comércio e personalidades nova-iorquinas, e figuras representando os estágios da vida. ⓢ *31 Chambers St • Mapa Q4 • Saguão aberto 9h-17h seg-sex • Grátis*

Police Plaza

Construída em 1973, a sede da polícia da cidade fica em uma espaçosa praça para pedestres, uma área bem-vinda em um bairro com carência de espaços públicos. A escultura abstrata *Cinco em um*, de Tony Rosenthal, feita de cinco discos entrelaçados, simboliza as cinco regiões de Nova York. ⓢ *Park Row na Pearl St • Mapa Q4*

Caminhada no Civic Center e no South Street Seaport

Manhã

A maioria das rotas de metrô leva ao City Hall. Ao sair na calçada, vá descendo a Broadway a pé para ver os saguões do **Woolworth** *(p. 79)* e do antigo **AT&T Building** *(p. 79)*, e o interior georgiano da **St. Paul's Chapel**.

Volte pela Park Row, antes conhecida como Newspaper Row por sediar vários jornais. A Printing House Square tem uma estátua de Benjamin Franklin com sua Pennsylvania Gazette. A oeste da Row fica o belo City Hall Park, onde a declaração de independência foi lida para as tropas de George Washington em julho de 1776. O parque tem uma roda do tempo feita de granito que conta a história da cidade.

Uma caminhada nas Center e Chambers streets passa pelo ornamentado **Municipal Building**.

Tarde

Ao meio-dia, siga para o oeste para almoçar frutos do mar no **Bridge Café** *(p. 83)*, instalado em um edifício de 1794 emoldurado com madeira. A uma curta caminhada daqui fica o East River, com linda vista de Lower Manhattan.

Passe a tarde no **South Street Seaport** *(p. 79)* visitando o museu e o Maritime Crafts Center, ou fazendo um passeio de navio. Jante no Pier 17 e saboreie comida caribenha no animado **Cabana** *(p. 83)* ou a nova cozinha americana no **Harbour Lights** *(p. 83)*.

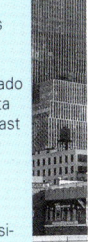

Área por Área – Civic Center e South Street Seaport

81

Schermerhorn Row; Seaport Museum New York; Pier 17

TOP 10 Atrações Marítimas

Seaport Museum New York
O legado marítimo da cidade é evocado com arte, fotos, palestras e navios históricos. ⊗ *12 Fulton St • Mapa Q4 • Aberto 10h-18h qua-dom • Entrada paga • www.seany.org*

Schermerhorn Row
As casas em estilo federal construídas por Peter Schermerhorn em 1811-12 abrigam um espaço expositivo permanente, lojas e restaurantes. ⊗ *Fulton St entre Front e South Sts • Mapa Q4 • Grátis*

Navios Históricos
Sete navios clássicos, vários abertos a embarque, entre eles o de velas redondas *Wavertree*, de 1885, e o icônico *Peking* de quatro mastros, de 1911. ⊗ *Piers 15 e 16, South Street Seaport • Mapa Q4 • Abertos 10h-18h diariam • Entrada paga*

Bowne & Company
Recriação de uma tipografia do século XIX com prensas que funcionam. ⊗ *211 Water St • Mapa Q4 • Aberta 10h-17h qua-dom • Grátis*

Maritime Crafts Center
Veja a incrível habilidade dos entalhadores que criam maquetes de navios e figuras de proa. ⊗ *Pier 15, South Street Seaport • Mapa Q4 • Aberto 10h-18h diariam • Grátis*

Pilot House
O centro de informações e ingressos do South Street Seaport fica nesta cabine de comando, que era de um rebocador a vapor construído em 1923 pela New York Central Railroad. ⊗ *South Street Seaport • Mapa Q4 • Aberta 10h-18h diariam*

Pier 17
Um píer com três andares de restaurantes, barracas de comida e vista ampla do East River e da Brooklyn Bridge. ⊗ *South Street Seaport • Mapa Q5*

Excursões no Porto
A escuna *Pioneer* de 1885 faz passeios de 90 minutos e cruzeiros de duas horas à tarde e à noite. ⊗ *Pier 16, South Street Seaport • Mapa Q4 • Entrada paga*

Titanic Memorial
Este farol foi construído em memória dos mortos no naufrágio do *Titanic* – o maior navio a vapor da história – em 1912. ⊗ *Fulton St com Water St • Mapa Q4*

Seaman's Church Institute
Fundado em 1834, o instituto fica em um belíssimo prédio de 1991, com uma galeria e vista do rio. ⊗ *241 Water St entre Beekman St e Peck Slip • Mapa Q4 • Grátis*

Veja mais sobre edifícios históricos em Nova York nas **pp. 46-7**

Bridge Café; Típico menu de pizzaria

Categorias de Preço
Refeição para uma
pessoa com três pratos, **$** até $25
uma taça de vinho **$$** $25-$50
da casa ou cerveja, **$$$** $50-$80
impostos e serviço. **$$$$** mais de $80

TOP 10 Onde Comer

Bridge Café
Aberto em 1791, é um dos estabelecimentos mais antigos da cidade. Dentro do prédio pitoresco há toalhas xadrez e um menu americano bastante sofisticado. *279 Water St com Dover St • Mapa Q4 • 212 227 3344 • $$*

Harbour Lights
A vista incomparável do porto e da ponte é o chamariz, mas os pratos de frutos do mar são apenas razoáveis. O sirloin steak é uma boa alternativa aos peixes. *Pier 17, 3º piso, South Street Seaport • Mapa Q5 • 212 227 2800 • $$$*

Sequoia
Decoração náutica, frutos do mar e vista formidável do porto fazem deste restaurante americano descontraído uma ótima opção. *Pier 17, South Street Seaport • Mapa Q5 • 212 732 9090 • $$*

Acqua
Serve comida italiana com toques de nova cuisine americana, tudo preparado com ingredientes orgânicos. O ambiente aconchegante tem teto abobadado e iluminação intimista. *21-23 Peck Slip • Mapa Q4 • 212 349 4433 • $$*

Cabana Seaport
O clima latino predomina neste favorito do Seaport, que oferece menu cubano-caribenho. Há sempre muitas jarras de sangria e música descontraída. *Pier 17, 3º piso, South Street Seaport • Mapa Q5 • 212 406 1155 • $$*

Heartland Brewery
Comida de pub, com ênfase em frutos do mar. Mas a grande atração é a ampla seleção de cervejas sazonais feitas pela microcervejaria da Heartland. *93 South St • Mapa Q4 • 646 572 2337 • $*

Fish Market
Situado ao lado de um mercado de peixe do século XIX, este restaurante serve suas especialidades salgadas em um salão escuro, no autêntico estilo "madeira e tijolos". *111 South St • Mapa Q4 • 212 227 4468 • $$*

Suteishi
Situado à sombra da Brooklyn Bridge, ao norte do South Street Seaport, é frequentado por moradores e pessoas que trabalham na área, atraídas pelos sushis frescos e de preço razoável. *24 Peck Slip St • Mapa Q5 • 212 766 2344 • $$$*

Red
O pessoal da Wall Street e turistas vêm para tomar as famosas margaritas com laranja vermelha deste tex-mex colorido e alegre. *19 Fulton St entre Front e Water Sts • Mapa Q4 • 212 571 5900 • $$*

Pacific Grill
Restaurante pan-asiático que serve principalmente pratos com frutos do mar, incluindo tempurá e camarão ao molho de coco. As mesas externas têm vistas maravilhosas da Brooklyn Bridge. *Pier 17, South Street Seaport • Mapa Q5 • 212 964 0707 • $$*

Todos os restaurantes aceitam cartões de crédito e servem pratos vegetarianos, exceto quando há indicação do contrário

Police Headquarters Building; Church of the Transfiguration; Interior de mercearia

Chinatown e Little Italy

ESTES DOIS ENCLAVES ÉTNICOS, que estão entre as partes mais pitorescas da cidade, foram formados por antigos imigrantes cujos idiomas, costumes e culinária foram preservados na nova terra estrangeira. Hoje reduzida a poucos quarteirões, Little Italy ainda mantém a comida e as lojas italianas autênticas, sendo muito agradável em noites quentes, quando cafés colocam mesas nas calçadas e canções de Nápoles alegram a atmosfera. Chinatown, porém, continua crescendo e tem cerca de 150 mil chineses vivendo apinhados. As lojas e os mercados são abarrotados de comidas e ervas exóticas, assim como de presentes, que vão de varetas para coçar as costas a finas antiguidades. Calcula-se que Chinatown tenha 200 restaurantes.

Rua em Chinatown

TOP 10 Atrações

1. Mulberry Street
2. Police Headquarters Building
3. Museum of Chinese in America
4. Good Fortune Gifts
5. Lojas na Mott Street
6. Pearl River Chinese Products Emporium
7. Eastern States Buddhist Temple
8. Church of the Transfiguration
9. Columbus Park
10. Bloody Angle

Il Palazzo, Little Italy *(p. 89)*

Mulberry Street

Há muitas lojas modernas na Mulberry Street, no trecho entre a Houston e a Spring Street, e, embora Chinatown esteja invadindo Little Italy, o quarteirão entre Broome e Canal continua estritamente italiano. Essa quadra é repleta de restaurantes, cafeterias com doces italianos e lojas que vendem utensílios de cozinha, estátuas de santos e camisetas com a inscrição "Kiss Me, I'm Italian". A Festa de San Gennaro deixa a rua lotada todo ano em setembro (*p. 62*). ❍ *Mulberry St entre Broome e Canal Sts • Mapa P4*

Police Headquarters Building

Depois que os *boroughs* se fundiram na Grande Nova York, em 1898, a força policial da cidade se expandiu rapidamente. Por isso ganhou em 1905 esta sede perto de Little Italy. Estrutura barroca monumental com colunas, é digna dos "New York's Finest" e tem uma cúpula adornada, visível até do City Hall. O formato estranho do edifício se deve ao terreno em cunha. Vago por mais de uma década após a transferência da sede da polícia, acabou virando um prédio residencial de luxo, o Police Building Apartments. ❍ *240 Centre St • Mapa P4 • Fechado ao público*

Museum of Chinese in America

Este museu fascinante sobre a experiência dos chineses nos EUA tem uma exposição intitulada "Where is Home?", com relatos pessoais, fotos e poesias colhidos na comunidade. Entre os tópicos abordados estão o papel da mulher, a religião e a "sociedade dos solteiros". Exposições temporárias enfocam desde arte até a vida de gays chineses. O museu oferece livros, guias da área e folhetos de eventos culturais. ❍ *211-215 Centre St • Mapa P4 • Aberto 11h-17h seg, sex, 11h-21h qui, 10h-17h sáb e dom • Entrada paga, grátis qui • www.mocanyc.org*

Good Fortune Gifts

Originalmente conhecida como Quong Yeun Shing & Company, esta loja aberta em 1891 é a mais antiga de Chinatown. No passado, era também ponto de socialização de chineses que eram proibidos de trazer a esposa para os EUA devido às duras leis aplicadas aos imigrantes. ❍ *32 Mott St • Mapa P4*

Detalhe do Police Headquarters Building; Museum of Chinese in America

Área por Área – Chinatown e Little Italy

Lojas na Mott Street

Este quarteirão reúne numerosas lojas com uma variedade formidável de produtos orientais. A Iki Iki Gift Shop é um paraiso para fãs de Yu-Gi-Oh! e Hello Kitty. Luminárias feitas de lindos vasos orientais são a especialidade da Pearl of the Orient Gallery, ao passo que a New Age Designer faz roupas sob encomenda com suas maravilhosas sedas cintilantes. Colecionadores de antiguidades devem ir à Sinotique Gallery. ○ *Iki Iki Gift Shop: 2 Mott St • Sinotique Gallery: 19A Mott St • Pearl of the Orient Gallery: 36 Mott St • New Age Designer: 38 Mott St • Mapa P4 para todas*

Pearl River Chinese Products Emporium

A maior loja de departamentos de Chinatown tem uma diversidade fascinante de produtos à venda. Isso inclui instrumentos musicais chineses, luminárias de papel, pipas, ervas secas, blusas e vestidos de seda bordados, pijamas, bolsas, bonecas, almofadas e sabonetes de sândalo e jasmim. ○ *477 Broadway • Mapa P4*

Eastern States Buddhist Temple

Entre neste templo recendendo a incenso e veja as pilhas altas de frutas deixadas como oferendas e mais de cem budas dourados reluzindo à luz de velas. Aproveitando o movimento turístico em Chinatown, adivinhos se oferecem para ler a sorte dos interessados por US$1 próximo à entrada do templo. ○ *64B Mott St • Mapa P4 • Aberto 8h-18h diariam • Grátis*

Church of the Transfiguration

Construída pela Igreja Luterana Inglesa em 1801 e vendida para a Igreja da Transfiguração de Fé católica romana em 1853, esta igreja de pedra em estilo georgiano e com janelas góticas é um exemplo da influência de levas sucessivas de imigrantes que vieram para Nova York. Ao longo do tempo, a igreja foi mudando conforme as nacionalidades predominantes da comunidade à qual atendia, primeiro a irlandesa, depois a italiana e hoje a chinesa. Centro da atual comunidade católica chinesa, oferece cursos, dá assistência a recém-chegados e missas e cerimônias são realizadas em cantonês e mandarim. ○ *29 Mott St • Mapa P4 • Aberta 7h30-9h e 11h30-13h diariam, 17h30-19h sáb, 8h-14h dom • Grátis*

Início de Chinatown

Como a Lei de Exclusão de Chineses de 1882 proibia trabalhadores chineses de trazerem a família para Nova York, a Chinatown inicial, limitada pelas ruas Pell, Doyers e Mott, tinha predominância de homens e era dominada por *tongs*. Estes eram clubes sociais ou gangues criminosas rivais, o que deu má reputação à área.

Pearl River Chinese Products Emporium; Eastern States Buddhist Temple

Bloody Angle, Chinatown

Columbus Park

O único parque de Chinatown foi criado no final da década de 1890, graças a uma campanha liderada pelo repórter de jornal Jacob Riis e outros ativistas sociais. Esta área pública ocupou um trecho no qual havia a pior favela da época em Nova York, onde Riis registrava um esfaqueamento ou tiroteio pelo menos uma vez por semana. Embora tenha mais concreto do que plantas, o parque hoje é muito popular e frequentado por crianças chinesas que vêm brincar, jogadores de *mah jong* e praticantes de *tai chi* e artes marciais. Nos fins de semana, adivinhos chineses atendem os interessados no parque. ✎ *Bayard e Mulberry Sts • Mapa P4*

Bloody Angle

Esta curva fechada na Doyers Street ganhou de um jornal o apelido de "curva sangrenta", pois era palco de emboscadas de gangues durante a década de 1920. Nessa época as *tongs* Hip Sing e On Leong, irmandades semelhantes a gangues, estavam disputando o controle do tráfico de ópio e de pontos de jogatina em Chinatown. As guerras entre *tongs* foram intermitentes até a década de 1940, e essa rivalidade existe até hoje entre gangues juvenis. ✎ *Doyers St perto da Pell St • Mapa P4*

Passeio em Little Italy e Chinatown

Manhã

Pegue o metrô nº 6 para a Spring Street, passe a Lafayette e vire na Mulberry Street *(p. 85)* para caminhar em Little Italy. Não deixe de ir às velhas lojas de alimentos na Grand Street, como a Alleva Dairy (188 Mulberry Street com Grand) especializada em queijos e a Piemonte Co. (190 Grand Street), onde há duas dezenas de formatos e variedades de massa à venda. Na 206 Grand fica a Di Palo Fine Foods, onde se pode assistir à fabricação artesanal de mussarela. Dê uma pausa em um clássico café italiano, como o Caffè Roma, na 385 Broome Street, ou o Ferrara's, na 195-201 Grand Street.

Siga a oeste pela Grand Street até a Centre Street, então vire à esquerda e veja mais adiante o **Museum of Chinese in America** *(p. 85)*. Vá para leste até a Mott Street, o centro de Chinatown. Almoce um *dim sum* no **Jing Fong** ou no **Golden Unicorn** *(p. 89)*.

Tarde

Ainda na Mott Street, passe um tempo visitando lojas, galerias, mercearias exóticas e mercados que ladeiam essa via. Entre na Teariffic, na 51 Mott Street, para provar uma novidade importada de Taiwan: os "bubble teas", chás com sabores servidos em copos altos com "pérolas" de tapioca no fundo.

Encerre a tarde vendo os budas dourados do **Eastern States Buddhist Temple** e peça a um adivinho para ler sua sorte.

Feira livre; Ten Ren Tea & Ginseng Company; Chinatown Ice Cream Factory

Lojas de Alimentos em Chinatown

Feiras Livres
A Canal Street e a Hester Street estão entre as muitas quadras repletas de bancas ao ar livre vendendo legumes e frutas exóticos e alimentos secos chineses.
⊛ *Chinatown, incluindo Canal e Hester Sts • Mapa P4*

Mark's Wine & Spirits
Bebidas chinesas, como *mei kuei lu chiew* com aroma de água de rosas e vinho Shaohsing, podem ser compradas aqui. ⊛ *53 Mott St com Bayard St • Mapa P4*

Kamwo Herb and Tea
Uma das lojas mais conhecidas do ramo de ervas chinesas, que supostamente curam de artrite a impotência. Vende ginseng em forma de chá e de drágeas.
⊛ *209-11 Grand St • Mapa P4*

Fay Da Bakery
Peça um delicioso pastel com recheio de porco assado ou de carne por menos de US$1, seguido de cookies, bolos de feijão-azuki, tortas de creme ou pães doces de sobremesa. ⊛ *83 Mott St com Canal St • Mapa P4*

Ten Ren Tea & Ginseng Company
Inúmeras latas conservam vários tipos de chá chineses. Os atendentes explicam para que serve cada um e como prepará-los. ⊛ *75 Mott St • Mapa P4*

Kam Man Food Products
Um dos maiores empórios de alimentos em Chinatown vende tônicos, chás, ginseng, legumes variados e diversos tipos de molho. ⊛ *200 Canal St • Mapa P4*

Chinatown Food Market
Esta loja apertada oferece uma infinidade de frutos do mar secos, produtos importados, talharins, sementes de melancia e pastas de dente de marcas falsificadas. ⊛ *225 Grand St com Elizabeth St • Mapa P4*

Deluxe Food Market
Os chineses vêm aqui atrás das comidas prontas, carnes marinadas e dos balcões com estoques variados de carne e peixe.
⊛ *79 Elizabeth St • Mapa P4*

Aji Ichiban USA
O nome desta lojinha no coração de Chinatown significa "o melhor e superior" em japonês, e o lugar faz jus ao título. Procure as delícias exóticas, como peixe seco condimentado. ⊛ *37 Mott St • Map P4*

Chinatown Ice Cream Factory
Gengibre, lichia, abóbora, manga e feijão-azuki estão entre os numerosos sabores que podem ser provados nesta conhecida sorveteria, frequentada por uma clientela jovem. ⊛ *65 Bayard St com Mott St • Mapa P4*

→ *Veja mais sobre compras em Nova York na* **p. 165**

Categorias de Preço	
Refeição para uma pessoa com três pratos, uma taça de vinho da casa ou cerveja, impostos e serviço.	$ até $25 $$ $25-$50 $$$ $50-$80 $$$$ mais de $80

Great N.Y. Noodletown; Golden Unicorn

TOP 10 Restaurantes

1. Great N.Y. Noodletown
A decoração é simples, assim como o menu, com ótimas sopas, talharins, pratos de carne e frutos do mar criativos. ✪ *28½ Bowery St com Bayard St • Mapa P4 • 212 349 0923 • Não aceita cartão de crédito • $*

2. Joe's Shanghai
Filial em Chinatown do restaurante Flushing no Queens, famoso por seus bolinhos (confira os pastéis no vapor no menu). ✪ *9 Pell St com Bowery • Mapa P4 • 212 233 8888 • Não aceita cartão de crédito • $$*

3. Grand Sichuan
Para quem aprecia os sabores condimentados de Sichuan, este lugar simples e barato tem especialidades autênticas. ✪ *125 Canal St com Broadway • Mapa P4 • 212 625 9212 • Não aceita cartão de crédito • $$*

4. Fuleen Seafood
Frutos do mar frescos e preços baixos neste favorito de Chinatown. A entrada com dungeness crab e quatro tipos de lagosta é uma pechincha. ✪ *11 Division St perto do Bowery • Mapa P4 • 212 941 6888 • $$*

5. Golden Unicorn
O dim sum é a atração, mas todos os pratos são gostosos neste restaurante apinhado no terceiro andar. Em grupo prova-se mais coisas do extenso menu. ✪ *18 East Broadway com Catherine St • Mapa P4 • 212 941 0911 • $*

6. Jing Fong
Este salão reluzente vive cheio devido à vasta seleção de dim sums. Basta apontar seu pedido nos carrinhos que passam. ✪ *20 Elizabeth St entre Bayard e Canal Sts • Mapa P4 • 212 964 5256 • $$*

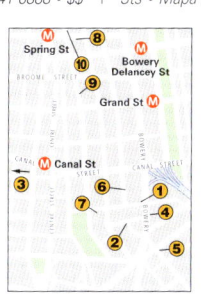

7. New Green Bo
Este local agitado é famoso pelos bolinhos de Xangai. O serviço é negligente, mas as filas andam rápido. ✪ *66 Bayard St entre Mott e Elizabeth Sts • Mapa P4 • 212 625 2359 • Não aceita cartão de crédito • $*

8. Lombardi's
Deliciosas pizzas de massa fina são a grande pedida neste antigo italiano despretensioso. ✪ *32 Spring St entre Mott e Mulberry Sts • Mapa P4 • 212 941 7994 • Não aceita cartão de crédito • $*

9. Da Nico
Ambiente rústico, um belo pátio ajardinado e diversos tipos de pizza garantem o sucesso deste restaurante de gestão familiar. ✪ *164 Mulberry St entre Broome e Grand Sts • Mapa P4 • 212 343 1212 • $$*

10. Torrisi Italian Specialities
As mesas são disputadas neste pequeno restaurante de Nolita com culinária italiana moderna. O menu a preço fixo muda a cada noite. ✪ *250 Mulberry St • Mapa P4 • 212 965 0955 • Não dispõe de pratos vegetarianos • $$$$*

> *Todos os restaurantes aceitam cartões de crédito e servem pratos vegetarianos, exceto quando há indicação do contrário*

Orchard Street; Cena de rua

Lower East Side e East Village

RICO EM RECORDAÇÕES, O LOWER EAST SIDE é um bairro que ainda parece ecoar a voz de imigrantes pobres vivendo apinhados, ambulantes vendendo mercadorias em carrocinhas e crianças brincando nas ruas, os únicos espaços abertos disponíveis. Antigas igrejas viraram sinagogas para os judeus que chegaram em grandes levas entre 1880 e 1920. Alguns ficaram, mas nas últimas décadas latinos e chineses vieram enriquecer a história da área.

Nesse ínterim, a Orchard Street atrai com barganhas, e uma geração nova e bem-sucedida está redescobrindo o velho bairro. Perto daqui, o East Village também tem fases históricas como reduto sucessivo de holandeses, alemães e judeus, antes de ser ocupado pelos hippies na década de 1960 e depois virar o berço do punk rock. A comunidade ucraniana permaneceu durante a maioria dessas mudanças, incluindo a recente valorização imobiliária.

Pintura, Ukrainian Museum

Atrações

1. Lower East Side Tenement Museum
2. Orchard Street
3. New Museum of Contemporary Art
4. Eldridge Street Synagogue
5. Beth Hamedrash Hagadol Synagogue
6. Russ & Daughters
7. St. Mark's Place
8. St. Mark's-in-the-Bowery Church
9. Renwick Triangle
10. Ukrainian Museum

Carrocinha de ambulante, Tenement Museum

Lower East Side Tenement Museum

As visitas guiadas em um velho prédio de apartamentos dão noção da vida minuciosamente pesquisada de cada uma das três famílias que moraram aqui: um clã judeu-alemão em 1874, uma família judia ortodoxa da Lituânia em 1918 e uma família católica siciliana durante a Depressão, na década de 1930. *108 Orchard St • Mapa N5 • 212 431 0233 • Visitas: regularmente 10h-18h diariam (ligue antes) • www.tenement.org • Entrada paga*

Orchard Street

A Orchard Street tornou-se uma rua de lojas em 1940, quando o prefeito Fiorello LaGuardia proibiu carrocinhas na cidade. Muitos vendedores ainda colocam seus produtos na calçada aos domingos e atraem compradores com grifes com descontos de 20% a 30%. O Lower East Side Visitor Center oferece uma visita grátis todo domingo entre abril e dezembro. *Lower East Side Visitor Center, 261 Broome St • Mapa P4 • 212 226 9010 Aberta 9h30-17h30 diariam (até 16h sáb e dom) • www.lowereastsideny.com*

New Museum of Contemporary Art

Desde sua inauguração, em 1977, este museu provocativo monta exposições de obras experimentais recusadas por outros museus, particularmente novas formas de multimidia, que às vezes se estendem a vitrines intrigantes. O museu mudou para um edifício arrojado projetado no final de 2007 pelos arquitetos Sejima e Nishizawa de Tóquio. O espaço engloba uma livraria, um teatro, um centro de aprendizado e um café. *235 Bowery St • Mapa N4 • Aberto 11h-18h qua-dom (21h qui) • Entrada paga • www.newmuseum.org*

Eldridge Street Synagogue

Marco Histórico Nacional, esta sinagoga de 1887 em estilo mourisco foi a primeira casa de culto construida nos EUA por imigrantes judeus do Leste Europeu, origem de 80% dos judeus americanos. Até mil pessoas frequentavam as cerimônias aqui na virada do século XX. Como muitas mudaram do bairro, a frequência caiu e o templo acabou fechando na dé-

Arte à venda na Orchard Street; Vitral da Eldridge Street Synagogue

Área por Área – Lower East Side e East Village

cada de 1950. Uma iniciativa de restauração de vinte anos foi concluída em 2007 e a sinagoga tornou-se um vibrante centro cultural. 🔹 *12 Eldridge St • Mapa P5 • Aberta 10h-17h dom-sex (até 15g sex) • Visitas: a cada meia hora até 15h • Entrada paga, grátis seg • www.eldridgestreet.org*

Beth Hamedrash Hagadol Synagogue

É comum ver artistas fazendo esboços deste pequeno edifício pitoresco. Ele foi construído em 1850 como a Igreja Batista da rua Norfolk, mas, como o bairro mudou, os fiéis migraram para a parte alta da cidade e, em 1885, a estrutura foi convertida em uma sinagoga pela congregação judaica ortodoxa russa mais antiga dos EUA. Madeirames góticos e a cerca de ferro da igreja original sobrevivem. 🔹 *60-64 Norfolk St • Mapa P5 • Abre mediante hora marcada • Grátis*

Russ & Daughters

Joel Russ começou seus negócios com um carrinho de mão, mais de cem anos atrás, antes de abrir, em 1920, esta loja, que é um marco. Agora quem a comanda é a quarta geração da família, incluindo a bisneta de Russ. Além do caviar – uma especialidade da casa –, o salmão defumado e outros produtos são deliciosos e de alta qualidade. 🔹 *179 East Houston*

> ### Cena Dinâmica
> Provando que mudança é a regra em Nova York, o Lower East Side emergiu como o polo mais recente de clubes, restaurantes, bares, cafés e butiques em alta. Alguns habitantes locais estão até se mudando para os edifícios de apartamentos dos quais seus bisavós lutaram tanto para sair. A Ludlow Street é uma das melhores ruas para conferir a cena atual.

St • Mapa N5 • Aberta 8h-20h seg-sex, 9h-19h sáb, 8h-17h30 dom (horários podem variar, conforme os feriados judaicos) • www.russanddaughters.com

St. Mark's Place

Outrora reduto dos hippies, esta quadra ainda tem um clima de contracultura e sedia a cena jovem do East Village. As calçadas ficam agitadas até tarde com frequentadores de bares ajeitados e "pés-sujos" e de lojas de CDs, livros, camisetas, roupas de brechó, contas, pôsteres e peças de couro. É o lugar certo para fazer piercing e tatuagem. 🔹 *East 8th St entre 3rd Ave e Ave A • Mapa M4*

St. Mark's-in-the- -Bowery Church

A segunda igreja mais antiga da cidade fica no terreno onde Peter Stuyvesant, governador da Nova York holandesa no século XVII,

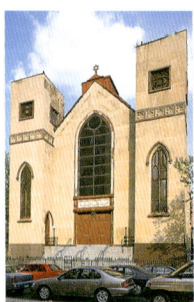

Beth Hamedrash Hagadol Synagogue; Ukrainian Museum; Renwick Triangle

St. Mark's-in-the-Bowery Church

tinha sua capela privada. Stuyvesant está enterrado aqui. Na década de 1960, foi uma das paróquias mais ativas politicamente de Nova York e continua ligada a movimentos sociais progressistas. ◊ *131 East 10th St • Mapa M4 • Aberta 8h30-16h seg-sex; missa 10h30 dom • Grátis*

Renwick Triangle

Este grupo de dezesseis casas foi criado em 1861 pelo eminente arquiteto James Renwick Jr. e fica no terreno antes ocupado pela fazenda do governador Peter Stuyvesant. Seus descendentes lucraram muito ao transformar este conjunto de imóveis em residências no estilo anglo-italiano. ◊ *114-128 East 10th St, 23-25 Stuyvesant St entre 2nd e 3rd Aves • Mapa M4*

Ukrainian Museum

Este museu merece uma visita por sua coleção de trajes ucranianos, blusas de camponeses bordadas, faixas coloridas, luxuosos coletes de pele de ovelha e alegres grinaldas com fios e fitas coloridas. Há peças de cerâmica, joias e pessankas – ovos com desenhos complexos feitos na Páscoa em toda a Ucrânia. ◊ *222 East 6th St entre 2nd e 3rd Aves • Mapa N4 • Aberto 11h30-17h qua-dom • www.ukranianmuseum.org • Entrada paga*

Passeio no East Side

Manhã

Do metrô na Delancey Street, rume para o sul até a Grand Street e a Kossar's Bialys Bakery, na 367 Grand, famosa pelos gostosos pães de cebola, ou a Doughnut Plant, na 379 Grand, onde alguns mimos agradam os gourmets. No rumo leste há duas casas de culto históricas, a **Beth Hamedrash Hagadol Synagogue** *(p. 92)* e a Bialystoker Synagogue.

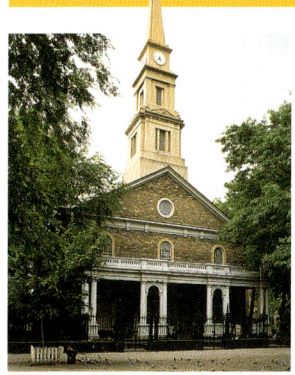

Volte pela East Broadway, passando pelo Henry Street Settlement no nº 281, em três prédios de estilo federal restaurados. A galeria na Educational Alliance, no nº 197, tem boas exposições de arte e fotografia. Vá à Orchard Street buscar pechinchas nas lojas. Peça algum dos 50 sabores de sorvete no Laboratorio del Gelato, na 95 Orchard, ou continue até a East Houston Street e pare para almoçar na **Katz's Delicatessen** *(p. 95)*, ou, ainda, coma bagels na **Russ & Daughters** *(p. 92)*.

Tarde

Após o almoço, vá subindo a 2nd Avenue. Vire à esquerda na East 6th para visitar o **Ukrainian Museum**, uma pequena joia cultural quase desconhecida. Ande até a **St. Mark's Place** dando uma olhada nas lojas divertidas e bares no caminho, e depois siga novamente para o leste na Stuyvesant Street, admirando o icônico grupo de casas do **Renwick Triangle**. Por fim, pare na **St. Mark's-in-the-Bowery Church**, uma das igrejas mais antigas da cidade, onde você pode refletir sobre a história local diante do túmulo de Peter Stuyvesant.

Myplasticheart; Zarin Fabric Home Furnishings

Lojas Baratas e Butiques

Zarin Fabric Home Furnishings
Desde 1936 este imenso showroom e oficina fornece tecidos e revestimentos ao público a preços de atacado. ◎ *314 Grand St • Mapa P5*

Frock
Nesta butique, mulheres elegantes com orçamento limitado acham coleções passadas de grifes como Dior e Valentino. ◎ *170 Elizabeth St • Mapa N4*

The Dressing Room
Mais do que uma butique, este lugar expõe criações de jovens estilistas, faz permuta de roupas e também tem um bar com sets ao vivo a cargo de um DJ. ◎ *75A Orchard St • Mapa P5*

Daha Vintage
Sapatos e botas de todas as cores são os carros-chefes desta loja enorme. Vende também vestidos de estilistas como Pucci e Diane Von Furstenberg, além de uma excelente variedade de bolsas e sacolas. ◎ *175 Orchard St • Mapa N5*

Coat of Arms
Esta loja incomum oferece peças de brechó em estilo hip-hop, além de streetwear atual. ◎ *43 Clinton St • Mapa N5*

Giselle
Quatro andares com grandes grifes de estilistas europeus como Valentino, Escada e Ungaro, prometendo descontos de 20% a 30% no varejo. ◎ *143 Orchard St • Mapa N5*

A.W. Kaufman
Lingerie europeia de qualidade é vendida a preço excelente e com atendimento personalizado. Fundada em 1924 e agora na terceira geração, esta loja oferece não só roupa íntima masculina e feminina como belas peças para noivas. ◎ *73 Orchard St • Mapa P5*

Jodamo
Esta loja grande oferece uma ampla variedade de moda masculina de estilistas europeus, incluindo Versace, Valentino e Missoni, assim como artigos de couro e calçados. ◎ *321 Grand St • Mapa N5*

Altman Luggage
De pastas para computador a maletas, marcas conhecidas como Lark, TravelPro e American Tourister têm preços menores neste empório com estoque excelente. ◎ *135 Orchard St • Mapa N5*

myplasticheart
Loja singular, com grande seleção de brinquedos de grife e objetos colecionáveis de edição limitada. Quem procura um presente incomum encontrará muitas opções originais a preços diversos. ◎ *510 Forsyth St • Mapa N4*

Veja mais sobre lojas em Nova York nas **pp. 64-5**

Katz's Delicatessen

Categorias de Preço

Refeição para uma
pessoa com três pratos, **$** até $25
uma taça de vinho **$$** $25-$50
da casa ou cerveja, **$$$** $50-$80
impostos e serviço. **$$$$** mais de $80

Onde Comer

Schiller's Liquor Bar
Um menu eclético é servido neste restaurante de inspiração francesa, que é o mais recente de Keith McNally. Chegue cedo para jantar. O menu do brunch também é ótimo. ◎ *131 Rivington St com Norfolk St • Mapa N5 • 212 260 4555 • $$*

Katz's Delicatessen
Prove o sanduíche de pastrami e você entenderá por que as delis de Nova York são tão famosas. ◎ *205 East Houston St com Ludlow St • Mapa N5 • 212 254 2246 • $*

Sammy's Roumanian
Aqui toda noite parece um casamento judeu. Picadinho de fígado e banha de galinha aumentam o colesterol, mas você vai adorar cada garfada. ◎ *157 Chrystie St • Mapa N4 • 212 673 0330 • Sem opções vegetarianas • $$*

WD-50
Café gastronômico badalado, famoso pelas criações empolgantes do chef Wylie Dufresne. Sempre há espera. ◎ *50 Clinton St entre Rivington e Stanton Sts • Mapa N5 • 212 477 2900 • $$$*

Macondo
Bar-restaurante divertido e estranho, que faz uma releitura da comida de rua latina. ◎ *157 East Houston St entre Allen e Eldridge Sts • Mapa N5 • 212 473 9900 • $$*

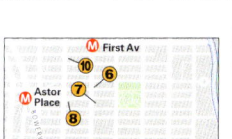

Veselka
Divertido café ucraniano que serve borscht, blintzes e pierogis baratos. As mesas ao fundo são mais calmas. ◎ *144 2nd Ave com 9th St • Mapa M4 • 212 228 9682 • $$*

Dumpling Man
Os bolinhos de porco, frango e vegetarianos são a atração, mas guarde espaço para a raspadinha de gelo de sobremesa. ◎ *100 St Mark's Place • Mapa M4 • 212 505 2121 • $*

La Palapa
Autêntica cozinha regional mexicana e excelentes margaritas em um salão belamente decorado. ◎ *77 St Mark's Place entre 1st e 2nd Aves • Mapa M4 • 212 777 2537 • $$*

Prune
A comida caseira americana modernizada daqui inclui pratos como costeleta de cordeiro com alho-poró e batatas no vapor. Seu brunch também faz sucesso. ◎ *54 East 1st St entre 1st e 2nd Aves • Mapa N4 • 212 677 6221 • $$$*

Momofuku Ssäm Bar
Lugar conhecido que serve comida americana com toques coreanos ou asiáticos. Muitas vezes há dobradinha no menu, mas não desista, pois é deliciosa. ◎ *207 2nd Ave com 13th St • Mapa M4 • 212 254 3500 • $$$*

Todos os restaurantes aceitam cartões de crédito e servem pratos vegetarianos, exceto quando há indicação do contrário

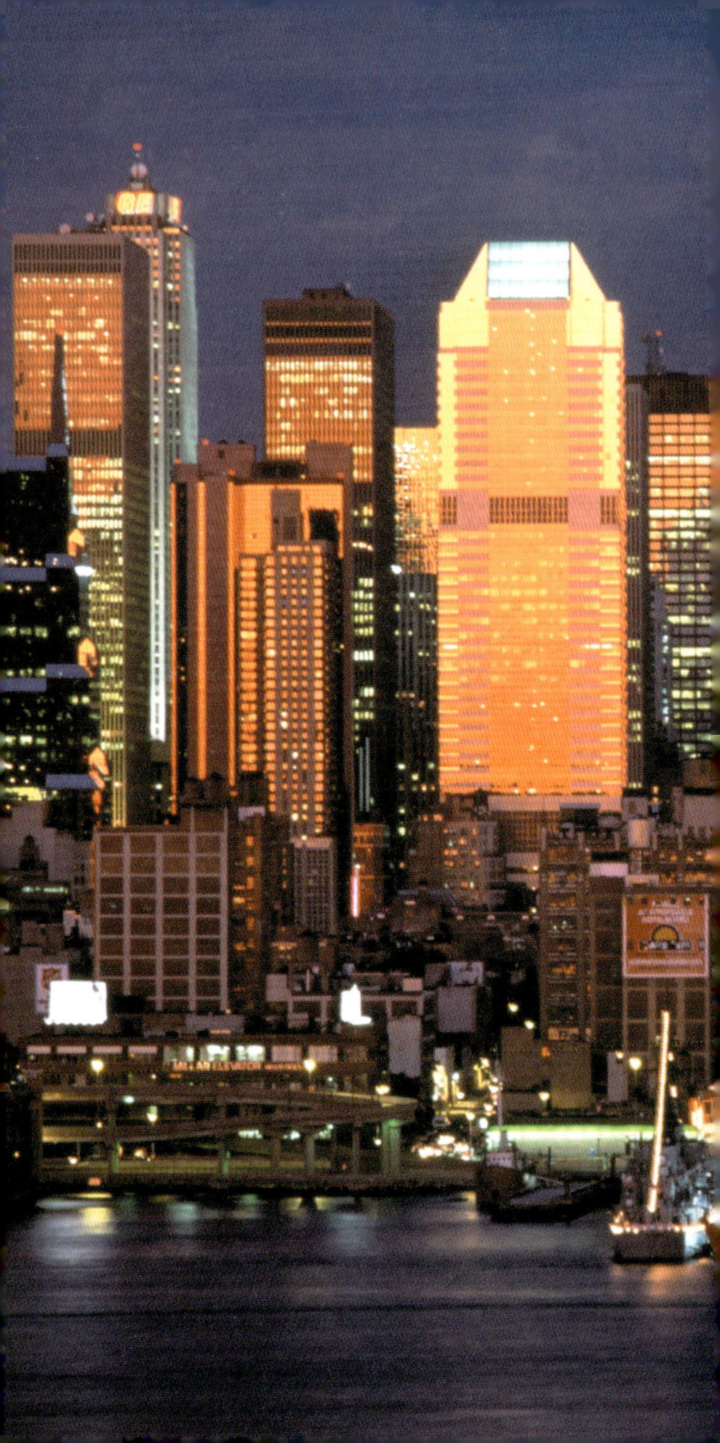

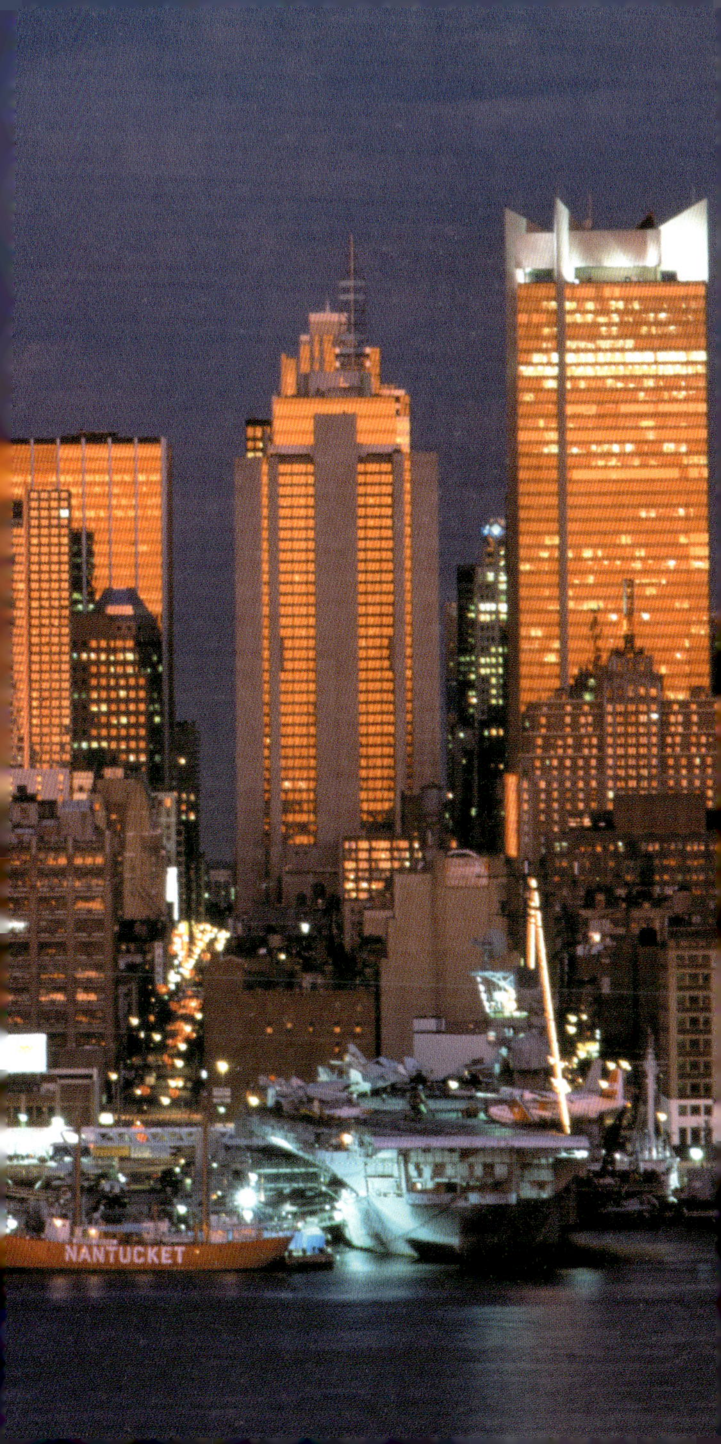
NANTUCKET

Mural, Greene Street; Haughwout Building

SoHo e TriBeCa

COM NOME RESULTANTE *de seu formato (TRIangle BElow CAnal)*, esta área consistia sobretudo em armazéns abandonados até Robert De Niro montar o Tribeca Film Center, em 1988. Isso deslanchou a abertura de restaurantes elegantes e celebridades vieram morar aqui. Hoje TriBeCa é um dos bairros mais valorizados de Nova York, centro da indústria cinematográfica local com o TriBeCa Film Festival e polo da vida noturna. O SoHo (South of Houston) também teve trajetória semelhante. Os amplos espaços atraíram artistas, galerias e, na esteira, hordas de curiosos e restaurantes para atendê-los. Essa imagem chique fez os aluguéis subirem, afugentando as galerias. Mas algumas ficaram e as ruas com butiques de estilistas e de acessórios para casa mantêm o SoHo como destino para o brunch de domingo e para flanar sem pressa. Ambas as áreas exibem a arquitetura de ferro fundido que distingue Nova York.

Galeria na White Street

Atrações

1. Greene Street
2. Children's Museum of the Arts
3. Prada
4. New York City Fire Museum
5. Haughwout Building
6. "Little" Singer Building
7. Canal Street
8. Harrison Street
9. White Street
10. TriBeCa Film Center

Nas páginas anteriores, **Vista da cidade à noite**

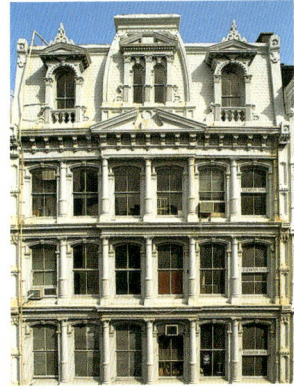

Greene Street

A arquitetura de ferro fundido floresceu em Nova York no final do século XIX por ser uma maneira mais barata de produzir elementos decorativos, a exemplo de colunas e arcos, e criar edifícios impressionantes. A Greene Street, entre a Canal e a Grand streets, e entre a Broome e a Spring streets, exibe 50 dessas beldades, fileiras de fachadas com colunas que criam uma paisagem urbana surpreendente. ❧ *Mapa N4*

Children's Museum of the Arts

Fundado em 1988, o CMA tem a proposta de fazer com que crianças de 1 a 12 anos desenvolvam todo seu potencial para as artes visuais e cênicas. Os pequenos podem usar tinta, cola, papel e materiais reciclados para pintar, esculpir, construir e idealizar. Podem brincar na piscina de bolas e na sala de projeção, desenhar projetos, visitar exposições. ❧ *182 Lafayette St • Mapa N4 • 212 941 9198 • Aberto 12h-17h qua e sex-dom, 12h-18h qui • Entrada paga • www.cmany.org*

Prada

Esta extraordinária loja-conceito s da célebre grife Prada é um sinal de que a moda está tomando o lugar da arte no SoHo. O arquiteto holandês Rem Koolhaas é responsável pelas incríveis escadas flutuantes, as paredes onduladas, os elevadores futuristas e os provadores de alta tecnologia. Imperdível para os fãs de alta costura e arquitetura. ❧ *575 Broadway com Prince St • Mapa N4 • Aberta 11h-19h seg-sáb, 12h-18h dom*

New York City Fire Museum

Tesouro nostálgico instalado em um quartel de bombeiros de 1904, esta coleção esplêndida inclui os caminhões, equipamentos, uniformes e objetos da brigada de incêndio local desde o século XVIII até o presente. A tocante mostra fotográfica sobre o atentado ao World Trade Center em 11 de setembro de 2001 homenageia as centenas de bombeiros mortos. ❧ *278 Spring St • Mapa N3 • Aberto 10h-17h diariam • Entrada paga • www.nycfiremuseum.org*

Children's Museum of the Arts; Prada

Haughwout Building

Obra-prima de ferro fundido, esta estrutura foi erguida em 1857 para uma fábrica de porcelanas e cristais. O projeto de arcos com colunatas ladeados por colunas coríntias mais altas foi inspirado na fachada da Biblioteca Sansovino em Veneza. Esse tema se repete 92 vezes na fachada do edifício. Uma reforma em 1995 eliminou as manchas encardidas e restaurou a elegante cor pálida original. Foi o primeiro prédio a ter um elevador Otis movido a vapor, uma novidade que viabilizou os arranha-céus. *488-492 Broadway com Broome St • Mapa P4*

"Little" Singer Building

No início do século XX, o ferro fundido estava sendo suplantado por tijolos com moldura de aço e terracota. Um exemplo notável é o "Little" Singer Building, de Ernest Flagg (o "little" o distingue de uma torre mais alta também construída para a Singer). Influenciado pela arquitetura parisiense da época, o prédio de doze andares tem uma graciosa fachada e belos balcões de ferro fundido. *561-3 Broadway entre Prince e Spring Sts • Mapa N4*

Haughwout Building

Cinema em TriBeCa

Robert de Niro organizou o primeiro TriBeCa Film Festival em 2002, em prol da reconstrução do bairro, após os ataques de 11 de setembro. Com duração de dez dias durante a primavera, é hoje um dos mais renomados festivais de cinema do país. Fora desse período, grandes astros são vistos a caminho do Grand Screen Room no TriBeCa Grand Hotel *(p. 177)*.

Canal Street

Final do SoHo, começo de TriBeCa e um mundo à parte, esta rua ilustra os contrastes de Nova York. A Canal Street é lotada de ambulantes vendendo imitações de Rolex e bolsas Gucci, eletrônicos novos ou não, lojas baratas oferecendo pares de tênis e jeans, e achados de mercados de pulgas. Caminhe para o leste até Chinatown, onde o que se vende nas calçadas são legumes e peixes vivos e secos em vitrines. *Mapa P3-4*

Harrison Street

Este grupo raro de casas em estilo federal, erguido entre 1796 e 1828, não existia como conjunto até 1975, quando as casas foram

"Little" Singer Building; Canal Street

Harrison Street

reerguidas neste local para escapar da revitalização urbana que arrasou grande parte da área. No fim da quadra (nº 6) fica a antiga New York Mercantile Exchange, um edifício Queen Anne datado de 1884 e em uso até 1977, quando a Bolsa mudou para o World Financial Center (p. 45). ◊ Mapa P3

White Street
O melhor exemplo de arquitetura de ferro fundido em TriBeCa é uma amostra de vários estilos. O nº 2 tem traços federais e um telhado à holandesa; os nºˢ 8-10, projetados por Henry Fernbach em 1869, exibem colunas e arcos toscanos e andares superiores menores, um recurso neorrenascentista para dar ilusão de altura. Há uma mudança radical de ritmo no nº 38, que abriga a galeria Let There Be Neon, do artista Rudi Stern. ◊ Mapa P3-4

TriBeCa Film Center
Um armazém de café da virada do século foi transformado em espaço comercial para a indústria cinematográfica e de entretenimento. O mentor da iniciativa foi o ator e produtor Robert De Niro, que resolveu montar a TriBeCa Productions em 1988. A poderosa Miramax instalou seus escritórios aqui e o edifício também abriga o TriBeCa Grill, cujos donos são De Niro e o restaurateur Drew Nieporent. O restaurante continua atraindo uma clientela endinheirada há mais de duas décadas.
◊ 375 Greenwich St • Mapa P3

Passeio no SoHo e em TriBeCa

Manhã

A parada de metrô na Bleecker Street é um bom ponto de partida para explorar as lojas e galerias do Soho. Vale a pena visitar galerias como Peter Blum, na 99 Wooster St; Spencer Brownstone, na 39 Wooster St; e David Beitzel, na 102 Prince St. A **Greene Street** (p. 99) tem algumas butiques interessantes, como Moss, Helmut Lang, Paul Smith e Kirna Zabête.

O **Drawing Center** (p. 43) expõe obras de artistas emergentes e tem leituras de poesia. Esta área também reúne galerias de fotografia. As mais interessantes são as de Janet Borden, David Nolan e Staley Wise, todas situadas na 560 Broadway. A seguir, coma talharins asiáticos no Kelley & Ping, 127 Greene St, entre a Houston e a Prince Streets.

Tarde

Entre nas butiques das grifes Miu Miu, 100 Prince Street, e Anna Sui, 113 Greene Street, antes de ir para TriBeCa. Faça uma caminhada na **White** e na **Harrison** streets para ver a arquitetura histórica e pare para um drinque no **Church Lounge** (p. 102).

Passe o resto da tarde vendo as diversas exposições na **apexart** (p. 43), que também realiza eventos públicos gratuitos. A seguir, vá para o **MercBar** (p. 102) bebericar um coquetel no início da noite, antes de ir a TriBeCa para uma refeição em algum restaurante de primeira classe, como o Nobu ou o Bouley.

Área por Área – SoHo e TriBeCa

Pravda; Thom Bar; Temple Bar

Casas Noturnas

Pravda
Há vodcas do mundo todo neste bar com objetos russos, cadeiras de couro e teto baixo dourado. ✆ *281 Lafayette St entre Prince e Houston Sts • Mapa N4 • 212 226 4696*

Church Lounge
Quase todo o piso térreo do hotel é ocupado por este conhecido bar com acomodações luxuosas e um belo átrio de oito andares. ✆ *TriBeCa Grand Hotel, 2 6th Ave • Mapa N3 • 212 519 6600*

Nancy Whiskey Pub
Frequentado por profissionais locais, este bar simples de bairro é um dos mais conhecidos de Tribeca. ✆ *1 Lispenard St • Mapa P3 • 212 226 9943*

Thom Bar
Bom para ver e ser visto, este bar luxuoso atrai gente bonita que toma coquetéis e gosta dos sets discretos do DJ todas as noites. ✆ *60 Thompson Hotel, 2º andar, 60 Thompson St • Mapa P3 • 212 219 2000*

Ear Inn
Este bar bonito e aconchegante talvez seja o mais antigo da cidade, pois data de 1830. Agitado à noite e no almoço, também é bom para uma refeição boa e barata. ✆ *326 Spring St com Greenwich St • Mapa P3 • 212 226 9060*

Puck Fair
Ache um canto neste pub de vários andares para tomar um pint com gostosos petiscos irlandeses. ✆ *298 Lafayette St entre Houston e Prince Sts • Mapa N4 • 212 431 1200*

Grand Bar
Como seu congênere TriBeCa Grand, o SoHo Grand é uma meca noturna em seu bairro. Confortável, com iluminação suave e comida boa, fica lotado de gente bonita. ✆ *SoHo Grand Hotel, 310 West Broadway, entre Canal e Grand Sts • Mapa P3 • 212 965 3588*

MercBar
Este badalado ponto de encontro no SoHo atrai uma clientela sofisticada que se reune nos sofás acolhedores e em torno do longo bar. ✆ *151 Mercer St entre Houston e Prince Sts • Mapa N4 • 212 966 2727*

Temple Bar
Escuro, luxuoso, sexy e caro, mas os martínis são imensos. Um bom lugar para trazer seu par – ou achar um. ✆ *332 Lafayette St entre Bloecker e East Houston Sts • Mapa N4 • 212 925 4242*

the room
Este lugar simpático à luz de velas não tem destilados, mas oferece mais de 120 tipos de cerveja e duas dezenas de opções de vinhos. ✆ *144 Sullivan St entre Prince e Houston Sts • Mapa N3 • 212 477 2102*

Veja mais sobre casas noturnas em Nova York nas **pp. 54-5**

The Odeon; Balthazar

Categorias de Preço
Refeição para uma
pessoa com três pratos, **$** até $25
uma taça de vinho **$$** $25-$50
da casa ou cerveja, **$$$** $50-$80
impostos e serviço. **$$$$** mais de $80

TOP 10 Onde Comer

1 The Harrison
Com mesas ao ar livre na primavera e no verão, serve comida rústica de inspiração sazonal. ⓢ *355 Greenwich St • Mapa P3 • 212 274 9310 • $$$*

2 Nobu
Oferece a cuisine fusion nipo-peruana sublime do chef Matsuhisa em um cenário fantástico *(p. 68)*. Seu posto avançado, o Nobu 57, fica situado na 40 West 57th Street (212 757 3000). ⓢ *105 Hudson St • Mapa P3 • 212 219 0500 • $$$$*

3 La Esquina
Nesta alegre casa mexicana o freguês escolhe entre o balcão de tacos, mais simples, e o elegante bar de coquetéis. ⓢ *114 Kenmare St • Mapa P4 • 646 613 7100 • $$*

4 Bouley
David Bouley demonstra suas lendárias habilidades culinárias em um salão abobadado. Em outro andar há padaria, café e mercado. No alto fica uma cozinha aberta e um sushi-bar. ⓢ *163 Duane St • Mapa P3 • 212 964 2525 • $$$$*

5 Bubby's
Em Tribeca, este restaurante alegre e receptivo a crianças serve comfort food o dia inteiro. No menu variado há refeições completas e lanches leves. ⓢ *120 Hudson St • Mapa P3 • 212 219 0666 • $$*

6 Aquagrill
Frutos do mar frescos são o chamariz deste popular restaurante no SoHo. Reserve espaço para o balcão de crus. ⓢ *210 Spring St com 6th Ave • Mapa N3 • 212 274 0505 • $$*

7 Balthazar
É o que há de mais parecido com um bistrô parisense em pleno SoHo. O único problema do Balthazar é sua popularidade. Fervilha. ⓢ *80 Spring St com Broadway • Mapa N3 • 212 965 1414 • $$$*

8 Raoul's
Outro pedacinho da Rive Gauche no SoHo, com um menu francês modernizado e um belo jardim. ⓢ *180 Prince St entre Sullivan e Thompson Sts • Mapa N4 • 212 966 3518 • $$$*

9 The Odeon
Decoração art déco, comida franco-americana sempre boa e uma clientela estrelada têm mantido o sucesso e o moral alto desde 1980. ⓢ *145 West Broadway com Thomas St • Mapa P3 • 212 233 0507 • $$*

10 Boquería
Neste animado restaurante é possível saborear ótimas tapas, como pimentões padrón com sal ou suculento cordeiro marinado, tudo acompanhado por um jarro de sangria forte. ⓢ *171 Spring St • Mapa N3 • 212 343 4255 • $$*

→ *Todos os restaurantes aceitam cartões de crédito e servem pratos vegetarianos, exceto quando há indicação do contrário*

Área por Área – SoHo e TriBeCa

Washington Square Park; Jefferson Market Courthouse; Bar na Bleecker Street

Greenwich Village

UMA ÁREA DIFERENTE DESDE O INÍCIO, *tinha um padrão aleatório de ruas que rompia com o plano urbanístico da cidade, refletindo os limites de um povoado rural. Posteriormente um reduto boêmio, as alamedas arborizadas do Village se tornaram o endereço de artistas e escritores. Músicos de jazz, poetas beat e artistas como Bob Dylan moravam aqui. Depois caiu no agrado dos gays, e hoje cafés e lojas modernos atraem um público jovem de toda a cidade. O Village fica mais animado à noite, com cafés, teatros e clubes.*

TOP 10 Atrações

1. Washington Square Park
2. MacDougal Alley
3. Washington Mews
4. Grove Court
5. Jefferson Market Courthouse
6. Cherry Lane Theatre
7. Bleecker Street
8. New York University
9. Judson Memorial Church
10. 75½ Bedford Street

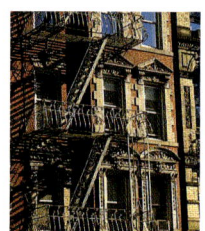

Balcões, Greenwich Village

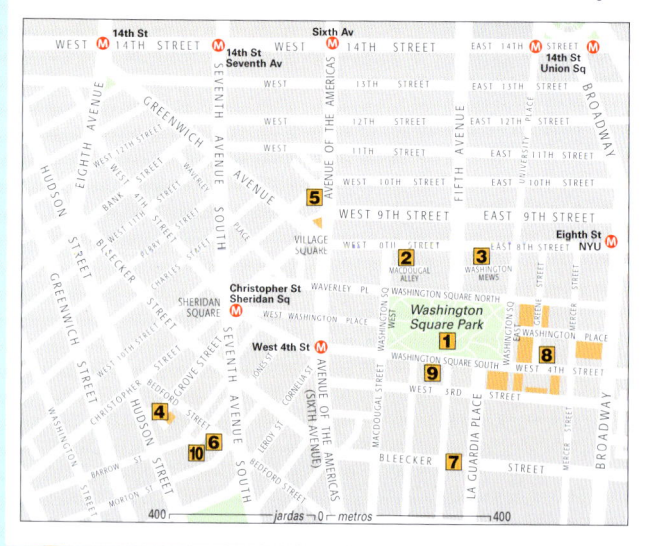

Área por Área – Greenwich Village

104

Artistas de rua animam o Washington Square Park

Washington Square Park
Em 1826, um pântano foi aterrado para formar este parque. Hoje restaurado, o arco de mármore de Stanford White substituiu em 1892 a versão em madeira que marcava o centenário da posse de George Washington. Mães com carrinhos de bebê, jogadores de xadrez e namorados agora ocupam os bancos antes dominados por traficantes. A fonte no centro é onde Bob Dylan cantava suas primeiras canções. *5th Ave entre Waverly Pl e 4th St • Mapa N3*

MacDougal Alley
Estes estábulos do século XIX na Washington Square North foram convertidos em estúdios por artistas no início do século XX, o que fez a rua ser conhecida como "Art Alley de Luxe". Ali moravam o pintor Guy Pene du Bois e a escultora Gertrude Vanderbilt Whitney, que, em 1914, fundou o primeiro Whitney Museum no 8 West 8th Street, perto de seu estúdio. *Leste da MacDougal St entre 8th St e Waverly Pl • Mapa M3*

Washington Mews
Outro grupo de estábulos transformado em casas por volta de 1900, o Mews atraía escritores e artistas. O nº 14A abrigou em épocas distintas o escritor John Dos Passos e os artistas Edward Hopper, William Glackens e Rockwell Kent. O escritor Sherwood Anderson se hospedava muito no nº 54 com sua amiga e cliente Mary Emmett. Comparado com os prédios modernos de Manhattan, este tipo de enclave mostra por que o Village é tão sedutor. *Da University Place até a 5th Ave • Mapa M3*

Grove Court
Estas seis casas em uma curva foram construídas pelo merceeiro Samuel Cocks, que achava que ter moradores por perto seria bom para seu negócio no nº 18. Embora sejam supervalorizadas hoje em dia, essas áreas residenciais não eram tidas como respeitáveis nos anos 1850, e a má fama deu origem ao apelido "Mixed Ale Alley". O. Henry usou essa quadra como cenário para a obra *A última folha*. *Grove St perto da Bedford St • Mapa N3*

MacDougal Street; Grove Court

Área por Área – Greenwich Village

105

Jefferson Market Courthouse

Em 1833, o lugar se tornou um mercado cujo nome homenageava o ex-presidente Thomas Jefferson. A torre de observação de incêndios tinha um sino imenso que alertava os bombeiros voluntários. Quando um tribunal foi erguido em 1877, o sino foi instalado na torre do relógio. O prédio virou um estimado marco do Village e, após a mudança do mercado e a suspensão das sessões da corte, foi salvo de demolição iminente graças a uma acirrada campanha local. Nos anos 1950, foi adaptado para abrigar uma extensão da New York Public Library *(p. 124)*. ⓢ *425 6th Ave entre 9th e 10th Sts • Mapa M3 • Aberta 9h-20h seg, qua, 10h-18h ter, qui, 10h-17h sex, sáb • Grátis*

Cherry Lane Theatre

Em 1924, um armazém foi transformado em um dos primeiros teatros off-Broadway, o qual apresentava peças de dramaturgos inspiradores, como Edward Albee, Eugene Ionesco, David Mamet e Harold Pinter. Hoje, o "Cherry Lane Alternative" encena autores renomados e peças de vanguarda. ⓢ *38 Commerce St entre Bedford e Barrow Sts • Mapa N3 • 212 989 2020 • www.cherrylanetheatre.org*

Bleecker Street

A fileira atual de lojas e restaurantes comuns em nada condiz com a história memorável desta rua. James Fenimore Cooper morou no nº 145 em 1833, Theodore Dreiser ficou no nº 160 ao vir para Nova York em 1895, ao passo que James Agee viveu no nº 172 de 1941 até 1951. O café no nº 189, na Bleecker com a MacDougal, era o bar San Remo, ponto de encontro favorito dos escritores William Burroughs, Allen Ginsberg, Gregory Corso e Jack Kerouac, ícones da geração beat. ⓢ *Entre 6th Ave e West Broadway • Mapa N3*

New York University

Fundada em 1831, a NYU ampliou o escopo de áreas de estudo no início do século XIX e trocou sua ênfase anterior do grego e latim para temas contemporâneos: um "ensino racional e prático" para aspirantes a carreiras em empresas, indústrias, ciências e artes, assim como em direito, medicina e administração pública. Acabou se tornando a maior universidade privada dos EUA e hoje ocupa muitos quarteirões em torno da Washington Square. ⓢ *Washington Square • Mapa N4 • www.nyu.edu*

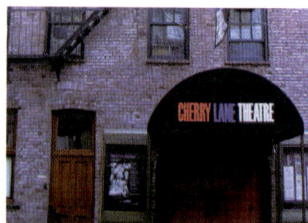

O Desfile de Halloween

Vale tudo neste espalhafatoso desfile anual de transformistas e fantasias divertidas, que atrai 25 mil participantes e 2 milhões de espectadores. A partir das 19h, o cortejo sai da 6th Avenue indo do Village até a 23rd Street.

Cherry Lane Theatre; Bleecker Street

Judson Memorial Church

Judson Memorial Church
Obra elegante de Stanford White em estilo românico e com vitrais de John La Farge, esta igreja foi construída em 1888-93 como um memorial a Adoniram Judson, o primeiro missionário batista americano na Ásia. John D. Rockefeller Jr. *(p. 48)* contribuiu para a construção. Os tijolos amarelos salpicados e remates de terracota branca usados por White introduziram cores leves na arquitetura de igrejas nos EUA. 55 *Washington Square South • Mapa N3 • Aberta para cultos 11h dom • Grátis*

75½ Bedford Street
Com apenas 3m de largura, a casa mais estreita de Nova York foi erguida em 1873 em uma antiga rua de passagem no Village. A poeta Edna St. Vincent Millay morou aqui, seguida pelo ator John Barrymore e depois Cary Grant. Datada de 1799, a casa de nº 77 é a mais antiga do Village, e no nº 103 fica a "Twin Peaks" de 1830, reformada em 1925 por Clifford Reed Daily como refúgio de artistas e escritores que buscavam inspiração na arquitetura. *Entre Morton e Barrow Sts • Mapa N3*

Passeio no Village

Manhã

Comece na **Washington Square** *(p. 108)* e veja a elegante fileira de casas onde Edith Wharton e Henry James moraram. Ache as casas charmosas de **Washington Mews** e **MacDougal Alley** *(p. 105)*, siga pela 6th Avenue, passe pelo **Jefferson Market Courthouse** e vá à West 10th Street.

Ande pela passagem em frente ao Alexander Onassis Center for Hellenic Studies. Antigamente esta passagem levava ao Tile Club, que era ponto de encontro dos artistas do Tenth Street Studio, onde Augustus Saint-Gaudens, John La Farge e Winslow Homer moravam e trabalhavam. Siga pela Waverly Place, Grove Street e Bedford Street, todas elas exibindo um pouco da apreciada arquitetura residencial. Almoce em um típico bistrô francês, a exemplo do atraente **Lyon** *(p. 109)*.

Tarde

Após o almoço, que tal passar algumas horas fazendo um garimpo nas lojas da região? Roupas antigas podem ser apreciadas em lojas especializadas como a Zachary's Smile no nº 9 Greenwich Avenue, ao passo que no nº 840 Broadway você depara com a Forbidden Planet, um nirvana para fanáticos por gibis.

A West 8th Street e a West 4th Street também reúnem muitas lojas e diversos cafés, que são ótimos para ficar observando as pessoas. Vá ao Caffe Reggio, na 119 MacDougal Street, onde os ícones literários da geração beat costumavam ler seus poemas.

Área por Área – Greenwich Village

Washington Mews; Patchin Place; White Horse Tavern

Marcos Literários

Washington Square
Entre as figuras proeminentes que moraram aqui estão Edith Wharton no nº 7, em 1882. Henry James nasceu no nº 21 em 1843. ⓢ *Mapa N3*

St. Luke's Place
A poeta Marianne Moore morou aqui, e Theodore Dreiser escreveu *Uma tragédia americana* no nº 16. ⓢ *Entre Hudson St e 7th Ave South • Mapa N3*

Patchin Place
Um charmoso bolsão de casas do século XIX, que mais tarde atraiu E. E. Cummings, John Masefield e Eugene O'Neill, entre outros. ⓢ *West 10th St • Mapa N3*

Café Wha?
O poeta beat Allen Ginsburg era cliente deste café que também presenciou a ascensão de Bob Dylan e Jimi Hendrix. ⓢ *115 MacDougal St entre Bleecker e West 3rd Sts • Mapa N3*

White Horse Tavern
Reduto favorito de Norman Mailer e Dylan Thomas, que certa noite em 1953 disse: "Entornei dezoito uísques puros", e desmaiou. Morreu no dia seguinte. ⓢ *567 Hudson St com 11th St • Mapa N3*

Willa Cather Residence
Ela escreveu seis obras aqui e, em suas recepções, recebia intelectuais como D. H. Lawrence. ⓢ *5 Bank St entre West e Greenwich Sts • Mapa N3 • Fechada ao público*

Mark Twain Residence
Uma placa marca a casa de Mark Twain de 1904-8, projetada por James Renwick Jr., arquiteto da St. Patrick's Cathedral. Twain recebia visitas em uma enorme cama entalhada. ⓢ *21 5th Ave com 9th St • Mapa M3 • Fechada ao público*

William Styron Residence
Este foi o primeiro apartamento, "minúsculo, mas ajeitado", de Styron após escrever *Deitado na escuridão* aos 23 anos. ⓢ *43 Greenwich Ave • Mapa M3 • Fechada ao público*

Edward Albee Residence
Albee escreveu nesta casa *História do zoológico* e viu a frase "Quem tem medo de Virginia Woolf?" escrita no espelho de um bar aqui perto. ⓢ *238 West 4th St • Mapa N3 • Fechada ao público*

West 10th Street
Mark Twain morou no nº 14 em 1900-1, Hart Crane no nº 54 em 1917 e Edward Albee viveu no nº 50 durante a década de 1960. ⓢ *Mapa M3 • Fechada ao público*

Veja mais sobre figuras históricas de Nova York nas **pp. 48-9**

Babbo; Blue Ribbon Bakery

Categorias de Preço
Refeição para uma pessoa com três pratos, uma taça de vinho da casa ou cerveja, impostos e serviço.
$ até $25
$$ $25-$50
$$$ $50-$80
$$$$ mais de $80

TOP 10 Onde Comer

Babbo
O cenário atraente e a comida italiana inventiva criada pelo celebrado chef Mario Batali tornam o Babbo muito popular. Reserve com antecedência. ⓢ *110 Waverly Place • Mapa N3 • 212 777 0303 • $$$*

Il Mulino
Outro grande italiano de qualidade, serve porções generosas e seu salão de tijolos aparentes é convidativo. Prove o capellini com cogumelos e ervilhas, e a pancetta ao molho de trufas negras e vodca. ⓢ *86 West 3rd St entre Sullivan e Thompson Sts • Mapa N3 • 212 673 3783 • $$$*

Blue Hill
Nova cuisine americana superelogiada, com base em ingredientes sazonais locais e servida num ambiente intimista e elegante. ⓢ *75 Washington Place com MacDougal St • Mapa N3 • 212 539 1776 • $$$*

Blue Ribbon Bakery
Um favorito do Village, seu menu eclético inclui de croissants e caviar ao aclamado frango frito. ⓢ *33 Downing St com Bedford St • Mapa N3 • 212 337 0404 • $$*

Lyon
Típico *bouchon* de Lyon, com interior revestido de madeira escura e iluminação intimista. Serve pratos como guisado de cordeiro e feijão-branco, além de porções de embutidos. ⓢ *118 Greenwich Ave com West 13th St • Mapa M3 • 212 242 5966 • $$*

Minetta Tavern
Taberna clássica de 1937, onde autores como Eugene O'Neill e Ernest Hemingway beberam. Hoje é mais conhecida por seus hambúrgueres gourmet, pelos steaks suculentos e pela boa comida de bistrô. ⓢ *113th MacDougal St • Mapa N3 • 212 475 3850 • $$$$*

Da Silvano
De uma mesa externa observe as celebridades. A comida do norte da Itália é boa, mas a agitação é o melhor da festa. ⓢ *260 6th Ave entre Bleecker e West Houston Sts • Mapa N3 • 212 982 2343 • $$$*

Home
A comida igual a que mamãe fazia mantém este estreito café sempre lotado. O pátio é ideal para uma pausa tomando um ar fresco. ⓢ *20 Cornelia St entre Bleeker St e 6th Ave • Mapa N3 • 212 243 9579 • $$*

Pastis
Este café altamente concorrido parece ter desembarcado diretamente de Paris; peça steak, fritas ou escargots e entre no clima. ⓢ *9 9th Ave com Little West 12th St • Mapa M2 • 212 929 4844 • $$$*

Sushi Samba
A cuisine fusion nipo-brasileira e os coquetéis são inspirados, mas a clientela chique e exigente vem aqui também pelo deque na cobertura e pela música ao vivo em dias ensolarados. ⓢ *87 7th Ave South com Bleecker St • Mapa N3 • 212 691 7885 • $$$*

Área por Área – Greenwich Village

➔ *Todos os restaurantes aceitam cartões de crédito e servem pratos vegetarianos, exceto quando há indicação do contrário*

Gramercy Park; Metropolitan Life Tower; Telhados na Broadway

Union Square, Gramercy Park e Flatiron

*A*MUDANÇA ESTÁ NO AR *nesta parte florescente de Manhattan. Reduto de traficantes no passado e palco de manifestações de protesto, a Union Square foi reformada e se "regenerou". Uma feira livre de produtos frescos ocupa a praça quatro vezes por semana, atraindo consumidores de toda a cidade, e as ruas no seu entorno estão ganhando um número crescente de novos apartamentos, lojas e restaurantes. Agora, lojas e restaurantes agitados se estendem pela Fifth Avenue e adentram o até então decadente Flatiron District, cujo nome foi tirado do edifício no cruzamento da Fifth Avenue com a Broadway na 23rd Street. Em frente ao Flatiron Building, a tranquila Madison Square sedia dois dos melhores restaurantes da cidade e o concorrido Madison Square Park. Nenhuma alteração foi necessária em Gramercy Park, o bairro mais europeu de Nova York.*

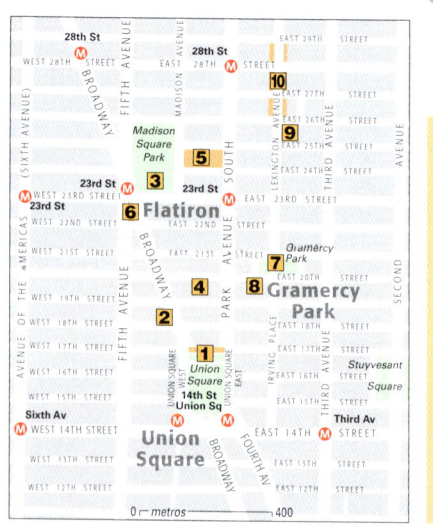

Fonte rebuscada de Greg Wyatt, Gramercy Park

Atrações

1. Union Square Greenmarket
2. ARC Carpet & Home
3. Madison Square
4. Theodore Roosevelt Birthplace
5. Metropolitan Life Tower
6. Flatiron Building
7. Gramercy Park
8. National Arts Club
9. 69th Regiment Armory
10. "Curry Hill"

Dia de feira em Manhattan

Union Square Greenmarket

Ervas, frutas silvestres, minilegumes, flores frescas, doces caseiros, fios recém-tecidos, frios, mel – você encontra tudo isso e muito mais no abundante Greenmarket que ocupa a Union Square todas as segundas, quartas, sextas e sábados. Mais de 150 agricultores da região vêm participar dessa feira oferecendo apenas produtos que eles mesmos plantaram ou fizeram. Vale a pena conferir.
◉ *Na Broadway e 14th St • Mapa M4*
• Aberta 8h-18h seg, qua, sex, sáb

ABC Carpet & Home

O empório mais eclético da cidade é composto de dois edifícios que abrangem um mercado de pulgas, uma feira de antiguidades e um bazar do Oriente Médio. Os produtos à venda incluem móveis franceses luxuosos e mexicanos rústicos, antiguidades, tecidos, acessórios, roupas de cama e mesa, flores e tapetes. Coma no Pipa ou no ABC Kitchen. ◉ *881 e 888 Broadway com East 19th St • Mapa L4*

Madison Square

A praça foi criada em 1847, no meio de uma área residencial onde o político Theodore Roosevelt e a escritora Edith Wharton nasceram. O Madison Square Garden original ficava aqui, na Madison Avenue com a 26th Street. O desenvolvimento trouxe novos marcos, como os edifícios Flatiron e Metropolitan Life. Hoje, o parque repleto de estátuas e a área estão cada vez mais agitados. ◉ *Da 23rd até 26th Sts, entre Broadway e Madison Ave • Mapa L3*

Theodore Roosevelt Birthplace

A casa onde o peculiar 26º presidente dos EUA nasceu, em 1858, e passou a infância foi reconstruída. Exposições abordam sua carreira política e seus interesses, exibindo de brinquedos a buttons de campanha e emblemas do chapéu da marca "Rough Rider", que Roosevelt usou na guerra hispano-americana. A casa dá uma ideia abrangente sobre o estilo de vida da elite de Nova York no século XIX. ◉ *28 East 20th St entre Broadway e Park Ave South • Mapa L4 • Aberta 9h-17h ter-sáb • Entrada paga • Apenas visitas guiadas • www.nps.gov/thrb*

Madison Square; Casa em que Theodore Roosevelt nasceu

Metropolitan Life Tower

Esta torre de 54 andares, erguida no lado leste da Madison Square em 1909, era o edifício mais alto do mundo na época, um símbolo corporativo apropriado para a maior companhia de seguros do globo. Projetada por Napoleon Le Brun and Sons, a torre imita a forma da torre do relógio da Piazza San Marco em Veneza. Embora tenham sido alterados nos anos 1960, quando toda a estrutura foi reformada, o relógio adornado de quatro faces e sua cúpula continuam sendo um marco familiar na paisagem de Nova York. ◈ *1 Madison Ave perto da 24th St* • *Mapa L4* • *Aberta no horário comercial* • *Grátis*

Flatiron Building

Hoje apequenado por diversas estruturas mais altas, este edifício – cujo formato teve de se amoldar a um terreno triangular – continua surpreendente e um símbolo do início da era dos arranha-céus. Sua fachada arredondada e esguia é tão altiva quanto a proa de um navio singrando a avenida. Concluído em 1902, ancorava a extremidade norte da área de lojas chiques de moda feminina de Ladies' Mile, entre as praças Union e Madison. O projeto, do famoso arquiteto Daniel Burnham, incluía detalhes decorativos renascentistas italianos em toda a extensão do edifício, muitos deles em terracota.◈ *175 5th Ave com Broadway e 23rd St* • *Mapa L3* • *Aberto no horário comercial* • *Grátis*

As Praças da Cidade

Manhattan tem quatro praças em estilo londrino: Union, Madison, Stuyvesant e Gramercy Park, todas feitas no século XIX por especuladores imobiliários querendo lucrar com a venda dos terrenos ao redor. As praças são um respiro em meio à aglomeração de torres altas da cidade, mas somente Gramercy Park continua residencial.

Gramercy Park

Samuel Ruggles projetou este bairro em torno de um parque privado na década de 1830. Ainda hoje o único parque exclusivo da cidade, é um lugar cobiçado para morar. Stanford White remodelou o nº 16 em 1888 para Edwin Booth, que aqui fundou o Players Club. Há uma estátua dele no parque *(p. 114)*. ◈ *Lexington Ave entre 20th e 21st Sts* • *Mapa L4* • *Fechado ao público*

National Arts Club

Originalmente era a casa de Samuel Tilden, governador de Nova York e adversário do corrupto Boss Tweed *(pp. 48-9)*. A *brownstone* em estilo revival gótico foi desenhada por Calvert Vaux, famoso pelo projeto do Central Park. O National Arts Club, cujos associados incluem artistas americanos, comprou a casa em 1906. Todos os membros têm que doar uma obra ao clube, cujas galerias são abertas ao público. ◈ *15 Gramercy Park South* • *Mapa L4*

Flatiron Building

Efígies de escritores, National Arts Club

69th Regiment Armory

Este edifício beaux-arts era usado para o treinamento e os escritórios de uma unidade militar de caráter privado formada em 1848. Em 1913, a polêmica exposição de arte moderna conhecida como "Armory Show" foi realizada aqui, incluindo obras de Van Gogh, Duchamp e Brancusi. A exposição foi amplamente criticada pela imprensa, mas introduziu a arte moderna em grande escala em Nova York e teve um impacto profundo e duradouro sobre a arte americana. ◈ *Lexington Ave entre 25th e 26th Sts • Mapa L4 • Fechada ao público*

"Curry Hill"

Apesar das mudanças em seu entorno, este corredor de três quarteirões ao sul de Murray Hill continua repleto de lojas indianas vendendo sáris e presentes, além de ter restaurantes que são uma dádiva não só para vegetarianos como também para quem busca comida interessante a preços razoáveis. A Kalustyan's, na 123 Lexington Avenue, é um achado precioso com especiarias aromáticas, grãos e 31 tipos de arroz.
◈ *Lexington Ave entre 26th e 29th Sts • Mapa L4*

Passeio em Gramercy Park e Flatiron

Manhã

Quem gosta de livros deve começar pela 12th Street, onde a Strand, maior sebo da cidade, fica no nº 828. A seguir, siga para o norte na Broadway até a Union Square e visite o **Greenmarket** (p. 111). Subindo a Broadway você chega à superloja Paragon Sports, na 867 Broadway com 18th Street, e à Fishs Eddy, na 889 Broadway com 19th, que vende pratos, copos e talheres para mesas elegantes. A fascinante **ABC Carpet & Home** o aguarda no nº 888 (p. 111).

No **Flatiron Building** vire para o leste rumo à **Madison Square** (p. 111), depois almoce no refinado **11 Madison Park** (p. 115). Vários restaurantes na **"Curry Hill"** também oferecem almoço barato, incluindo o Pongal, no nº 110, e o Saravanaas na 81 Lexington Ave.

Tarde

Aproveite o passeio na área para dar uma olhada nas especiarias intrigantes da Kalustyan's, na 123 Lexington Avenue.

Há mais lojas na Fifth Avenue entre a 14th e a 23rd streets, incluindo a Anthropologie, no nº 85, a Zara, no nº 101, a Juicy Couture, no nº 103, e a H&M, no nº 111.

Encerre o dia no civilizado oásis do bairro, o **Gramercy Park**. Não deixe de passar na East 19th Street, conhecida como "Block Beautiful" devido às suas belas casas dos anos 1920.

Área por Área – Union Square, Gramercy Park e Flatiron

Farragut Monument; George Washington; Marquês de Lafayette

TOP 10 Estátuas e Monumentos

1 George Washington
A primeira estátua grande ao ar livre da cidade foi criada em 1856 por Henry Kirke Brown. Trata-se de uma figura equestre de 4m sobre um pedestal de granito. ◈ *Union Square em frente à 14th St • Mapa M4*

2 Abraham Lincoln
Esta figura foi encomendada a Henry Kirke Brown logo após o assassinato do presidente, em 1865. ◈ *Ponta norte da Union Square perto da 16th St • Mapa M4*

3 Marquês de Lafayette
Datada de 1873, a enorme estátua de Lafayette jurando apoiar a Revolução Americana é de Frédéric-Auguste Bartholdi, criador da Estátua da Liberdade. ◈ *Madison Square • Mapa L3-4*

4 Mohandas K. (Mahatma) Gandhi
A estátua de 1986 do herói da independência indiana se encontra aqui, pois o parque sediava muitas manifestações de protesto. ◈ *Union Square • Mapa M4*

5 Edwin Booth como Hamlet
O fundador do Players Club é mostrado em seu célebre papel, prestes a encenar o monólogo de Hamlet. A estátua de 1917 fica diante da casa dele. ◈ *Gramercy Park • Mapa L4*

6 Fantasy Fountain
Greg Wyatt fez a fonte em 1983, com o sol e a lua encimados por girafas que vertem água pela boca quando faz calor. ◈ *Canto sudeste do Gramercy Park • Mapa L4*

7 Worth Monument
O obelisco dos anos 1850 marca o túmulo da única figura pública enterrada sob as ruas de Manhattan, o general Worth, herói das Guerras Mexicanas. ◈ *Traffic Island, 23rd St com Broadway • Mapa L3*

8 Farragut Monument
Este memorial, de 1880, a um herói naval fez de Augustus Saint-Gaudens o primeiro escultor da nação; Stanford White desenhou a base. ◈ *Madison Square • Mapa L3-4*

9 Chester Alan Arthur
Arthur se tornou o 21º presidente quando James Garfield foi assassinado. George Edwin Bissell esculpiu-o em 1898, em pé diante de uma cadeira elaborada. ◈ *Madison Square • Mapa L3-4*

10 William Seward
Em 1876 Randolph Rogers imortalizou o secretário de Estado de Lincoln, que entrou para a história por ter comprado o Alasca em 1867, um feito extremamente criticado. ◈ *Madison Square • Mapa L3-4*

→ *Veja mais sobre figuras históricas de Nova York nas pp. 48-9*

Categorias de Preço
Refeição para uma
pessoa com três pratos, **$** até $25
uma taça de vinho **$$** $25-$50
da casa ou cerveja, **$$$** $50-$80
impostos e serviço. **$$$$** mais de $80

Gramercy Tavern

🔟 Onde Comer

1 Union Square Café
Um dos restaurantes mais populares de Nova York, usa ingredientes do vizinho Union Square Greenmarket *(pp. 68 e 111)*. ❧ *21 East 16th St com Union Square West • Mapa M4 • 212 243 4020 • $$$*

2 Gramercy Tavern
Bom e despretensioso, cuja inventiva cozinha americana é superelogiada. Ótimas sobremesas *(p. 69)*. ❧ *42 East 20th St com Broadway • Mapa L4 • 212 477 0777 • $$$*

3 Eleven Madison Park
No nº 11 da Madison Avenue, Danny Meyer faz sua nova cuisine americana criativa em um elegante cenário art déco. ❧ *Madison Ave com East 24th St • Mapa L4 • 212 889 0905 • $$$*

4 Tocqueville
Nesta joia escondida, a cuisine francesa é preparada com toques japoneses. ❧ *15 East 15th St entre Union Square West e 5th Ave • Mapa M4 • 212 647 1515 • $$$*

5 Blue Smoke
Outro sucesso com a assinatura de Danny Meyer, desta vez com autêntico churrasco sulino. No subsolo, o que chia é a música, no clube Jazz Standard *(p. 53)* ❧ *116 East 27th St, entre Park e Lexington • Mapa L4 • 212 447 7733 • $$$*

6 Blue Water Grill
Os frutos do mar, sashimis e sushis frescos são ótimos, e também há um animado café na calçada e um bar de jazz no andar de baixo. ❧ *31 Union Square West na 16th St • Mapa M4 • 212 675 9500 • $$$*

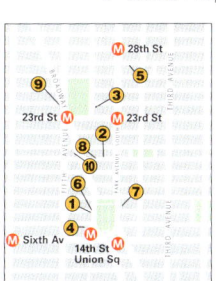

7 Olives
Este restaurante para a elite fica no W Hotel. O menu tem modernos pratos mediterrâneos, como vieiras e bacon frito com molho aioli. ❧ *201 Park Ave South com East 17th St • Mapa M4 • 212 353 8345 • $$$*

8 Veritas
A excelente carta de vinhos é o chamariz, mas a nova cuisine americana também é notável. Faça reserva. ❧ *43 East 20th St entre Broadway e Park Ave South • Mapa L4 • 212 353 3700 • $$$*

9 Eataly
Grande empório com tudo que é comestível e italiano. Há muitas opções para comer, desde balcões de comida para viagem até restaurantes gourmet. ❧ *200 5th Ave • Mapa L3 • 212 229 2560 • $$*

10 Craftbar
Nesta versão menor do Craft, Tom Collichio dá a chance de experimentar a maestria e os temperos do chef, mas a preços mais em conta. ❧ *900 Broadway com East 20th St • Mapa M4 • 212 461 4300 • $$*

➤ *Todos os restaurantes aceitam cartões de crédito e servem pratos vegetarianos, exceto quando há indicação do contrário*

115

Área por Área – Union Square, Gramercy Park e Flatiron

Fachada da Macy's; Relógio ornamental, Herald Square; Chelsea Piers

Chelsea e Herald Square

BAIRRO que passou por muitas mudanças, o Chelsea era um enclave tranquilo de brownstones do século XIX que nunca foi um endereço de prestígio. Agora é um polo de gays nova-iorquinos e centro das galerias de arte de vanguarda e clubes noturnos. Os edifícios ao longo da 6th Avenue hoje abrigam superlojas e outlets de descontos e, a oeste, o Chelsea Piers transformou seu entorno. Mais acima, o Garment District começa ao redor da 27th Street, com a Herald Square e a Macy's no miolo da área de comércio mais agitada da cidade.

Atrações

1. Lojas na 6th Avenue
2. West 25th Street Market e Antiques Garage
3. The High Line
4. Chelsea Hotel
5. Chelsea Historic District
6. General Theological Seminary
7. Chelsea Piers
8. Fashion Institute of Technology (FIT)
9. Herald Square
10. Macy's

Cheerleaders na Macy's

Lojas na 6th Avenue

No passado, esta área era muito popular e conhecida como "Fashion Row". A fachada de ferro fundido de 1876 da Hugh O'Neill Dry Goods Store nos nºs 655-71 evocam essa época, quando a chegada do elevado à 6th Avenue propiciou acesso fácil à área. Com a mudança do centro comercial de Manhattan para o norte, estes palácios de ferro fundido foram abandonados até a década de 1990, quando ganharam vida como outlets de moda e superlojas. ◎ *6th Ave, West 18th até 23rd St • Mapa L3*

West 25th Street Market e Antiques Garage

Nos fins de semana, um estacionamento vago se torna um dos mercados ao ar livre mais populares da cidade. Mantendo uma tradição de 30 anos, cerca de cem vendedores, vindos desde o Maine até Maryland, montam barracas para vender roupas, pratarias, joias, móveis, arte e "junktiques" que variam de velhas ferramentas a óculos antigos. Há antiguidades de valor em The Antiques Garage, um mercado coberto virando a esquina na 112 West 25th Street, e em The Showplace, na 40 West 25th Street, com mais de 60 negociantes. ◎ *West 25th St entre Broadway e 7th Ave • Mapa L3 • Aberto do amanhecer ao anoitecer • Entrada paga*

Fachada, Chelsea Hotel

The High Line

A ferrovia elevada que estava abandonada, cheia de ervas daninhas e lixo, atualmente é um estreito e comprido parque municipal, repleto de grama nativa, árvores e arbustos. O High Line já atraiu mais de 3 milhões de visitantes desde a sua inauguração, em 2009, e transformou um antigo bairro decadente em uma área comercial de sucesso. A segunda seção, entre as ruas West 20th e West 30th, foi aberta em 2011. A seção final, até a 34th Street, está sendo reformada. ◎ *De Gansevoort a 27th Sts • Mapa L2-M2*
• *Aberto 7h-22h diariam*
• *www.thehighline.org*

Chelsea Hotel

Cercado por uma aura mística, este edifício decadente de 1884 é adornado com balcões de ferro batido. Agora fechado, já foi o hotel preferido ou moradia de músicos, artistas e escritores. Entre os antigos hóspedes, cujos nomes estão gravados em placas de latão na fachada, constam Tennessee Williams, Mark Twain, Jack Kerouac e Brendan Behan. Dylan Thomas passou seus últimos anos aqui. Sabe-se que foi neste hotel que o roqueiro punk Sid Vicious matou sua namorada Nancy Spungen, em 1978. ◎ *222 West 23rd St entre 7th e 8th Aves • Mapa L3 • fechado para o público*

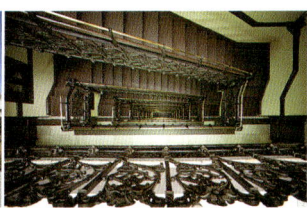

Vista a partir do High Line; Escadaria de ferro fundido, Chelsea Hotel

Área por Área – Chelsea e Herald Square

Chelsea Historic District
Clement Moore, autor de *Uma visita de São Nicolau*, foi o planejador urbano desta área nos anos 1830. As casas mais belas aqui construídas são as sete conhecidas como "Cushman Row", nos nºˢ 406-18 da West 20th Street, que estão entre os melhores exemplos de arquitetura Revival grega da cidade. As casas nos nºˢ 446-50 da West 20th são em estilo italiano, um traço bem marcante do Chelsea. ❧ *Entre 9th e 10th Aves, 20th e 21st Sts • Mapa L2*

General Theological Seminary
O seminário episcopal mais antigo dos EUA é de 1819. Este campus foi construído em torno de dois quadriláteros nos anos 1830, em um terreno doado por Clement Moore, que lecionava no seminário. O edifício principal, datado de 1960, possui uma biblioteca com o maior acervo de Bíblias em latim do mundo. Há encantadores jardins internos (entrada pela 9th Avenue). ❧ *Da 20th até 21st Sts • Mapa L2 • Aberto 10h-15h seg-sáb • Grátis*

Chelsea Piers
Quatro píeres abandonados foram transformados em um complexo de esportes e recreação de

A Maior Loja do Mundo
A Macy's é mais que uma loja para os nova-iorquinos. Elemento ativo na cidade, patrocina a famosa Thanksgiving Day Parade, a queima de fogos de artifício no 4 de Julho, uma mostra de flores na primavera no andar principal da loja e o Tap-O-Mania, quando milhares de sapateadores se reúnem na Herald Square.

12ha, e no maior espaço de Manhattan para produções de cinema e TV. As instalações esportivas incluem patinação comum e no gelo, skate, beisebol, quadra de basquete, pista de boliche, campos de golfe e de outros esportes, e uma marina que oferece cruzeiros na baía e aulas de vela. O Pier Park é excelente para relaxar diante das águas. ❧ *23rd St junto ao rio Hudson • Mapa L2 • Aberto 5h30-23h seg-sex (até 22h sex), 8h-21h sáb e dom • Entrada paga • www.chelseapiers.com*

Fashion Institute of Technology (FIT)
Fundado em 1944 e hoje uma extensão da State University of New York, o Fashion Institute of Technology é uma escola que ensina arte, moda e marketing e teve alunos como Calvin Klein, Norma Kamali e David Chu. Os alunos

Chelsea Piers; "Cushman Row", Chelsea Historic District; Lojas na 6th Avenue

Entrada da Macy's, 34th Street

têm a vantagem de poder estagiar nas melhores lojas e grifes de Nova York. De grande interesse para o público, a galeria tem exposições temporárias, algumas de coleções de roupas e de peças têxteis do próprio instituto. ◎ *7th Ave com West 27th St • Mapa L3 • Museu ao ar livre 12h-20h ter-sex, 10h-17h sáb • Grátis*

Herald Square
Era o centro do chamado Tenderloin District, uma antiga área de cabarés e bordéis até ser reformada. A Manhattan Opera House foi demolida em 1901 para dar lugar à Macy's e a outras lojas. O relógio na ilha onde a Broadway cruza a 6th Avenue é tudo o que resta do edifício antes ocupado pelo *New York Herald* até 1921.
◎ *Broadway com 6th Ave • Mapa K3*

Macy's
Em 1858, o ex-baleeiro R. H. Macy fundou a loja na 6th Avenue com a 14th Street; o logo com a estrela vermelha veio de sua tatuagem. Entre as inovações, produtos vendidos a menos de US$ 1 e a garantia de reembolso a clientes insatisfeitos. Vendida em 1888, mudou-se para o prédio atual *(p. 64)*.
◎ *151 West 34th St entre Broadway e 7th Ave • Mapa K3 • www.macys.com*

Um Dia Andando em Chelsea

Manhã

Descubra os encantos de Chelsea começando pelas megalojas que ocupam a antiga "Fashion Row", na **6th Avenue** *(p. 117)*, entre a 18th e a 23rd streets. Ande para oeste na 16th Street até a 9th Avenue e o **Chelsea Market**, onde havia a fábrica da Nabisco, que lançou os cookies Oreo, e agora consiste em numerosas bancas que vendem todos os tipos de comida. A Food Network grava aqui seus programas de TV em um estúdio térreo.

Siga pela 9th Avenue até a 20th Street e aprecie o **Chelsea Historic District**, o **General Theological Seminary** e o **High Line** *(p. 117)*. Vá à "Gallery Row", da 21st à 27th streets e da 10th à 11th avenues, que continua se expandindo. Um bom lugar para almoçar é **The Red Cat**, que serve comida mediterrânea *(p. 121)*.

Tarde

Rume para leste na 23rd Street até o **Chelsea Hotel** *(p. 117)* e, ao chegar à 6th Avenue, vire no sentido do grande mercado de antiguidades e do pitoresco Flower District, ao redor da 27th Street. Andando mais uma quadra a oeste na 27th, você chega ao **Fashion Institute of Technology**, onde a galeria costuma ter exposições interessantes.

Vá a uma das grandes joias secretas desta área, a St. John the Baptist Church, na 210 East 31st Street, cuja fachada escurecida esconde um belo interior gótico. Continue pela 34th Street até a **Herald Square** e a **Macy's**.

Barbara Gladstone; Andrea Rosen

Galerias em Chelsea

Gagosian Gallery
Gagosian é um dos nomes mais fortes na cena de galerias *(p. 42)*. 555 West 24th St e 522 West 21st St • Mapa L2 • Aberta 10h-18h ter-sáb

Matthew Marks
Com duas galerias, a original expõe obras em grande escala, e a segunda obras recentes *(p. 43)*. 522 West 22nd St com 10th Ave • Aberta 11h-18h ter-sáb; 523 West 24th St com 10th Ave • Mapa L2 • Aberta 11h-18h ter-sáb • Grátis

Paula Cooper
O cenário grandioso por si só vale a visita. Muitas exposições na Cooper geram polêmica *(p. 43)*. 534 West 21st St com 10th Ave • Mapa L2 • Aberta 10h-18h ter-sáb • Grátis

Paul Kasmin
Filho de um negociante de arte britânico, Kasmin apoia muitos artistas novos *(p. 43)* e já fez exposições de Kenny Scharf, Robert Indiana, Deborah Kass e Barry Flanagan. 293 10th Ave com 27th St • Mapa M2 • Aberta 10h-18h ter-sáb • Grátis

Barbara Gladstone
Um belo pano de fundo para peças grandes, videoarte e fotografia. 515 West 24th St com 10th Ave • Mapa L2 • Aberta 10h-18h ter-sáb • Grátis

Andrea Rosen
Desde a mudança do SoHo para Chelsea, as exposições ecléticas de Rosen fizeram desta galeria uma das mais visitadas da área. 525 West 24th St com 10th Ave • Mapa L2 • Aberta 10h-18h ter-sáb • Grátis

Marlborough, Chelsea
Enquanto a galeria na 57th Street expõe nomes consagrados, esta filial no centro tem novos escultores e pintores *(p. 42)*. 545 West 25th St com 7th Ave • Mapa L3 • Aberta 10h-17h30 ter-sáb • Grátis

Robert Miller
Esta galeria exibe grandes artistas, como Diane Arbus, Walker Evans, Andy Warhol e Alex Katz. 526 West 26th St com 10th Ave • Mapa L2 • Aberta 10h-18h ter-sáb • Grátis

Sonnabend
Uma potência no mundo da arte, representa pioneiros da pop art e busca as novas tendências. 536 West 22nd St com 10th Ave • Mapa L2 • Aberta 10h-18h ter-sáb • Grátis

303 Gallery
Expõe artistas de várias tendências consagrados pela crítica. 525 West 22nd St com 10th Ave • Mapa L2 • Aberta 10h-18h ter-sáb • Grátis

Veja mais sobre galerias em Nova York nas pp. 42-3

Rocking Horse Café Mexicano; Buddakan

Categorias de Preço
Refeição para uma
pessoa com três pratos, **$** até $25
uma taça de vinho **$$** $25-$50
da casa ou cerveja, **$$$** $50-$80
impostos e serviço. **$$$$** mais de $80

TOP 10 Restaurantes

1 Da Umberto
Popular há anos pela sofisticada comida toscana e a longa lista de pratos do dia. ⓢ *107 West 17th St entre 6th e 7th Aves • Mapa M3 • 212 989 0303 • $$$*

2 Periyali
Teto em ondas e paredes brancas emolduram a refinada comida grega traduzida em pratos criativos do agrado de gourmets. ⓢ *35 West 20th St entre 5th e 6th Aves • Mapa L3 • 212 463 7890 • $$$*

3 The Red Cat
Este lugar simpático no bairro serve excelente comida americana; não deixe de provar a polenta cremosa com camarão salteado. ⓢ *227 10th Ave entre 23rd e 24th Sts • Mapa L2 • 212 242 1122 • $$*

4 East of Eighth
Frequentado pelos moradores do bairro, oferece um menu internacional eclético. O brunch com preço fixo tem ótimo custo-benefício. ⓢ *254 West 23rd St entre 7th e 8th Aves • Mapa L3 • 212 352 0075 • $$*

5 Buddakan
A estrela aqui não é a boa comida fusion asiática, mas a decoração. Apesar de pretensioso, tem equipe simpática. ⓢ *75 9th Ave com 16th St • Mapa M2 • 212 989 6699 • $$$*

6 Rocking Horse Café Mexicano
Sempre lotado de clientes que adoram as ótimas margaritas e a comida mexicana a preços razoáveis. ⓢ *182 8th Ave entre 19th e 20th Sts • Mapa L2 • 212 463 9511 • $$*

7 Hill Country
Churrascaria conhecida pelo peito e as linguiças vindos da região homônima no Texas. Música ao vivo qui-sáb à noite. ⓢ *30 West 26th St • Mapa L3 • 212 255 4544 • $$*

8 Monster Sushi
Como o nome indica, serve sushis enormes a preços bem razoáveis. ⓢ *158 West 23rd St • Mapa L3 • 212 620 9131 • $$*

9 Morimoto
Nesta filial chique do império global do chef Morimoto, em Chelsea, o extenso menu de pratos raros é um deleite para gourmets e apreciadores de sushi. ⓢ *88 10th Ave • Mapa M2 • 212 989 8883 • $$$$*

10 Txikito
A fila de espera deste pequeno restaurante, que serve tapas de inspiração basca, muitas vezes se estende para fora da porta; por isso, reserve com boa antecedência. ⓢ *240 9th Ave entre 24th e 25th Sts • Mapa L2 • 212 242 4730 • $$*

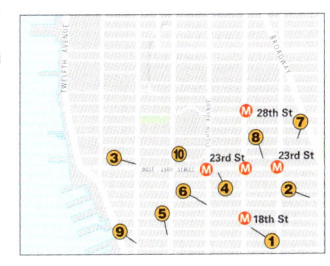

Área por Área – Chelsea e Herald Square

➤ *Todos os restaurantes aceitam cartões de crédito e servem pratos vegetarianos, exceto quando há indicação do contrário*

Prometeu, Rockefeller Center; Grand Central Terminal; Chrysler Building

Midtown

AS LUZES DA TIMES SQUARE, OS PINÁCULOS *dos edifícios Empire State e Chrysler, o Rockefeller Center, a sede das Nações Unidas, as lojas na 5th Avenue, museus, teatros e prédios grandiosos em abundância – tudo isso se encontra no perímetro de Midtown entre a 34th e a 59th streets, que se estende do East River até a Broadway. A concentração de atrações faz desta área a mais importante da cidade para turistas, que podem passar vários dias explorando-a. A Fifth Avenue, linha divisória entre os lados East e West, é a via principal de Manhattan e representa uma amostra ampla das riquezas da cidade, tanto em termos de arquitetura quanto de comércio. Midtown também reflete a diversidade característica de Nova York, com atrações que variam do agitado varejo do Diamond District aos salões imponentes da New York Public Library.*

St. Patrick's Cathedral

Atrações

1. Times Square
2. Empire State Building
3. Rockefeller Center
4. Chrysler Building
5. Grand Central Terminal
6. New York Public Library
7. St. Patrick's Cathedral
8. Sede das Nações Unidas
9. Diamond District
10. Carnegie Hall

Times Square

Times Square
O cruzamento mais famoso da cidade e símbolo do animado polo de teatros *(pp. 22-5)*.

Empire State Building
O arranha-céu mais alto e conhecido de Nova York é um clássico. Desde o término de sua construção, em 1931, mais de 120 milhões de pessoas já subiram nos observatórios para apreciar a cidade *(pp. 8-9)*.

Rockefeller Center
Eixo desta região de Nova York, o Rockefeller Center fervilha dia e noite, abrangendo lojas, jardins, restaurantes, escritórios, pátios e o próprio mirante aéreo *(pp. 12-5)*.

Chrysler Building
O inconfundível pináculo reluzente deste edifício é um dos grandes marcos de Nova York. O imponente saguão art déco, antes usado como showroom dos carros da Chrysler, foi restaurado para destacar seus mármores e granitos vindos de todo o mundo, e um alto pé-direito mostra cenas dos transportes no final dos anos 1920 *(p. 44)*. ◎ *405 Lexington Ave com 42nd St • Mapa K4 • Aberto (apenas o saguão) 7h-18h seg-sex • Grátis*

Grand Central Terminal
Um dos mais belos terminais ferroviários do mundo, o notável edifício beaux-arts *(p. 47)* é um dos mais visitados de Nova York, com 500 mil pessoas circulando por dia. Desde o término da obra de restauração, seus admiradores deixaram de se limitar aos usuários. O Grand Central se tornou uma atração por si só, com lojas, quase 50 restaurantes e vendedores de alimentos, e o New York City Transit Museum. ◎ *42nd St entre Park e Lexington Aves • Mapa J-K4 • Aberto 5h30-1h30 diariam • Grátis • www.grandcentralterminal.com*

Empire State Building; Rockefeller Center; Chrysler Building

Área por Área – Midtown

New York Public Library
Carrère e Hastings venceram o concurso para projetar este grandioso edifício beaux-arts. Sua genialidade atingiu o máximo no Salão Principal de Leitura, um espaço com painéis tão majestoso quanto uma catedral, que ocupa quase dois quarteirões com janelões em arco, dezoito lustres enormes e um pé-direito abobadado com decoração refinada (p. 47). 5th Ave com 42nd St • Mapa K3 • Aberta 10h-18h seg, qui-sáb, 10h-21h ter e qua, 13h-17h dom • Grátis • www.nypl.org

St. Patrick's Cathedral
A maior catedral católica dos EUA é um lugar onde mais de 5 mil pessoas vêm orar a cada domingo. Quando o arcebispo John Hughes resolveu construir uma catedral aqui em 1850, muitos criticaram a opção por um terreno então muito distante do centro da cidade. Porém, graças à percepção de Hughes, hoje a igreja tem localização privilegiada em Manhattan (p. 46). 5th Ave entre 50th e 51st Sts • Mapa J3 • Aberta 6h30-20h45 diariam • Grátis

Pietà de William O. Partridge, St. Patrick's Cathedral

Hora do Chá
Tomar chá é um hábito cada vez mais difundido em Nova York. Entre os melhores lugares estão o elegante Four Seasons Hotel, na 57 East 57th Street, perto da Madison Avenue, o Lady Mendl's, no Inn at Irving Place (p. 176), e os salões de chá do St. Regis Hotel (p. 172) e da Fauchon, na 442 Park Avenue, esquina com 56th Street.

Sede das Nações Unidas
John D. Rockefeller Jr. doou US$8,5 milhões para a compra do terreno de 7ha no East River, e o arquiteto americano Wallace Harrison trabalhou com consultores internacionais para criar o projeto desta sede formidável. A Organização das Nações Unidas (ONU) foi formada em 1945 para atuar em prol da paz e do bem-estar social e econômico em todo o mundo. Atualmente, 192 membros se reúnem na Assembleia-Geral, que é o que há de mais próximo de um parlamento mundial. Visitas guiadas permitem que o público veja as salas dos

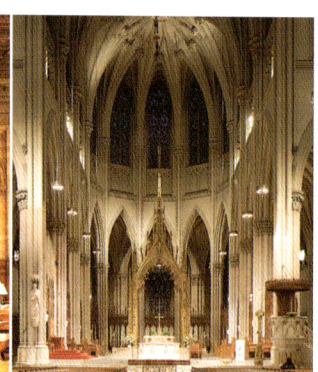

New York Public Library; St. Patrick's Cathedral

diferentes conselhos, o salão da Assembleia Geral e obras de artistas de renome, como Marc Chagall e Henry Moore. ⓢ *1st Ave com 46th St • Mapa J5 • Aberta a visitas 9h45-16h45 diariam (jan-fev: apenas seg-sex) • Entrada paga • www.un.org*

Diamond District

Joias reluzem em todas as vitrines deste quarteirão, que é o polo de varejo e atacado do setor. Aqui são negociados 80% dos diamantes que entram nos EUA. Estabelecido sobretudo por judeus ortodoxos, o polo ganhou importância durante a Segunda Guerra Mundial, quando milhares de pessoas fugiram de Antuerpia e Amsterdã para se fixar em Nova York. Sobre as lojas há escritórios e oficinas onde as pedras são lapidadas e as joias são montadas. ⓢ *47th St entre 5th e 6th Aves • Mapa J3*

Carnegie Hall

Nova York quase perdeu sua sala de concertos mais famosa na década de 1950, quando a New York Philharmonic se mudou para o recém-construído Lincoln Center. No entanto, uma campanha liderada pelo violinista Isaac Stern salvou o edifício da demolição. Comprado pela prefeitura em 1960, o prédio se tornou um Marco Histórico Nacional em 1964. Em 1986, uma restauração devolveu parte da aparência original, modernizou as instalações e manteve a famosa acústica da sala. Há peças de sua história nas salas e no Rose Museum (p. 46). Pode-se visitar o lugar pagando uma taxa. ⓢ *West 57th St com 7th Ave • Mapa H3 Museu aberto 11h-16h30 diariam • Grátis • www.carnegiehall.org*

Um Dia Explorando Midtown

Manhã

Comece pela **Morgan Library and Museum** (p. 41) apreciando sua opulência, siga então para a 42nd Street e vire a leste para uma visita ao **Grand Central Terminal** (p. 123). Continue a leste na 42nd Street parando para olhar os saguões notáveis do **Chrysler Building** (p. 123), do **Daily News Building** e da **Ford Foundation**, e suba a escada para ver o complexo de **Tudor City** (p. 127).

Encerre a manhã fazendo uma visita à sede das **Nações Unidas**. Se reservar, você pode almoçar no refeitório especial para os representantes da ONU (212 963 7625).

Tarde

Pegue o ônibus circular na 42nd Street de volta para a Fifth Avenue e vá à **New York Public Library**. Caminhe até a 47th Street e vire a oeste para ir ao **Diamond District**, depois dê uma passada no **Paley Center For Media** (p. 128), na 52nd Street entre Fifth e Sixth avenues. Siga até o **Museum of Modern Art** (p. 40) e reponha suas energias no segundo andar do café do museu antes de apreciar algumas das magníficas exposições.

Volte para a Fifth Avenue, onde as lojas chiques incluem a **Tiffany & Co.** (p. 10) com joias nas vitrines, a elegantíssima **Bergdorf Goodman** (p. 10) e a FAO Schwarz. Para arrematar o dia em grande estilo vá ao **Salon de Ning**, no Peninsula Hotel, (p. 55) e relaxe diante da linda vista do Central Park.

Área por Área – Midtown

H&M; Henri Bendel; Niketown

Compras

1. Lojas de Departamentos
Uma infinidade de opções em termos de vestuário elegante o aguarda na Bergdorf Goodman, na Saks Fifth Avenue, na Lord & Taylor e na Bloomingdale's. ❂ *5th Ave entre 38th e 58th Sts • Mapa K3-H3*

2. H&M
Loja-conceito da rede varejista sueca conhecida pela excelente moda jovem a preços acessíveis *(p. 65)*. ❂ *5th Ave com 51st St • Mapa J3*

3. Henri Bendel
Esta é uma das lojas mais atraentes da cidade e, além de oferecer criações de estilistas, sua seleção de cosméticos é formidável *(p. 64)*. ❂ *712 5th Ave com 55th St • Mapa H3*

4. Apple Store
Vale a pena apreciar a estética deste cubo de vidro, com 9,75m de altura. O andar onde são feitas as vendas está sempre lotado – mas a loja funciona 24h. ❂ *767 5th Ave com 59th St • Mapa H3*

5. FAO Schwarz
Crianças e adultos adoram esta loja de brinquedos. De pequenas Ferraris a versões de pelúcia de cães de raça do American Kennel Club, tudo aqui é objeto de desejo *(pp. 66-7)*. ❂ *767 5th Ave com 58th St • Mapa H3*

6. Museum of Modern Art Design Shop
Luminárias, móveis, brinquedos, joias, pôsteres – qualquer que seja o item, tudo o que se vê é o suprassumo do design. ❂ *44 West 53rd St entre 5th e 6th Aves • Mapa J3*

7. Butiques de Estilistas
A 57th Street, entre a 5th e a Madison, é repleta de butiques impressionantes, como Burberry, Hermès, Chanel, Tiffany & Co. e Dior. A Prada fica na 724 5th Avenue. ❂ *57th St entre 5th e Madison Aves • Mapa H4*

8. Harry Winston
Talvez você tenha que se contentar só em olhar as vitrines, pois os diamantes e as pedras preciosas que Harry Winston vende para as celebridades são caríssimos. ❂ *718 5th Ave • Mapa H4*

9. Niketown
Nesta megaloja high-tech tudo é pensado para divertir a clientela e fazê-la comprar pares de tênis e sportswear. ❂ *6 East 57th St entre 5th e Madison Aves • Mapa H4*

10. Louis Vuitton
Talvez com a fachada mais vistosa das lojas de luxo, suas vitrines mostram o mesmo padrão multicolorido presente nas bolsas femininas que vende em seu interior. ❂ *1 East 57th St • Mapa H4*

➔ *Veja mais sobre compras na* **p. 165**

Ford Foundation; Lever House; Tudor City

🔟 Arquitetura em Midtown

1. Lever House
Com 24 andares, esta torre de vidro e aço de Gordon Bunshaft foi o primeiro "caixote de vidro" de Nova York (p. 44). ⓢ *390 Park Ave • Mapa H4 • Saguão aberto no horário comercial*

2. General Electric Building
Este edifício art déco de 1931 tem um relógio cujos ponteiros são para-raios. ⓢ *570 Lexington Ave • Mapa H4 • Fechado ao público*

3. Chanin Building
Um dos mais belos arranha-céus art déco (c.1929), é notável pelo friso de terracota e a faixa de bronze ilustrando a teoria da evolução. ⓢ *122 East 42nd St • Mapa K4 • Saguão aberto no horário comercial*

4. Daily News Building
O *Daily News* se mudou, mas este belo edifício de 1930 ainda é um clássico art déco. Entre para apreciar o globo giratório. ⓢ *220 East 42nd St com 2nd Ave • Mapa K4 • Saguão aberto no horário comercial*

5. Ford Foundation
Considerado um dos prédios com melhor design moderno (1967) da cidade. Seus escritórios se abrem para um átrio de doze andares com clara-boia, paisagismo exuberante e um lago. ⓢ *320 East 43rd St com 1st Ave • Mapa J4 • Saguão aberto no horário comercial*

6. Fred F. French Building
Construído para a imobiliária mais conhecida na época, este edifício de 1927 é opulento por dentro e por fora. Não deixe de visitar o saguão. ⓢ *551 5th Ave • Mapa J3 • Saguão aberto no horário comercial*

7. Tudor City
Fred F. French criou este enclave em estilo Tudor para provar que imóveis para a classe média podiam ter êxito em Midtown. ⓢ *1st à 2nd Aves, 40th à 43rd Sts • Mapa J4-K4 • Saguão aberto no horário comercial*

8. NY Yacht Club
As janelas em forma de nicho deste clube privado de 1899 são a popa entalhada de navios singrando em um mar de ondas esculpidas. ⓢ *37 West 44th St com 5th Ave • Mapa J3 • Fechado ao público*

9. American Standard Building
O primeiro arranha-céu de Raymond Hood na cidade é uma torre negra de 1924, que hoje é um hotel. ⓢ *40 West 40th St • Mapa K3 • Saguão aberto no horário comercial*

10. Condé Nast Building
Com 48 andares, a bela torre de 1999 é ecológica, com células fotovoltaicas na fachada e calhas que reciclam a água. ⓢ *4 Times Square • Mapa J3 • Saguão aberto no horário comercial*

Veja mais sobre arquitetura nas pp. 46-7

Morgan Library; Paley Center for Media; New York Public Library

Museus e Arte em Midtown

Morgan Library and Museum
Esta biblioteca guarda uma coleção privada de livros, gravuras e manuscritos raros *(p. 41)*. No pavilhão de aço e vidro há uma fascinante sala de apresentações. *225 Madison Ave com 36th St • Mapa K4 • Aberta 10h30-17h ter-qui (até 21h sex), 10h-18h sáb e dom • Entrada paga*

Museum of Modern Art
O imenso acervo de filmes, pinturas e fotografias do MoMA é tão deslumbrante quanto o edifício que ele ocupa *(p. 40)*. *11 West 53rd St com 5th Ave • Mapa H3*

Japan Society
Explore a cultura japonesa, da arte contemporânea à dança kabuki, nesta respeitada instituição cultural. *333 East 47th St • Mapa J5 • Aberta 11h-18h ter-dom (até 21h sex, até 17h sáb e dom) • Entrada paga*

Museum of Arts and Design
A coleção permanente, de 1900, inclui 2 mil peças em exposição. *2 Columbus Circle • Mapa H3 • Aberto 11h-20h ter-dom (11h-21h qui) • Entrada paga*

International Center of Photography
Dois andares com retrospectivas e exposições temporárias. *1133 6th Ave • Mapa J3 • Aberto 10h-18h ter-dom (até 20h sex) • Entrada paga*

Paley Center for Media
Curta seus favoritos entre 60 mil programas de rádio e TV, além de outros especiais e filmes clássicos. *25 West 52nd St entre 5th e 6th Aves • Mapa J3 • Aberto 12h-18h qua-dom (até 20h qui) • www.mtr.org • Entrada paga*

Transit Museum Gallery Annex
Imagens e objetos do Brooklyn Museum estão expostos neste anexo. *Shuttle Passage, Grand Central Terminal • Mapa K3 • Aberto 8h-20h seg-sex, 10h-18h sáb-dom • www.mta.info/mta/museum • Grátis*

New York Public Library Galleries
Gravuras raras, pinturas e exposições temporárias. *5th Ave com 42nd St • Mapa K3 • Abertas 11h-18h ter-qua, 10h-18h qui-sáb • Grátis*

Jardim de Esculturas na 590 Madison
O átrio de atmosfera zen do prédio de granito negro da IBM exibe uma escalação de esculturas que vai se alternando em paredes de vidro. *590 Madison Ave com 57th St • Mapa J3 • Grátis*

Municipal Art Society Galleries
As mostras temporárias destas galerias abordam a arquitetura e os bairros de NY. *457 Madison Ave • Mapa J4 • Abertas 10h-18h seg-qua, sex, sáb • Grátis*

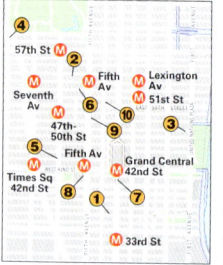

Veja mais sobre museus em Nova York nas **pp. 40-1**

Categorias de Preço

Refeição para uma
pessoa com três pratos, **$** até $25
uma taça de vinho **$$** $25-$50
da casa ou cerveja, **$$$** $50-$80
impostos e serviço. **$$$$** mais de $80

Grand Central Oyster Bar and Restaurant; Le Colonial

TOP 10 Onde Comer

Four Seasons
Uma premiada instituição de Nova York com decoração marcante e ótimas chances de ver celebridades (p. 69). ◎ *99 East 52nd St com Park Ave • Mapa J4 • 212 754 9494 • $$$$*

Le Bernardin
O aclamado chef Eric Ripert faz maravilhas com peixes e frutos do mar – aqui a experiência gastronômica atinge a perfeição (p. 69). ◎ *155 West 51st St com 6th Ave • Mapa J3 • 212 554 1515 • $$$$*

Blue Fin
Um dos mais modernos lugares na área, este restaurante é especializado em frutos do mar, incluindo sushi, e tem um balcão de opções cruas. ◎ *1567 Broadway com 47th St • Mapa J3 • 212 918 1400 • $$$*

Whole Foods Café
Esta cafeteria self-service tem um bufê no qual você pode se servir de pratos recém-preparados. Basta passar pelo check-out e procurar uma mesa. ◎ *Time Warner Center, andar de baixo, 10 Columbus Circle, 60th St com Broadway • Mapa H2 • 212 823 9600 • $*

Le Colonial
A decoração inspirada na Saigon de 1930 compõe o cenário para um menu franco-vietnamita que prima pela riqueza de contrastes e combinações sutis. Após o jantar, relaxe com um drinque no lounge. ◎ *149 East 57th St com Lexington Ave • Mapa H4 • 212 752 0808 • $$$*

Osteria del Circo
Os filhos do dono do Le Cirque criaram o próprio circo extravagante, onde servem comida toscana tradicional. ◎ *120 West 55th St com 6th Ave • Mapa H3 • 212 265 3636 • $$$*

Grand Central Oyster Bar and Restaurant
Um clássico de Nova York, este restaurante sempre popular e agitado serve os frutos do mar mais frescos. ◎ *Grand Central Terminal, piso inferior, 42nd St com Lexington Ave • Mapa K4 • 212 490 6650 • $$*

Brasserie
Remodelada com uma reluzente decoração high-tech, seu menu de bistrô modernizado apresenta pratos franceses com influências do Pacífico, mas mantém alguns clássicos. ◎ *100 East 53rd St com Lexington Ave • Mapa J4 • 212 751 4840 • $$*

Counter Burger
Rede inovadora, serve hambúrgueres deliciosos, feitos a pedido, superiores aos encontrados em muitos outros restaurantes de fast-food das redondezas. ◎ *7 Times Sq com 41st St e Broadway • Mapa K3 • 212 997 6801 • $*

La Bonne Soupe
Um refúgio para os menos abonados, com o charme de um bistrô. Este favorito na área dos teatros é ótimo para jantar após uma peça. Há entradas a menos de US$15. ◎ *48 West 55th St entre 5th e 6th Aves • Mapa H3 • 212 586 7650 • $$*

Área por Área – Midtown

Todos os restaurantes aceitam cartões de crédito e servem pratos vegetarianos, exceto quando há indicação do contrário

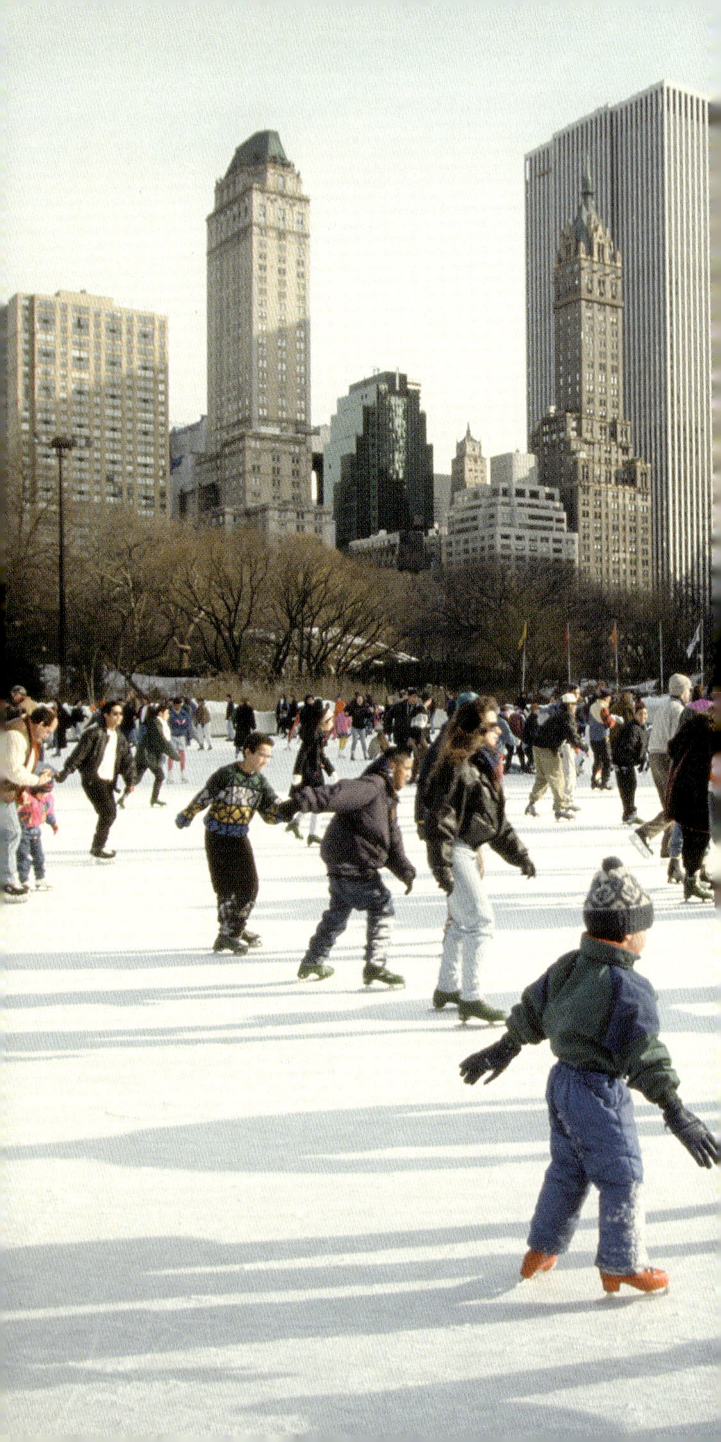

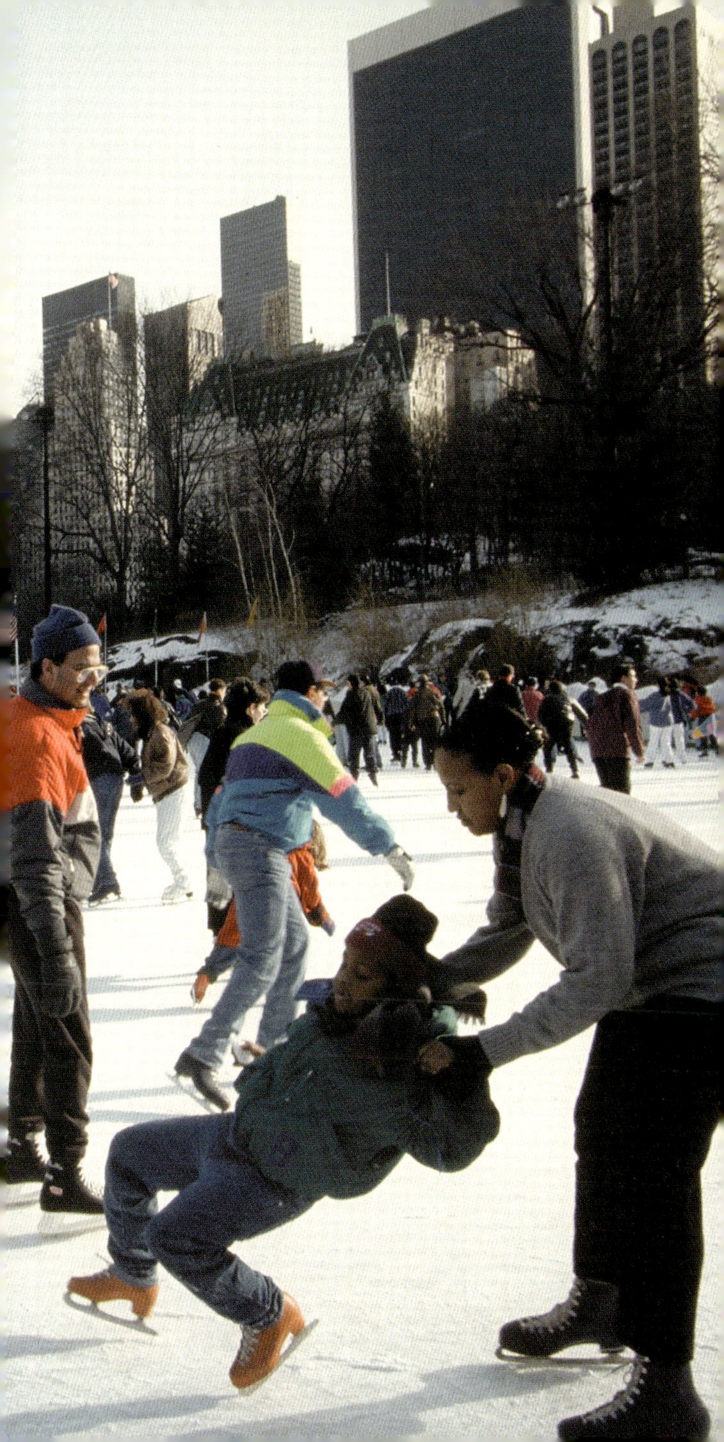

Toward Roosevelt Island *(p. 134)*; Calçadão junto ao rio, Carl Schurz Park *(p. 135)*

Upper East Side

QUANDO A ALTA SOCIEDADE DE NOVA YORK *se mudou há um século, seu destino era o Upper East Side, que continua sendo o endereço de muitas famílias abastadas. A maioria das antigas mansões beaux-arts em torno da 5th Avenue agora é ocupada por embaixadas e museus. Hoje em dia, a elite mora nos sólidos prédios de apartamentos que se estendem pela 5th e a Park Avenues, o que facilita ir às butiques na Madison, a rua com o comércio mais exclusivo da cidade. Ainda restam igrejas e alguns restaurantes da Yorkville alemã e dos bairros húngaro e tcheco que ocupavam os quarteirões a leste da Lexington. Famílias jovens moram nos edifícios mais novos nesta área. De interesse para turistas, o Upper East Side reúne vários dos melhores museus da cidade.*

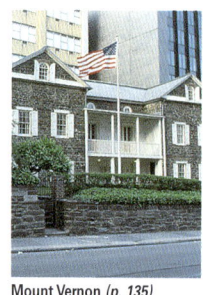

Mount Vernon *(p. 135)*

Atrações

1. Central Park
2. Metropolitan Museum of Art
3. Solomon R. Guggenheim Museum
4. Museum Mile
5. Bridgemarket
6. Roosevelt Island
7. Park Avenue Armory
8. Henderson Place Historic District
9. Gracie Mansion e Carl Schurz Park
10. Mount Vernon Hotel Museum and Gardens

Nas páginas anteriores, **patinadores no Central Park**

Área por Área – Upper East Side

Central Park

Central Park
Esta área verdejante de 341ha propicia recreação e beleza para mais de 3,5 milhões de visitantes por ano *(pp. 26-7)*.

Metropolitan Museum of Art
Na verdade uma coleção de museus, tem mais de 2 milhões de peças abrangendo 5 mil anos de cultura global *(pp. 28-31)*.

Solomon R. Guggenheim Museum
Uma coleção notável de arte moderna está exposta no edifício em forma espiral de Frank Lloyd Wright, que é o único que ele projetou em Nova York *(pp. 32-3)*.

Museum Mile
Nove museus ficam situados no perímetro de 1,6km e todos abrem suas portas para visitação gratuita em uma terça-feira de junho. Os participantes incluem o Metropolitan Museum of Art, a National Academy of Fine Arts, o Cooper-Hewitt National Design Museum, o Solomon R. Guggenheim Museum, o Jewish Museum, a Neue Gallery for German and Austrian Art, o Museum of the City of New York *(p. 41)* e El Museo del Barrio. Artistas de rua e músicos animam a área, e a Fifth Avenue fecha para o trânsito. ◉ *5th Ave, da 82nd até a 104th Sts • Mapa D4-F4 • Horários variam*

Bridgemarket
Sir Terence Conran, da Grã-Bretanha, teve um papel fundamental no desenvolvimento deste espaço que parece uma catedral abaixo da ponte da 59th Street. As abóbadas estão entre as criações de maior impacto de Rafael Guastavino, arquiteto espanhol famoso pelo uso criativo de ladrilhos no estilo catalão. Sob os arcos grandiosos fica a Food Emporium, a mercearia emblemática da cidade, que abriga um café e um bar de saladas. O complexo, parcialmente responsável pela revitalização do bairro, inclui uma praça pública. ◉ *59th St entre 1st e York Aves • Mapa H5*

Museum of the City of New York; Bridgemarket

Veja mais sobre museus em Nova York nas **pp. 40-1**

Roosevelt Island

Em quatro minutos de bonde chega-se a este enclave no East River. Antes chamada de "Welfare Island," quando sediava uma prisão, asilos e manicômios para pobres, a ilha de 59ha ganhou o nome atual e outro perfil na década de 1970, graças ao empreendimento de Philip Johnson e John Burgee visando criar uma área residencial tranquila. O projeto não foi totalmente concluído, porém mais de 3 mil apartamentos foram construídos e, embora haja uma parada de metrô que parte de Manhattan, o único acesso viário é por uma ponte no Queens.
◊ Bondes a cada 15min da TramPlaza, 2nd Ave com 59th St • Mapa H5

Park Avenue Armory

Os membros de alta posição social do Sétimo Regimento, formado em 1806, construíram um depósito de armas notável em 1877-89, com um salão de treinamento de 60m por 90m e 30m de altura, e um edifício para a administração em forma de fortaleza medieval. A decoração interna foi feita por Louis Comfort Tiffany, Stanford White e outros, resultando em salas suntuosas com mobílias vitorianas. O salão de treinamento é usado todo janeiro para a Winter Antiques Show. Após uma reforma que custou US$150 milhões, o espaço agora é adequado para receber artes visuais e cênicas nada convencionais. ◊ 643 Park Ave com 66th St • Mapa G4 • 212 616 3930 • Aberta 12h-20h ter-sex, 12h-18h seg, sáb, dom

St. Nicholas Russian Orthodox Cathedral

Um inusitado pedaço da Rússia, esta catedral foi construída em 1902 em estilo barroco moscovita, com fachada de tijolos vermelhos e pedras brancas, e ladrilhos azuis e amarelos nas cúpulas. No interior há colunas de mármore e um altar cercado de anteparos revestidos de ouro. A missa ainda é em russo. Fica na 15 East 97th Street.

Henderson Place Historic District

Construídas em 1881 pelo construtor John C. Henderson para "pessoas de renda moderada", estas casas encantadoras em estilo Queen Anne e feitas de tijolos vermelhos e pedra são embelezadas por torres, ogivas, frontões, lucarnas e telhados de ardósia. Foi um grande investimento, e as casas continuaram nas mãos da família de Henderson até o século XX. Hoje, são as únicas do gênero na cidade e um endereço supercobiçado. A fachada de cada bloco foi composta como uma unidade, com torres na extremidade. Restam 24 das 32 unidades originais. ◊ East End Ave entre 86th e 87th Sts • Mapa F5

Park Avenue Armory; Henderson Place Historic District

Gracie Mansion, a residência oficial do prefeito de Nova York

Gracie Mansion and Carl Schurz Park

A graciosa casa campestre de madeira construída pelo comerciante Archibald Gracie em 1799 foi a sede original do Museum of the City of New York e se tornou a residência oficial do prefeito na gestão de Fiorello LaGuardia, em 1942. Fica na extremidade norte de um parque projetado em 1891, com um calçadão amplo que se estende ao longo do East River. O parque tem o nome de um estadista e editor de jornais que morou no bairro. ❧ *East End Ave com 88th St • Mapa E5 • 212 639 9675 • visitas pré-agendadas em geral qua 10h, 11h, 13h e 14h • Entrada paga*

Mount Vernon Hotel Museum and Gardens

Esta era a casa de pedra que abrigava as carruagens de uma propriedade rural em 1799. Quando a sede queimou, em 1826, a casa de pedra foi transformada em uma pousada que caiu no gosto de nova-iorquinos querendo fugir da cidade e relaxar no que ainda era a área rural. O prédio e os jardins foram comprados e restaurados pela Colonial Dames of America em 1939. Guias contam a história singular do lugar.
❧ *421 East 61st St entre 1st e York Aves • Mapa H5 • Abertos 11h-16h ter-dom, fechados feriados • Entrada paga • www.mvhm.org*

Um Dia Explorando o Upper East Side

Manhã

Comece pelo **Guggenheim** (pp. 32-3) e admire esta obra arquitetônica de Frank Lloyd Wright antes de ver a bela coleção de arte moderna, que inclui obras como *Paris pela janela*, de Chagall, *Nu*, de Modigliani, e *Mulher passando roupa*, de Picasso. Relaxe no café no piso principal do museu antes de continuar.

Rume para leste na 92nd Street e veja duas casas de madeira raras no nº 120, datada de 1859, e no nº 122, de 1871. Continue para leste até a **Gracie Mansion** e a **Henderson Place** e descanse em um banco com vista para o rio no **Carl Schurz Park**. Um quarteirão a oeste na York Avenue, pegue o ônibus nº 31 para o espetacular **Bridgemarket** (p. 133). Recarregue suas baterias no *Daniel* (p. 137), um elegante restaurante francês.

Tarde

Na 57th Street pegue o ônibus circular de volta para a Madison Avenue e suba, olhando as butiques de estilistas. Entre em qualquer das ruas secundárias na altura dos nºs 60 e 70 para ver as casas de nova-iorquinos abastados. Faça uma visita rápida à **Frick Collection** (p. 40), depois relaxe em um dos cafés na Madison Avenue.

Passe o resto da tarde no **Metropolitan Museum of Art** (pp. 28-31), uma referência de Nova York, e veja o *Autorretrato* de Rembrandt, *Ciprestes*, de Van Gogh, e estudos de Michelangelo para a Capela Sistina. Encerre o dia jantando à luz de velas no *Erminia* (p. 137).

Giorgio Armani; Shanghai Tang

🔟 Butiques na Madison Avenue

1. Bottega Veneta
Encabeçando a fileira de butiques sofisticadas na Madison Avenue, destaca-se pelos artigos de couro, calçados e moda. ◎ *635 Madison Ave entre 59th e 60th Sts • Mapa H4*

2. Shanghai Tang
Esta conhecida marca de Hong Kong vende roupas casuais coloridas e peças luxuosas, além de artigos para casa. ◎ *600 Madison Ave entre 63rd e 64th Sts • Mapa H4*

3. Valentino
Se você pode bancar, faça como os ricos e famosos; muitos vestidos daqui são usados nas cerimônias do Oscar. ◎ *747 Madison Ave com 65th St • Mapa G4*

4. Giorgio Armani
Loja-conceito do mestre italiano conhecido pela alfaiataria perfeita, oferece uma boa gama de suas criações.
◎ *760 Madison Ave com 65th St • Mapa G4*

5. BCBG Max Azria
"Bon chic, bon genre," expressão que significa elegância discreta e tradicional, é o lema deste conceituado estilista. Fãs de suas peças sensuais incluem atrizes jovens de Hollywood.
◎ *770 Madison Ave com 66th St • Mapa G4*

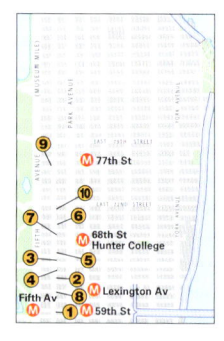

6. Tom Ford
As opções fora das araras nesta loja com dois andares incluem conjuntos de três peças, vestidos de noite e camisas sociais em 350 cores. A loja também oferece ternos customizados e marca hora para compras privadas. ◎ *845 Madison Ave • Mapa B1*

7. Dolce & Gabbana
Veja celebridades nesta loja chique do império italiano, onde a bela decoração é toda em preto.
◎ *825 Madison Ave entre 67th e 68th Sts • Mapa G4*

8. DKNY
Donna Karan cria peças práticas para todas as ocasiões e estilos de vida. ◎ *655 Madison Ave com 60th St • Mapa H4*

9. Vera Wang
A loja principal da estilista famosa por seus vestidos de noiva também tem moda prêt-à-porter e acessórios. ◎ *991 Madison Ave com 76th St • Mapa F4*

10. Ralph Lauren
A Rhinelander Mansion de 1898 é o pano de fundo para o rei da moda de universitários ricos, que gastou US$14 milhões para reformar o velho casarão. A linha de sportswear fica numa loja do outro lado da rua. ◎ *867 Madison Ave com 72nd St • Mapa G4*

Veja mais sobre compras em Nova York na **p. 165**

Categorias de Preço
Refeição para uma
pessoa com três pratos, **$** até $25
uma taça de vinho **$$** $25-$50
da casa ou cerveja, **$$$** $50-$80
impostos e serviço. **$$$$** mais de $80

Daniel; Orsay

Onde Comer

Daniel
Um belo salão repleto de flores serve de cenário para os premiados menus franceses sazonais de Daniel Boulud *(p. 68)*. ⓧ *60 East 65th St com Park Ave • Mapa G4 • 212 288 0033 • $$$$*

Serendipity 3
Célebre por suas criações "pecaminosas", incluindo sundaes gigantes, esta casa de sobremesas é frequentada por famílias e casais em datas festivas. ⓧ *225 East 60th St • Mapa H4 • 212 838 3531 • $$*

Café d'Alsace
Bistrô charmoso e alegre que mescla pratos regionais franceses e outros contemporâneos de Nova York. Entre os destaques estão um ótimo menu de almoço a preço fixo e numerosas opções de cerveja. ⓧ *1695 2nd Ave com 88th St • Mapa F4 • 212 722 5133 • $$-$$$*

Café Boulud
Desde a abertura do Daniel *(acima)*, este restaurante de Boulud ficou mais casual, mas o menu e a conta continuam sérios. No verão, mesas no terraço são uma ótima opção para quem está na Museum Mile. ⓧ *20 East 76th St com 5th Ave • Mapa G4 • 212 772 2600 • $$$*

davidburke townhouse
Nova cuisine americana criativa e bem apresentada é o carro-chefe neste espaço moderno. ⓧ *133 East 61st St entre Lexington e Park Aves • Mapa H4 • 212 813 2121 • $$$*

Erminia
Não há nada mais romântico do que este italiano à luz de velas, com teto com vigas e um menu de clássicos caprichados. Um favorito no Dia dos Namorados. ⓧ *250 East 83rd St entre 2nd e 3rd Aves • Mapa F4 • 212 879 4284 • $$$*

Uva
Bar de vinhos aconchegante que serve genuína cozinha italiana a preços razoáveis, o Uva agrada até sommeliers exigentes. ⓧ *1486 2nd Ave entre 77th e 78th Sts • Mapa F4 • 212 472 4552 • $$*

Orsay
Este café francês chique e agitado, de atmosfera gálica intimista, serve autêntica comida de bistrô. ⓧ *1057 Lexington Ave com 75th St • Mapa G4 • 212 517 6400 • $$$*

Taste
Self-service de dia e ambiente sofisticado à noite. O estilo simples permite que os sabores falem por si sós. A carta de vinhos tem alguns exemplares acessíveis para acompanhar a nova cuisine americana sazonal. ⓧ *1411 3rd Ave com 80th St • Mapa F4 • 212 717 9798 • $$*

E.J.'s Luncheonette
Boa para famílias, esta lanchonete serve cafés da manhã americanos bem fartos e, ao longo do dia, ótimas panquecas com granola e frutas frescas. ⓧ *1271 3rd Ave com 73rd St • Mapa G4 212 472 0600 • Não aceita cartão de crédito • $*

Área por Área – Upper East Side

➡ *Todos os restaurantes aceitam cartões de crédito e servem pratos vegetarianos, exceto quando há indicação do contrário*

Riverside Park Gardens; Edifícios residenciais

Upper West Side

ESTA ÁREA SÓ COMEÇOU A SE DESENVOLVER *nos anos 1870, quando a ferrovia elevada na 9th Avenue viabilizou sua ligação com o centro da cidade. Após a conclusão do Dakota, em 1884, primeiro prédio residencial de luxo daqui, outros do gênero surgiram no Central Park West e na Broadway, e as ruas secundárias foram ocupadas por belas brownstones. O West Side ainda é um bairro cobiçado e atrai intelectuais e parte da melhor arquitetura residencial de Nova York. A criação do Lincoln Center nos anos 1950 foi um impulso, além do American Museum of Natural History.*

Máscara, Museum of Natural History

Atrações

1. American Museum of Natural History
2. Lincoln Center for the Performing Arts
3. New York Historical Society
4. Columbus Circle
5. Pomander Walk
6. Riverside Park
7. Riverside Drive/West End Historic District
8. Children's Museum of Manhattan
9. Zabar's
10. Green Flea Market/ 77th Street Flea Market

Natural History Museum visto dos jardins

American Museum of Natural History
O imenso acervo do museu abrange 32 milhões de artefatos *(pp. 34-7).*

Lincoln Center for the Performing Arts
Construído em 6ha durante os anos 1950, o Lincoln Center transformou favelas em um complexo cultural que abriga diversas instituições: a Metropolitan Opera; o New York City Opera and Ballet; a New York Philharmonic; os teatros Lincoln Center e Walter Reade; as salas Avery Fisher e Alice Tully; e a Juilliard School *(p. 50).* No verão, realiza os populares concertos da série Mostly Mozart, e há shows gratuitos no parque ao lado. A sede do Jazz at the Lincoln Center localiza-se no edifício da Time Warner no Columbus Circle. *Da Columbus à Amsterdam Aves, entre 62nd e 66th Sts • Mapa G2 • Dois horários de visitação diariam • Entrada paga*

New York Historical Society
Fundado em 1804, o museu mais antigo de Nova York reabriu em 2011, após uma reforma que durou três anos e custou US$70 milhões. Abriga mais de 40 mil objetos divididos em pinturas, esculturas, móveis, pratarias, ferramentas e até luminárias Tiffany. Outras galerias são usadas para exposições temporárias. A sociedade também mantém uma galeria infantil e uma biblioteca de pesquisa. *2 West 77th St com Central Park West • Mapa G2 • Aberta 10h-18h ter-sáb (até 20h sex), 11h-17h dom • www.nyhistory.org • Entrada paga*

Columbus Circle
Um dos maiores projetos arquitetônicos da história de Nova York transformou esta praça decadente em um importante local para o público. A revitalização atraiu empresas nacionais e internacionais, como o megagrupo de comunicações Time Warner, que fica em um arranha-céu de 80 andares. No edifício há lojas, diversão, restaurantes e o hotel Mandarin Oriental. Sedia a série Jazz no Lincoln Center, sendo o primeiro templo de artes cênicas com espaço para o jazz. No entorno do Columbus Circle ficam a Hearst House, o Trump International Hotel e o Maine Monument. *Columbus Circle • Mapa H2*

Lincoln Center for the Performing Arts

Pomander Walk

Escondida em uma rua particular, esta fileira dupla de casinhas de tijolos, madeira e estuque em estilo Tudor é uma das surpresas agradáveis reservadas por Manhattan. O construtor, um restaurateur chamado Thomas Healy, buscou inspiração em 1921 nos cenários usados em uma conhecida peça de Lewis Parker intitulada *Pomander Walk* com o intuito de recriar a atmosfera suburbana da peça. Gloria Swanson, Rosalind Russell e Humphrey Bogart estão entre os atores que moraram aqui. ◎ *261-7 West 94th St entre Broadway e West End Ave • Mapa E2*

Riverside Park

Mais um exemplo da genialidade do paisagismo de Frederick Law Olmsted, trata-se de um trecho florestal íngreme projetado em 1873, que acompanha a sinuosa Riverside Drive por 70 quarteirões e oculta os trilhos férreos abaixo. Playgrounds, campos esportivos, um calçadão e monumentos foram acrescentados posteriormente. De 1902, o impressionante Soldiers' and Sailors' Monument de mármore na 89th Street, em homenagem aos soldados e marinheiros mortos na Guerra Civil, foi inspirado no Monumento a Lisícrates em Atenas.
◎ *Riverside Drive, da 72nd à 155th Sts • Mapa C1 • Aberto 6h-1h diariam • Grátis*

Soldiers' and Sailors' Monument

Riverside Drive/West End Historic District

Uma caminhada nesta área histórica descortina as casas do final do século XIX que caracterizam o Upper West Side. A West 88th Street é um bom exemplo. As primeiras casas, nos nos 267-71, foram construídas em 1884. Os nos 302-38, datados do início dos anos 1890, têm frontões escalonados e tijolos romanos, ao passo que os nos 315-23, de cerca de 1896, têm fachadas curvas em pedras marrons ou brancas. A Yeshiva Ketana School, na 346 West 89th Street, fundada em 1901 por Herts e Tallant, ocupa uma das poucas mansões remanescentes dos velhos tempos da Riverside Drive.
◎ *Entre Riverside Drive e West End Ave, e entre 85th e 95th Sts • Mapa E1*

Children's Museum of Manhattan

Fundado em 1973 no local onde havia uma escola, este museu segue o princípio de que as crianças

Fachada em Pomander Walk

Arquitetura no Upper West Side

As ruas secundárias do Upper West Side são ladeadas por sequências de belas *brownstones* que eram habitadas pela classe média de Nova York no século XIX. Feitas de arenito marrom local e barato, essas casas estreitas geralmente têm três ou quatro andares e um lance de degraus chamado "stoop" que leva aos cômodos de uso compartilhado.

aprendem mais através da auto-descoberta. Assim, lança mão de diversas atividades interativas e ambientes do mundo da fantasia para envolver seus pequenos visitantes em aprendizagens divertidas. Entre as numerosas atividades do museu estão mostras voltadas a crianças mais velhas, ao passo que Adventures with Dora and Diego distrai crianças de 2 a 6 anos enquanto as ensina sobre os animais e seus habitats (p. 66). ◎ 212 West 83rd St com Broadway • Mapa F2 • Aberto 10h-17h ter-dom • www.cmom.org • Entrada paga

Zabar's

Marco de Nova York desde 1934, é um monumento à mania de achar as comidas mais gostosas. Este mercado sempre lotado vende salmão e esturjão defumados, iguarias judaicas, pães, sobremesas, café e queijos maravilhosos, além de azeites, vinagres, azeitonas e cestas gastronômicas para presente. O segundo andar tem utensílios de cozinha, e o café ao lado, na esquina com a 80th Street, oferece delícias saídas do forno, sanduíches, cafés e frapês no estilo smoothie. ◎ 2245 Broadway com 80th St • Mapa F2

Green Flea Market / 77th Street Flea Market

Todo domingo, fãs de mercados de pulgas vêm em massa a este pátio de escola na esperança de achar algo entre as pilhas de roupas de brechó, artesanatos, livros, joias, gravuras e todos os tipos de coisas antigas. Menos glamourosos, produtos novos, de meias a camisetas, também são vendidos aqui. Na alta temporada encontra-se até 300 barracas neste mercado. Uma feira semanal de hortaliças e frutas compartilha o mesmo espaço. ◎ I.S.44, 77th St com Columbus Ave • Mapa F2

Passeio no West Side

Manhã

Vá ao **Lincoln Center** (p. 139) e admire a praça, as janelas de Chagall na Metropolitan Opera e a estátua de Henry Moore em frente ao Lincoln Center Theater. A New York Public Library for the Performing Arts, na Amsterdam Avenue, atrás do teatro, é notável por seu enorme acervo de livros sobre artes cênicas.

Vá subindo a Broadway, dando uma olhada nas vitrines e observando alguns edifícios icônicos como o **Apthorp Apartments** (p. 142) e o **Ansonia Hotel** (p. 142), e os palácios gastronômicos do West Side, a exemplo do Fairway, na 75th Street, e o **Zabar's**. Quase todas as ruas secundárias são dotadas de casas *brownstone* enfileiradas. Por fim, rume para leste até a Columbus Avenue e vá ao **Calle Ocho** (p. 143) saborear um almoço cubano.

Tarde

Dá para passar uma tarde inteira no **American Museum of Natural History** (pp. 34-7), ao passo que a **New York Historical Society** (p. 139) tem um acervo supreendente em exposição.

Caminhe no Central Park West e admire os famosos **edifícios de apartamentos** (p. 142) que são visíveis daqui, seguindo depois para o **Central Park** (pp. 26-7). Faça um passeio de barco ou de gôndola no lago, depois mate a fome e relaxe na Loeb Boathouse, um fecho perfeito para essa tarde agradável.

Área por Área – Upper West Side

141

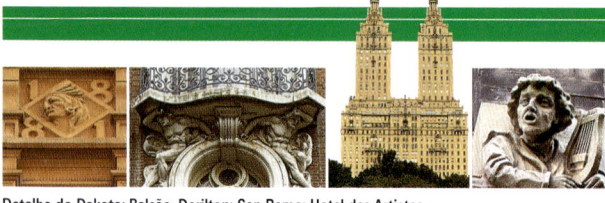

Detalhe do Dakota; Balcão, Dorilton; San Remo; Hotel des Artistes

Edifícios de Apartamentos

Dakota
Famoso como o local em que John Lennon foi morto, em 1884 diziam que o prédio era tão afastado que poderia estar em Dakota. ◎ *1 West 72nd St com Central Park West • Mapa G2 • Fechado ao público*

Dorilton
Um dos exemplos mais extravagantes de beaux-arts, este prédio residencial de 1902 tem um portão de ferro digno de um palácio. ◎ *171 West 71st St com Broadway • Mapa G2 • Fechado ao público*

Ansonia Hotel
Este hotel de 1908, hoje um condomínio, incluía paredes à prova de som, um detalhe que atraiu muitos músicos famosos. ◎ *2109 Broadway entre 73rd e 74th Sts • Mapa G2 • Fechado ao público*

Apthorp Apartments
Imitando um palácio renascentista italiano, este edifício de 1908 tem um imenso pátio interno. ◎ *Broadway entre 78th e 79th Sts • Mapa F2 • Fechado ao público*

Belnord
De 1908, este prédio enorme em estilo Revival renascentista era onde o autor Isaac Bashevis Singer, que ganhou um Nobel, morava e escrevia. ◎ *225 West 86th St com Amsterdam Ave • Mapa F2 • Fechado ao público*

Majestic
O primeiro dos dois marcos de 1931 de Irwin Chanin é uma das quatro torres gêmeas originais que dominam a paisagem do West Side. ◎ *115 Central Park West entre 71st e 72nd Sts • Mapa G2 • Fechado ao público*

Century
Segunda torre gêmea de Irwin Chanin, é a mais alta do quarteirão e um ícone art déco. ◎ *25 Central Park West entre 62nd e 63rd Sts • Mapa H2 • Fechado ao público*

San Remo
De 1930, esta obra-prima art déco de Emery Roth lembra formas renascentistas. Suas torres escondem tanques de água. ◎ *145-6 Central Park West entre 74th e 75th Sts • Mapa G2 • Fechado ao público*

Eldorado
Outro projeto art déco de Roth, onde Groucho Marx e Marilyn Monroe moraram. ◎ *300 Central Park West entre 90th e 91st Sts • Mapa E2 • Fechado ao público*

Hotel des Artistes
Construído em 1918 como estúdios e apartamentos para artistas, ainda é cobiçado. Noël Coward, Isadora Duncan, Joel Grey e Rodolfo Valentino moraram aqui. ◎ *West 67th St entre Central Park West e Columbus Ave • Mapa G2 • Fechado ao público*

Veja mais sobre edifícios históricos de Nova York nas **pp. 46-7**

Shun Lee Café; Rosa Mexicano

Categorias de Preço
Refeição para uma
pessoa com três pratos, **$** até $25
uma taça de vinho **$$** $25-$50
da casa ou cerveja, **$$$** $50-$80
impostos e serviço. **$$$$** mais de $80

Onde Comer

1. Jean Georges
O restaurante homônimo de Jean-Georges Vongerichten está entre os melhores de Nova York (p. 68). ⓢ *1 Central Park West, Trump International Hotel • Mapa H2 • 212 299 3900 • $$$$*

2. Per Se
Reserve mesa com alguma antecedência neste restaurante de Thomas Keller, aclamado pela crítica. ⓢ *Time Warner Center, Columbus Circle • Mapa H2 • 212 823 9335 • $$$$*

3. Shun Lee Café
Clean e em preto e branco, este café de dim sum é tido como o melhor chinês ao norte de Chinatown. ⓢ *43 West 65th St com Columbus Ave • Mapa G2 • 212 769 3888 • $$*

4. Café Fiorello
O balcão farto de antepastos por si só justifica uma visita, mas também as pizzas de massa fina e o menu italiano são tentadores. ⓢ *1900 Broadway entre 63rd e 64th Sts • Mapa H2 • 212 595 5330 • $$*

5. Mermaid Inn
O restaurante de peixe favorito da Nova Inglaterra transplantado para Nova York. O melhor são as opções simples de peixes e frutos do mar, e o grande destaque, a Lobsterpalooza. ⓢ *568 Amsterdam Ave • Mapa F2 • 212 799 7400 • $$-$$$*

6. Kefi
Taberna rústica tradicional, serve autêntica e premiada comida grega em ambiente aconchegante, a preços convidativos. ⓢ *1505 Columbus Ave • Mapa F2 • 212 873 0200 • $$*

7. Rosa Mexicano
Filial do ótimo restaurante mexicano de Nova York, famoso pelo guacamole feito na hora e as margaritas potentes. ⓢ *61 Columbus Ave com 62nd St • Mapa H2 • 212 977 7700 • $$*

8. Café Luxembourg
Cássico bistrô parisiense com balcão de zinco e uma clientela antenada. O steak com fritas é imbatível. ⓢ *200 West 70th St com Amsterdam Ave • Mapa G2 • 212 873 7411 • $$$*

9. Calle Ocho
Toda noite parece uma festa latina; os pratos modernos se inspiram nas cozinhas do Peru e até do Porto Rico e Cuba. ⓢ *446 Columbus Ave entre 81st e 82nd Sts • Mapa F2 • 212 873 5025 • $$$*

10. Gennaro
Os fãs dizem que este pequeno café serve a melhor comida italiana do Upper West Side a preços acessíveis, o que motiva as filas. ⓢ *665 Amsterdam Ave entre 92nd e 93rd Sts • Mapa E2 • 212 665 5348 • Não aceita cartão de crédito • $$*

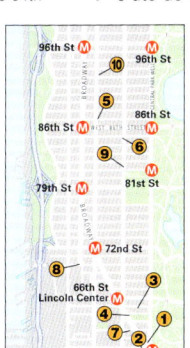

Todos os restaurantes aceitam cartões de crédito e servem pratos vegetarianos, exceto quando há indicação do contrário

Área por Área – Upper West Side

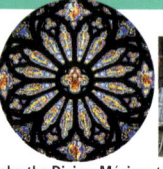

Columbia University; Rosácea, St. John the Divine; Músicos tocando na rua

Morningside Heights e Harlem

A ÁREA ENTRE O MORNINGSIDE PARK e o rio Hudson, a partir das 110th-125th streets, é dominada pela Columbia University e por duas igrejas importantes. Estendendo-se para o norte, o Harlem é a comunidade afro-americana mais conhecida dos EUA. Na década de 1880, quando um trem ligava o bairro a Midtown, os casarões eram ocupados por famílias irlandesas, italianas e judias, mas nos anos 1920 a predominância já era de famílias negras. O renascimento do Harlem, quando clubes noturnos com artistas negros eram frequentados por brancos, chegou ao fim com a Depressão. No entanto, a área está se revigorando, o que é visto por alguns como um segundo renascimento.

Atrações

1. Columbia University
2. Cathedral Church of St. John the Divine
3. Riverside Church
4. Hamilton Heights Historic District
5. St. Nicholas Historic District (Strivers' Row)
6. Abyssinian Baptist Church
7. Marcus Garvey Park
8. Studio Museum in Harlem
9. Schomburg Center for Research in Black Culture
10. Malcolm Shabazz Mosque/Harlem Market

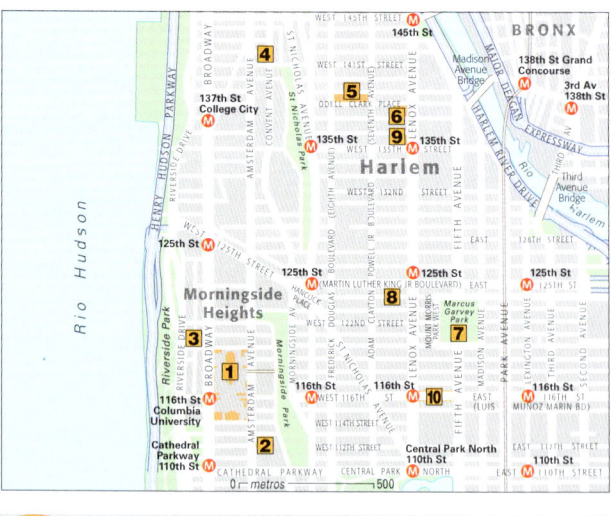

Estátua em frente à Columbia University Library

Columbia University

Uma das universidades mais antigas dos EUA e com cursos renomados de direito, medicina e jornalismo, a Columbia foi fundada em 1754 como o King's College. Em 1897, se mudou para o campus atual, projetado por Charles McKim. Os edifícios notáveis incluem a Low Memorial Library, de 1898, de McKim, e a St. Paul's Chapel, com três janelas de La Farge. ◎ *West 116th St com Broadway • Mapa C3 • www.columbia.edu*

Cathedral Church of St. John the Divine

Iniciada em 1892 e ainda inacabada, a igreja matriz da Diocese Episcopal de Nova York é a maior catedral do mundo. Com mais de 180m de comprimento e 96m de largura, ela é uma mescla dos estilos românico e gótico. Entre suas características notáveis estão a entrada oeste, a rosácea, os altares laterais em forma de nicho e a Fonte da Paz, no gramado sul. As técnicas medievais de entalhe em pedra utilizadas na obra são ensinadas em cursos profissionalizantes para jovens carentes *(p. 46)*. ◎ *1047 Amsterdam Ave com 112th St • Mapa C3 • Aberta 7h-18h seg-sáb, 7h-19h dom (até 18h jul-ago) • Grátis • www.stjohndivine.org*

Riverside Church

Arranha-céu inspirado na catedral de Chartres, esta igreja gótica foi financiada por John D. Rockefeller Jr. em 1930. Com 21 andares e vista do rio Hudson, seu interior contém o maior carrilhão do mundo, dedicado à mãe de Rockefeller, Laura Spelman Rockefeller. Os vitrais são cópias daqueles presentes em Chartres, com quatro exceções dignas de destaque – as janelas flamengas do início do século XVI na parede leste. Há muito tempo a congregação tem papel ativo em prol de causas sociais liberais. ◎ *490 Riverside Drive entre 120th e 122nd Sts • Mapa C1 • Aberta 7h-meia-noite diariam • www.theriversidechurchny.org*

Hamilton Heights Historic District

Antes parte das propriedades rurais dos ricos de Nova York, como Alexander Hamilton e Hamilton Grange, esta área em uma colina acima do Harlem ficou valorizada nos anos 1880 com a construção de uma linha férrea elevada. Belas residências surgiram entre 1886 e 1906, e nas décadas de 1920 e 1930 elas atraíram a elite do Harlem, que foi apelidada de Sugar Hill. O juiz Thurgood Marshall e os músicos Count Basie, Duke Ellington e Cab Calloway estão entre os famosos que moraram aqui. ◎ *West 141 St até West 145th St • Mapa A2*

Riverside Church

Área por Área – Morningside Heights e Harlem

145

St. Nicholas Historic District

St. Nicholas Historic District (Strivers' Row)

Estas casas elegantes, originalmente conhecidas como King Model Houses, datam de 1891, quando o Harlem era um bairro de classe média alta. Três empresas de arquitetura, incluindo a de McKim, Mead e White, conseguiram mesclar os estilos renascentista, georgiano e vitoriano e obter um efeito harmonioso. Afro-americanos bem-sucedidos se mudaram para cá nos anos 1920 e 1930, o que fez as casas ficarem conhecidas como Strivers' Row.
◉ *202-250 West 138th St entre Powell e Frederick Douglass Blvds • Mapa A3*

Abyssinian Baptist Church

Uma das igrejas afro-americanas mais antigas e influentes dos EUA, foi fundada em 1808 por um grupo que se opunha à segregação dentro da igreja batista. A partir de 1908, a congregação se tornou engajada politicamente, liderada pelo deputado Adam Clayton Powell Jr. Hoje, a igreja é muito frequentada por admiradores de seu coro gospel. ◉ *132 West 138th St com Powell Blvd • Mapa A3 • Cultos dominicais 9h e 11h • www.abyssinian.org*

Marcus Garvey Park

Nacionalista negro que defendia o retorno à África, Garvey se tornou um herói do movimento pelo orgulho racial. O nome deste parque foi mudado em 1973 em sua homenagem. A área fica ao lado do Mount Morris Historical District, onde há belas casas e igrejas remanescentes da época judaico-alemã. Na década de 1920, à medida que o Harlem se tornou mais afro-americano, as sinagogas foram transformadas em igrejas e as casas, desmembradas.
◉ *Da West 120th até a West 124th Sts entre Lenox e 5th Aves • Mapa B3*

Studio Museum in Harlem

Aberta em 1967 como um estúdio de artistas, a instituição se expandiu e virou um importante centro de exposição para artistas negros. Um banco local doou o espaço para o edifício atual, inaugurado em 1982. Mais tarde uma grande obra de ampliação agregou galerias, um jardim de esculturas, um auditório e um café. ◉ *144 West 125th St com Lenox Ave • Mapa B3 • Aberto meio-dia-21h ter e sex, 10h-18h sáb, meio-dia-18h dom • Doações • www.studiomuseum.org*

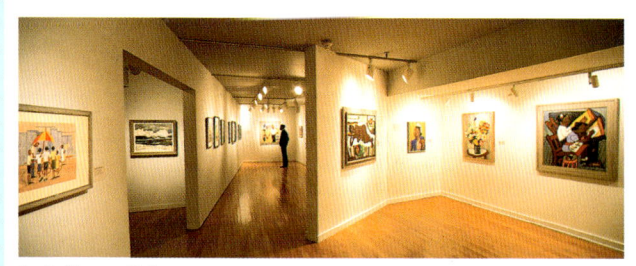

Studio Museum, Harlem

Harlem Market

Schomburg Center for Research in Black Culture

Aberto em 1991, este complexo sedia o maior centro de pesquisa sobre cultura africana e afro-americana dos EUA. O acervo foi reunido por Arthur Schomburg, um negro de ascendência porto-riquenha que se tornou curador quando o acervo foi doado à New York Public Library. O edifício original era o ponto de encontro de escritores durante o renascimento da literatura negra, nos anos 1920, e a sede atual tem uma biblioteca com um arquivo precioso, além de um teatro e duas galerias de arte. ⓢ *515 Lenox Ave com 135th St • Mapa A3 • Aberto meio-dia-20h ter-qui, 10h-18h sex e sáb • Grátis*

Malcolm Shabazz Mosque/Harlem Market

A mesquita Masjid Malcolm Shabazz homenageia o guia espiritual de Malcolm X, e o seu entorno se transformou em centro de uma comunidade muçulmana. As lojas por aqui vendem livros e trajes muçulmanos, e os restaurantes servem comida senegalesa. Os camelôs que ficavam nas calçadas da 125th Street agora estão em um complexo onde vendem artigos africanos, como arte, bonecos, instrumentos de percussão, máscaras, camisas dashiki e tecidos estampados.
ⓢ *Mesquita, 102 West 116th St com Lenox Ave • Mapa C3 • Aberta 9h-17h diariam • Grátis • Harlem Market, 52-60 West 116th St entre 5th e Lenox Aves • Mapa C3 • Aberto 10h-20h diariam • Grátis*

Um Dia no Harlem e Morningside Heights

Manhã

Saia mais tarde na manhã de domingo e pegue o metrô nº 2 ou nº 3 para a 135th Street e a Lenox Avenue. Ande até a Odell Clark Place e vire a oeste para ouvir o fabuloso coro da **Abyssinian Baptist Church**.

Continue a oeste na rua para ver as belas casas dos anos 1890 do **St. Nicholas Historic District** e pare na 8th Avenue para um brunch com gospel no **Londel's Supper Club** (p. 148).

Tarde

Retorne à Lenox Avenue e rume para o centro até a 125th Street para olhar as lojas. Vire a oeste rumo ao famoso **Apollo Theater** (p. 148) e veja excelentes mostras de arte afro-americana no **Studio Museum in Harlem**. Depois tome um café na Starbucks na Lenox Avenue com 125th Street.

Pegue o ônibus M60 para a West 120th Street e a Broadway. Ande até a **Riverside Church** (p. 145) e suba no campanário para apreciar a linda vista do rio Hudson. Do outro lado da rua há um monumento em honra ao 18º presidente dos EUA, Ulysses S. Grant. Na 116th Street ande duas quadras para o leste até a Broadway e a entrada da **Columbia University** (p. 145). Uma quadra a leste, na Amsterdam Avenue, fica a **Cathedral Church of St. John the Divine** (p. 145) cujo interior é imenso. Encerre o dia saboreando a boa comida sulista do **Miss Mamie's** (p. 149) e retorne à Broadway para pegar o metrô nº 1 de volta ao centro.

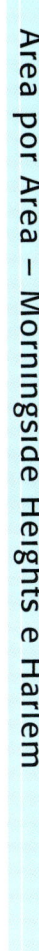

Gospel no Sylvia's; Apollo Theater

🔟 Música ao Vivo

Lenox Lounge
Um esteio desde 1939, o lounge retomou sua decoração original. Apresenta o que há de mais novo no jazz e números tradicionais. ◊ *288 Malcolm X Blvd entre West 124th e 125th Sts • Mapa B3*

Showman's
Há jazz ao vivo neste clube, onde a atmosfera e as pessoas são tão interessantes quanto a música. ◊ *375 West 125th St entre St. Nicholas e Morningside Dr • Mapa B2*

Londel's Supper Club
Parte do novo Harlem, tem ambiente sofisticado, garçons de smoking, deliciosa comida sulista e jazz ao vivo nos fins de semana. ◊ *2620 Frederick Douglass Blvd entre West 139th e 140th Sts • Mapa A3*

Bill's Place
Estabelecimento do Harlem no estilo dos bares que se multiplicavam neste bairro na época da Lei Seca. Grandes shows de jazz nas sextas às 22h e 24h, mas não há bar; portanto, traga sua própria bebida. ◊ *148 West 133rd St • Mapa B3*

Sylvia's
Lota no sábado e no domingo pelos brunches com gospel e é sempre divertido, apesar de haver muitos turistas. ◊ *328 Lenox Ave entre West 126th e 127th Sts • Mapa B3*

Cotton Club
Duke Ellington e Cab Calloway já se foram e o lugar mudou, mas o famoso clube da década de 1920 voltou a despontar na cena noturna. ◊ *656 West 125th St perto da West 125th e Dr. Martin Luther King Jr Blvd • Mapa B2*

Apollo Theater
Esta é uma vitrine importante do Harlem e onde Ella Fitzgerald e James Brown lançaram a carreira. ◊ *253 West 125th St entre 7th e 8th Aves • Mapa B3*

Harlem Stage
Apresenta séries de jazz, balé, dança moderna, ópera e o Harlem Film Festival. ◊ *Campus do City College, West 135th St e Convent Ave • Mapa A2*

Miller Theatre
O principal teatro da Columbia tem programação musical variada, na qual o jazz é uma parte importante. ◊ *Columbia University, 2960 Broadway com West 116th St • Mapa C2*

Smoke
Alunos da Columbia e amantes da música frequentam este clube para ouvir grupos de jazz nos fins de semana. ◊ *2751 Broadway com West 106th St • Mapa D2*

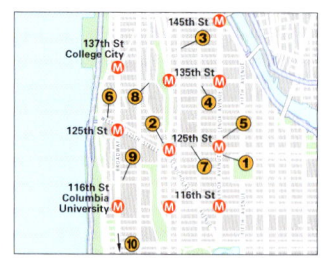

▶ *Veja mais sobre a vida noturna nas* **pp. 50-1**

Miss Mamie's; Terrace in the Sky

Categorias de Preço

Refeição para uma pessoa com três pratos, uma taça de vinho da casa ou cerveja, impostos e serviço.	**$** até $25 **$$** $25-$50 **$$$** $50-$80 **$$$$** mais de $80

Onde Comer

1. Red Rooster
O celebrado chef Marcus Samuelsson levou o estilo de Downtown ao Harlem, atraindo um público eclético com o menu de vanguarda que destaca a história culinária do bairro. ⓘ *310 Lenox Ave • Mapa B3 • 212 792 9001 • $$$*

2. Africa Kiné
Comida senegalesa vibrante em porções generosas e ambiente descontraído. ⓘ *256 West 116th St • Mapa C2 • 212 666 9400 • $$*

3. Miss Maude's/Miss Mamie's
Cafés alegres geridos por Norma Jean Darden, expert em cozinha sulista. ⓘ *Miss Maude's, 547 Lenox Ave com West 137th St • 212 690 3100 • Miss Mamie's, 366 Cathedral Pkwy entre Manhattan Ave e Columbus Ave • 212 865 6744 • Mapa A3, D2 • Ambos $*

4. Dinosaur Bar-B-Que
As porções generosas fazem jus ao nome desta churrascaria. Há diversas cervejas para acompanhar as carnes. ⓘ *700 West 125th St • Mapa B1 • 212 694 1777 • $*

5. Tom's Restaurant
Imortalizado como um dos cenários da série de TV *Seinfeld*, este restaurante familiar é frequentado por estudantes que apreciam suas porções fartas de pratos clássicos. ⓘ *Riverbank State Park, 750 West 145th St • Mapa A1 • 212 491 1500 • $$*

6. Mobay
Animado restaurante jamaicano que serve costela, bagre e charque de frango, e jazz à noite. ⓘ *17 West 125th St entre Lenox e 5th Aves • 212 876 9300 • Mapa B3 • $$*

7. Amy Ruth's
Café alegre, dá um toque atual a clássicos sulistas. Waffle é a especialidade da casa. ⓘ *113 West 116th St entre Powell e Lenox Aves • Mapa C3 • 212 280 8779 • $$*

8. Le Baobab
Aqui tanto a cozinha senegalesa quanto a conta são agradáveis. ⓘ *120 West 116th St com Lenox Ave • Mapa C3 • 212 864 4700 • Não aceita cartão de crédito • $$*

9. Toast
Sanduíches com batatas fritas são o forte deste café informal. ⓘ *3157 Broadway entre Tiemann Pl e LaSalle St • Mapa B2 • 212 662 1144 • $*

10. Terrace in the Sky
Restaurante elegante na cobertura, tão romântico que sedia até casamentos. Os pratos continentais estão à altura do cenário. ⓘ *400 West 119th St com Amsterdam Ave • Mapa C2 • 212 666 9490 • $$$*

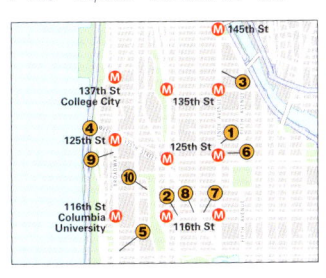

→ *Todos os restaurantes aceitam cartões de crédito e servem pratos vegetarianos, exceto quando há indicação do contrário*

Área por Área – Morningside Heights e Harlem

New York Botanical Garden; Bronx Zoo; Park Slope Historic District

Fora do Centro

MANHATTAN É APENAS UMA *das cinco regiões de Nova York, cada qual com atrações e encantos diferenciados. O Brooklyn por si só, com seus trechos dotados de belas brownstones e numerosos lugares sofisticados, poderia ser uma das maiores cidades dos EUA. Ao norte, o Bronx sedia um dos melhores zoos de Nova York, além do New York Botanical Garden e do Yankee Stadium, ao passo que o Queens, um verdadeiro caldeirão de nacionalidades, é famoso por seus museus, restaurante étnicos e diversos eventos esportivos. A balsa para a Staten Island leva à única vila histórica restaurada de Nova York.*

Atrações

1. Bronx Zoo
2. New York Botanical Garden
3. Brooklyn Botanic Garden
4. Brooklyn Heights Historic District
5. Prospect Park
6. Park Slope Historic District
7. Flushing Meadow-Corona Park
8. Yankee Stadium
9. Historic Richmond Town
10. Williamsburg

Brooklyn Bridge

Bronx Zoo

Bronx Zoo
Com bem mais de cem anos, este zoológico espalhado por 107ha fica melhor a cada dia. A nova atração é Madagascar!, ao passo que na Tiger Mountain e na Congo Gorilla Forest, de 2,6ha, um habitat tropical africano, os visitantes ficam cara a cara com os animais. O Bug Carousel é particularmente atraente para crianças pequenas (p. 66). ✪ *Bronx River Parkway e Boston Rd, Bronx • Metrô (2, 5) West Farms Sq/East Tremont Ave • Aberto abr-out: 10h-17h seg-sex, 10h-17h30 sáb, dom e feriados; nov-mar: 10h-16h30 diariam • Entrada paga • www.bronxzoo.com*

New York Botanical Garden
Um dos maiores e mais antigos jardins botânicos do mundo, este Marco Histórico Nacional cobre 101ha, nos quais há 50 jardins, coleções de plantas e 20ha de floresta, estes últimos o resquício das matas que cobriam Nova York. A estufa Enid A. Haupt, em uma casa de vidro vitoriana restaurada, mantém florestas tropicais e plantas de desertos áridos. Um bonde circula com os visitantes entre os destaques e também há passeios guiados. O Leon Levy Visitor Center tem uma loja, um café e um centro de informações. ✪ *Bronx River Parkway e Kazimiroff Blvd, Bronx • Metrô (B, D, 4) Bedford Park Blvd • Aberto 10h-18h ter-dom • Entrada paga • www.nybg.org*

Brooklyn Botanic Garden
Este jardim botânico de 21ha foi projetado pelos irmãos Olmsted em 1910 e hoje mantém mais de 12 mil espécies de planta. Entre seus destaques estão os Cranford Rose Gardens, onde milhares de rosas formam cascatas em arcos e sobem em treliças, e o autêntico jardim japonês Hill-and-Pond, de 1915. Outra atração é a esplanada das cerejeiras, cuja trilha descortina uma das florações mais belas fora do Japão. Na estufa Steinhardt, pode-se apreciar plantas tropicais e de desertos, e uma grande coleção de bonsais. ✪ *900 Washington Ave, Brooklyn • Metrô (2, 3) Eastern Pkwy • Aberto mar-out: 8h-18h ter-sex, 10h-18h sáb, dom e feriados; nov-fev: 8h-16h30 ter-sex, 10h-16h sáb, dom e feriados • Entrada paga (grátis manhãs ter e sáb) • www.bbg.org*

Brooklyn Botanic Garden

Brooklyn Heights Historic District

Com vista para o East River da parte mais baixa de Manhattan, este subúrbio é um enclave repleto de charme. Suas ruas pitorescas preservam casas de madeira e tijolos em estilo Federal dos anos 1820, assim como casas maiores em estilo Revival grego das décadas seguintes. *Da Court St à Furman St entre Fulton e State Sts • Metrô (2, 3) Clark St*

Prospect Park

Frederic Olmsted e Calvert Vaux consideravam este parque, de 1867, como sua obra-prima. Com 90ha, a Long Meadow é o mais longo espaço verde contínuo da cidade. As lagoas e os chorões do Vale of Cashmere são encantadores, assim como o Oriental Pavilion de Vaux e o Concert Grove. *Entre Eastern Pkwy e Parkside Ave, Brooklyn • Metrô (2, 3) Grand Army Plaza*

Park Slope Historic District

Estes quarteirões na orla oeste do Prospect Park tornaram-se um endereço cobiçado após a inauguração da Brooklyn Bridge, em 1883. As belas *brownstones* vitorianas do final do século XIX e início do século XX são exemplares dos estilos Revival românico e Queen Anne nos EUA. *De Prospect Park West até a 8th Ave, entre 14th St e St. John's Pl, Brooklyn • Metrô (F) 7th Ave*

Cavalo de carrossel, Prospect Park

Trem nº 7 para o Queens

Esta linha de metrô, apelidada de International Express, serve diversas colônias étnicas de Nova York. Desça na 61st Street/Woodside para pubs irlandeses, na 46th St para o Oriente Médio e na 69th St para as Filipinas. Um guia é vendido no Queens Council on the Arts, 79-01 Park Lane South, Woodhaven, NY 11421 (www.queenscouncilarts.org).

Flushing Meadow-Corona Park

Sede de duas Exposições Universais, este parque espaçoso oferece áreas de piquenique, campos de críquete e futebol, trilhas para ciclismo e patinação, lagos com barcos e muitas outras atrações. O New York Mets' Citi Field, o U.S. Tennis Center, o New York Hall of Science e o Queens Museum of Art estão instalados aqui. A Unisfera, símbolo da Exposição Universal de 1964, foi conservada. *Queens • Metrô (7) 111th St, Willets Pt-Shea Stadium*

Yankee Stadium

Concluído em 1923, este estádio ficou conhecido como "a casa que Ruth construiu" devido às legiões de fãs que vinham ver o super-herói Babe Ruth em ação. Outros ídolos lendários do New York Yankees, o time de beisebol mais

Unisfera da Exposição Universal, Flushing Meadow-Corona Park; Jogo dos Yankees

Historic Richmond Town

bem-sucedido dos EUA, são Joe DiMaggio e Mickey Mantle. O novo Yankee Stadium, construído ao lado do velho, abrange o Monument Park e exibe placas numeradas e estátuas dos maiores jogadores.
- East 161st St e River Ave, Bronx
- Metrô (B, D, 4) 161st St Yankee Stadium
- Horários variam • Entrada paga

Historic Richmond Town

Esta aldeia restaurada tem 29 edifícios da cidade de Richmond, sede do governo da Staten Island a partir de 1729. Outros prédios históricos foram transferidos de vários lugares para cá. A Voorlezer's House (1695), em estilo holandês, é a casa mais antiga da ilha e se mantém no terreno original. • 441 Clarke Ave, Staten Island • Ônibus S74 da balsa • Aberta 13h-17h qua-dom; visitas guiadas: 14h e 15h30 • Entrada paga
- www.historicrichmondtown.org

Williamsburg

Esta comunidade tinha predominância de judeus hassídicos, porto-riquenhos e italianos até a década de 1990, quando artistas de Manhattan mudaram-se para cá. O centro de Williamsburg é a Bedford Avenue, à qual se chega rapidamente pegando o metrô L que sai de Manhattan. Aqui há lojas com peças de estilistas locais, bares e restaurantes com preços mais baixos do que em Manhattan. • Bedford Ave, Brooklyn • Metrô L para a Bedford Ave; Ônibus B39 ou B61

Um Dia no Brooklyn

Manhã

Pegue o metrô nº 2 ou nº 3 para Eastern Parkway-Brooklyn Museum e venha a este museu de renome mundial no **Brooklyn** (p. 41). A instituição faz parte de um complexo cívico que inclui a imponente Grand Army Plaza, o **Brooklyn Botanic Garden** (p. 151), com seu jardim japonês, e o vizinho **Prospect Park**.

Ao longo da orla oeste do Prospect Park encontra-se o belo **Park Slope Historic District**. Dê uma parada para tomar um café no Ozzie's, 57 7th Avenue, depois caminhe apreciando as residências históricas da área. Faça um garimpo nas diversas lojas pequenas e interessantes ao longo da 7th Avenue, e pare para almoçar em algum dos numerosos cafés por aqui.

Tarde

Volte de trem para Borough Hall e siga para o **Brooklyn Heights Historic District**. Caminhe pela Pierrepont, Willow e Cranberry streets para ver algumas casas do século XIX; Truman Capote escreveu *Bonequinha de luxo* no porão do nº 70 na Willow, e Arthur Miller foi proprietário da casa de nº 155.

Andando um pouco para o leste você chega à **Atlantic Avenue** (p. 156), onde há lojas de especiarias. Dê uma parada para restaurar as energias na Waterfront Ale House, 155 Atlantic Avenue. Rume de volta à Brooklyn Bridge, parando na Brooklyn Heights Promenade para apreciar a vista das torres de Lower Manhattan. Encerre o dia com um magnífico jantar no romântico **River Café** (p. 157).

Brooklyn Museum; Hall of Science; Museum of the Moving Image

TOP 10 Museus

Brooklyn Museum
Exibe de objetos do antigo Egito a arte contemporânea *(p. 41)*. ◈ *200 Eastern Parkway, Brooklyn • Metrô (2, 3) Eastern Pkwy • Aberto 11h-18h qua-dom (até 22h qui); 11h-23h primeiro sáb do mês (exceto set) • Entrada paga*

Isamu Noguchi Garden Museum
Abriga treze galerias e um sereno jardim japonês com esculturas. ◈ *9-101 33rd Rd com Vernon Blvd, Queens • Ônibus 103 para o Vernon Blvd • Aberto 10h-17h qua-sex, 11h-18h sáb e dom • Entrada paga*

Museum of the Moving Image
Artefatos e projeções contam a história e as técnicas de cinema e TV. ◈ *35th Ave com 36th St, Queens • Metrô Steinway St • Aberto 10h30-17h ter-qui (20h sex); 10h30-19h sáb e dom • Entrada paga (gratuita 16h-20h sex)*

New York Hall of Science
Museu de ciência e tecnologia com exposições interativas e uma área lúdica ao ar livre. ◈ *4701 111th St, Queens • Metrô (7) 111th St • Aberto set-mar: 9h30-14h ter-qui, 9h30-17h sex, 10h-18h sáb e dom; abr-jun: também aberto 9h30-14h seg • Entrada paga*

Queens Museum of Art
No museu há uma maquete em escala chamada New York Panorama, com 800 mil edifícios. ◈ *New York City Building, Queens • Metrô 111th St • Aberto set-jun: meio-dia-18h qua-dom; jul-ago: meio-dia-18h qua-dom (até 20h sex) • Entrada paga*

MoMA PS1
Desde 1976 este museu exibe arte contemporânea e disponibiliza estúdios para artistas. ◈ *22-25 Jackson Ave at 46th Ave, Queens • Metrô (E, V) 23rd St-Ely Ave • Aberto meio-dia-18h qui-seg • Entrada paga*

Van Cortlandt House Museum
Esta casa georgiana de 1748 é o edifício mais antigo do Bronx. ◈ *Van Cortlandt Park, Broadway e West 246th St, Bronx • Metrô (1) 242nd St • Aberto 10h-15h ter-sex, 11h-16h sáb e dom; últ adm 30 min antes do encerramento • Entrada paga • www.vancortlandthouse.org*

Jacques Marchais Museum of Tibetan Art
Coleção de arte tibetana em um edifício em estilo himalaico. ◈ *338 Lighthouse Ave, Staten Island • Ônibus S74 da balsa • Aberto 13-17h qui-dom (fechado qui no inverno) • Entrada paga*

Historic Richmond Town
O museu instalado no antigo escritório do juiz e escrivão municipal, construído em 1848, é um dos 27 edifícios na vila que é um museu a céu aberto. ◈ *441 Clarke St, Staten Island • Ônibus S74 da balsa • Horários variam • Entrada paga*

Snug Harbor Cultural Center
Um jardim chinês, espaços para apresentações, um centro de artes, um museu para crianças e uma coleção marítima. ◈ *1000 Richmond Terrace, Staten Island • Ônibus S40 da balsa • Horários variam • Entrada paga*

Veja mais sobre museus em Nova York nas pp. 40-1

New York Aquarium; Staten Island Ferry; Staten Island Children's Museum

🔟 Diversão para a Família

1 New York Aquarium
Atravesse um pântano; fique seco sob uma cachoeira *(p. 67)*. ⓢ *Surf Ave e West 8th St, Brooklyn • Metrô (F, Q) W 8th St • Aberto abr-mai, set-out: 10h-17h seg-sex (17h30 sáb, dom e feriados); jun-ago: 10h-18h seg-sex (19h sáb, dom e feriados); nov-mar: 10h-16h30 diariam • Entrada paga*

2 Brooklyn Children's Museum
Coleções permanentes e exposições temporárias. ⓢ *145 Brooklyn Ave na St. Marks Pl, Brooklyn • Metrô (3) Kingston • Aberto meio-dia-17h qua-sex, 10h-17h sáb e dom; jul-ago: meio-dia-18h ter-qui, meio-dia-18h30 sex • Entrada paga*

3 Prospect Park Zoo
Passe por um túnel de marmotas, aprenda a língua dos babuínos e salte em meio a nenúfares. ⓢ *450 Flatbush Ave, Brooklyn • Metrô (B, Q) Prospect Park • Aberto abr-out: 10h-17h diariam (até 17h30 sáb e dom); nov-mar: 10h-16h30 diariam • Entrada paga*

4 Prospect Park Carousel
Este carrossel de 1912 veio de Coney Island em 1950. ⓢ *Prospect Park, Brooklyn • Metrô (B, Q) Prospect Park • Aberto abr-out: meio-dia-17h sáb, dom, feriados (18h jul-ago) • Atrações US$1,50*

5 Lefferts Homestead Children's House Museum
Casa colonial holandesa do século XVIII, mostra como era a vida rural. ⓢ *Prospect Park, Brooklyn • Metrô (B, Q) Prospect Park • Aberto fev-mar: meio-dia-16h sáb e dom; abr-jun: meio-dia-17h qui-dom • Grátis*

6 Puppetworks
Marionetes de madeira são usados em peças infantis clássicas. ⓢ *338 6th Ave com 4th St, Brooklyn • Metrô (F) 7th Ave (Brooklyn) • Horário das presentações varia • Entrada paga, reservar antes*

7 Sheepshead Bay Fishing Boats
Uma frota pesqueira leva passageiros em passeios de dia e à noite. ⓢ *Eamons Ave, Brooklyn • Metrô (B, Q) para Sheepshead Bay • Barcos saem 6h30-9h, 13h e 19h ou podem ser fretados • Passeios pagos*

8 Staten Island Children's Museum
Um boto mecânico recepciona os visitantes neste playground com água, insetos e artes visuais e cênicas. ⓢ *1000 Richmond Terrace, Staten Island • Ônibus S40 da balsa • Aberto verão: 10h-17h ter-dom; inverno: meio-dia-17h ter-dom • Entrada paga*

9 Staten Island Zoo
A African Savannah é um destaque além da Tropical Forest e do Serpentarium. ⓢ *614 Broadway, Staten Island • Ônibus S48 da balsa • Aberto 10h-16h45 diariam • Entrada paga*

🔟 Staten Island Ferry
Passeio grátis de balsa com vista de Manhattan. Ônibus que saem do St. George Terminal levam às atrações da Staten Island *(p. 59)*. ⓢ *Ônibus para o St. George Terminal, Staten Island • Barcos a cada 15 min-1h, 24 horas diariam da Whitehall e South Sts • Grátis*

➤ *Veja mais sobre programas para a família em Nova York nas* **pp. 66-7**

Área por Área – Fora do Centro

Sapatos femininos, Madison Avenue; Artigos para casa à mostra

TOP 10 Compras Étnicas

Broadway, Astoria
Astoria tem a maior comunidade grega fora da Grécia, com restaurantes, cafeterias e padarias na Broadway. ✪ *Broadway, Astoria, Queens • Metrô (N, Q) Broadway*

Main Street, Flushing
A Chinatown de Flushing reúne padarias, alimentos, presentes, restaurantes, ervas medicinais e acupuntura. A Queensborough Library tem material em 40 idiomas. ✪ *Main St, Flushing, Queens • Metrô (7) Main St*

74th Street, Jackson Heights
As vitrines da comunidade indiana daqui exibem joias de ouro e belos sáris. As mercearias recendem a temperos. ✪ *74th St, Jackson Heights, Queens • Metrô (E, F, R) Roosevelt Av*

Roosevelt Avenue, Jackson Heights
Virando a esquina da indiana 74th Street, alto-falantes tocam ritmos latino-americanos, ambulantes vendem churros quentinhos e lojas vendem CDs, alimentos, botas e chapéus de vaqueiro e piñatas ✪ *Roosevelt Ave, Jackson Heights, Queens • Metrô (E, F, R) Roosevelt Ave*

Arthur Avenue, Bronx
Neste bairro italiano, dezenas de lojinhas de gestão familiar vendem de vinhos da Itália, massas caseiras e linguiças a rosários e velas usadas para fazer promessas e agradecer milagres. ✪ *Arthur Ave, Bronx • Metrô (4) Fordham Rd*

Nassau Avenue, Greenpoint
As lojas da maior comunidade polonesa dos EUA são repletas de kielbasas e babkas caseiras, estátuas de santos, livros da Polônia e músicas. ✪ *Nassau Ave, Greenpoint, Brooklyn • Metrô (G) Nassau*

Brighton Beach Avenue, Brooklyn
Nesta rua agitada conhecida como "Little Odessa", o russo é o idioma dominante e o comércio vende de peixes defumados a bonecas da Rússia. ✪ *Brighton Beach Ave, Brooklyn • Metrô (B, Q) Brighton Beach*

13th Avenue, Borough Park
Na rua principal de Borough Park, reduto da comunidade judia ortodoxa dos EUA, fervilham lojas de artigos religiosos, delícias saídas do forno, roupas infantis e de cama e mesa. ✪ *13th Ave, Borough Park, Brooklyn • Metrô (D) 55th St*

18th Avenue, Bensonhurst
Embora a antiga comunidade italiana esteja gradualmente dando lugar a outras nacionalidades, a rua ainda oferece amostras generosas de pratos autênticos, gelato e cafeterias italianas. ✪ *18th Ave, Bensonhurst, Brooklyn • Metrô (D) 18th Ave*

Atlantic Avenue, Brooklyn
Neste polo de comércio com forte influência do Oriente Médio pode-se comprar baclava e muitos tipos de azeitona, frutas secas e especiarias. ✪ *Atlantic Ave, Brooklyn • Metrô (R) Court St*

Veja mais sobre compras em Nova York na **p. 165**

River Café

Categorias de Preço
Refeição para uma pessoa com três pratos, uma taça de vinho da casa ou cerveja, impostos e serviço.
- **$** até $25
- **$$** $25-$50
- **$$$** $50-$80
- **$$$$** mais de $80

Onde Comer

River Café
Lagosta, pato e frutos do mar estão entre tantas especialidades servidas aqui. As sobremesas incluem uma miniponte do Brooklyn de chocolate *(p. 58)*. ◎ *1 Water St, Brooklyn• Metrô (A, C) High St • 718 522 5200 • Homens devem vir de paletó após as 17h • $$$$*

Chef's Table at Brooklyn Fare
Este balcão, junto a uma mercearia, tem dezoito banquetas e duas estrelas Michelin – graças à ótima seleção de pratos (vinte no total) de Cesar Ramirez. Reserve ao menos seis semanas antes. ◎ *200 Schermerhorn St, Brooklyn• Metrô (A, C) Hoyt St-Schermerhorn • 718 243 0050 • $$$*

Peter Luger Steak House
Carnívoros adoram esta casa em estilo de cervejaria, onde Peter Luger serve alguns dos melhores steaks da cidade. É preciso reservar. ◎ *178 Broadway, Brooklyn • Metrô (J, M, Z) Marcy Ave • 718 387 7400 • $$$*

Al Di La Trattoria
Esta trattoria aconchegante serve pratos do norte da Itália, como carnes, amêijoas ao molho de vinho branco e massas excelentes. ◎ *248 5th Ave, Brooklyn • Metrô (R) Union St • 718 636 8888 • $$*

Dominick's Restaurant
Aguarde na fila, compartilhe uma mesa e saboreie a melhor comida caseira do sul da Itália. Como aqui não há menu, peça seu prato favorito ou confie na sugestão do garçom. ◎ *2335 Arthur Ave, Bronx • Metrô (D) Fordham Road • 718 733 2807 • Não aceita cartão de crédito • $$*

Agnanti
Comida grega perfeitamente preparada, num local encantador, com terraço de verão. ◎ *19-06 Ditmars Blvd, Queens • Metrô (N, Q) Ditmars Blvd-Astoria • 718 545 4554 • $$$*

Kum Gang San
Ensopado coreano, talharim e a carne grelhada que os clientes preparam à mesa. Antes vem o panchan, pequenas porções de comidas quentes e frias, doces e azedas. ◎ *138-28 Northern Blvd, Queens • Metrô (7) Main St • 718 461 0909 • $$*

Joe's Shanghai
Popular pelo pastel de porco ou caranguejo no vapor. Há também um menu de especialidades de Xangai. ◎ *136-21 37th Ave, Queens • Metrô (7) Main St • 718 539 3838 • Não aceita cartão de crédito • $$*

Jackson Diner
Embora sem charme, este é um dos melhores restaurantes indianos da cidade e tem um bufê de almoço de consumo livre. ◎ *37-47 74th St, Queens • Metrô (E, F, G, R, V) Roosevelt Ave • 718 672 1232 • Não aceita cartão de crédito • $$*

Enoteca Maria
Típica enoteca italiana. A comida é fresca e o menu muda diariamente. ◎ *524 27 Hyatt St, Staten Island • 5min a pé da balsa • 718 447 2777 • Não aceita cartão de crédito • $$-$$$*

Todos os restaurantes aceitam cartões de crédito e servem pratos vegetarianos, exceto quando há indicação do contrário

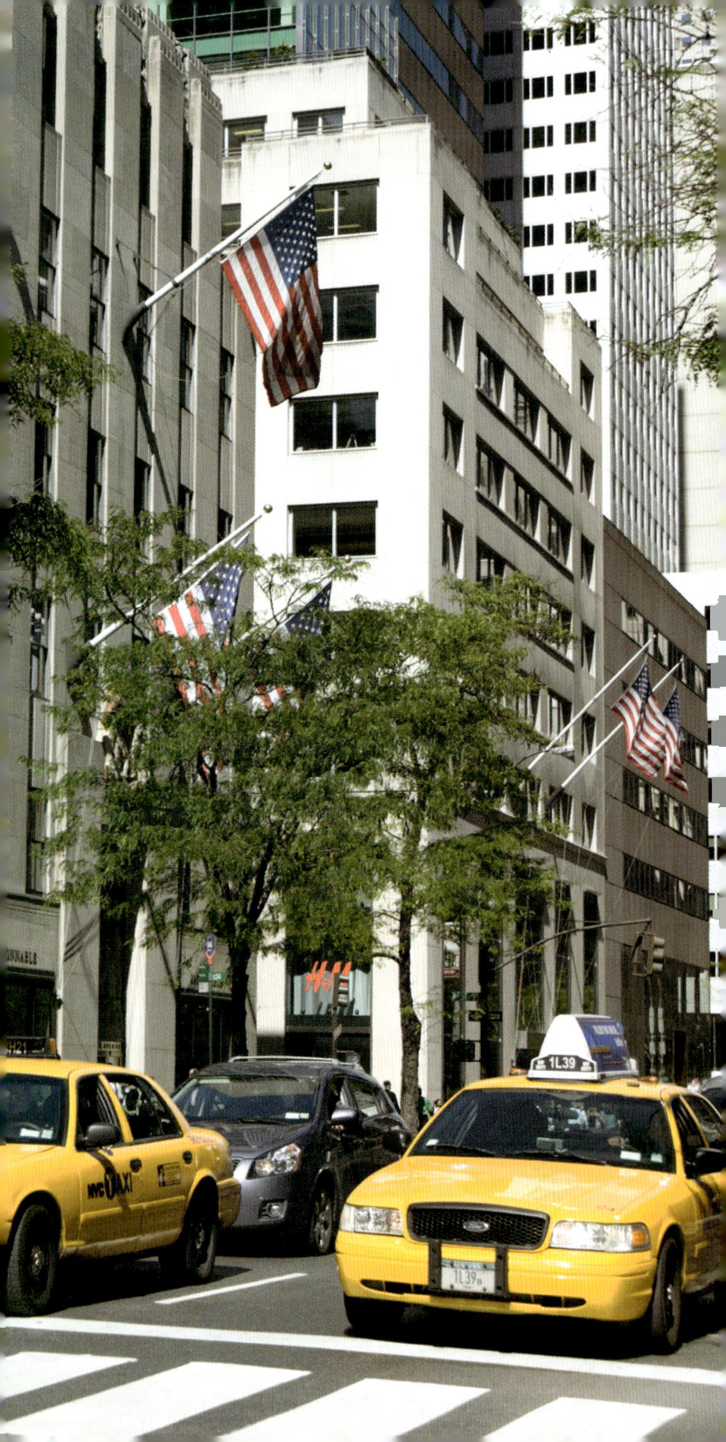

DICAS DE VIAGEM

Planejamento
160

Como Chegar
161

Informações Práticas
162

Como Circular
163

Passeios Guiados
164

Dicas de Compras
165

Nova York Econômica
166

A Evitar
167

Idosos e Portadores de Deficiência
168

Bancos e Comunicações
169

Segurança e Saúde
170

Arredores de Nova York
171

Onde Ficar
172-9

TOP 10 NOVA YORK

Guarda-chuva; Calçados confortáveis; Óculos escuros; Roupas para a estação

TOP 10 Planejamento

1. Roupas de Estação
A cidade tem estações distintas com temperaturas médias que variam de -3-3°C no inverno a 19-29°C no verão, porém em Nova York o clima sempre é muito imprevisível. Camadas são a solução – uma camiseta de mangas curtas, uma camisa de algodão de mangas compridas e um suéter são práticos para a maioria das mudanças. Leve um casacão para o inverno.

2. Guarda-Chuva e Capa
Os meses de março e agosto são os mais chuvosos, mas é bom ter um guarda-chuva e uma capa à mão o ano inteiro.

3. Calçados Confortáveis
Como as ruas do centro costumam ser congestionadas, caminhar não só é mais agradável como às vezes o meio mais rápido de circular. Invista em um calçado resistente e use-o antes da viagem até amaciá-lo, para prevenir a formação de bolhas.

4. Cores Escuras
A lavagem de roupas a seco é cara em Nova York, e há poucas lavanderias self-service no centro, onde a maioria dos turistas se hospeda. É mais prático levar suas roupas escuras, de preferência de tecidos de secagem rápida, que possam ser lavadas à noite no hotel.

5. Chapéu e Óculos
A maioria dos turistas passa muito tempo caminhando em Nova York. Não cometa o erro de achar que aqueles edifícios altos bloqueiam o sol – este na verdade parece mais intenso na cidade. Portanto, venha preparado com um chapéu e óculos escuros, e não se esqueça de trazer protetor solar.

6. Adaptador de Corrente Elétrica
Nos EUA a voltagem é 115-120V (corrente alternada), a mesma vigente no Brasil. Há secadores de cabelo equipados com um conversor automático, mas a maioria dos aparelhos de 220V requer um adaptador, à venda em lojas nos aeroportos e em algumas lojas de departamentos. Os plugues nos EUA também são de dois pinos, e turistas precisam de um adaptador.

7. Tabela de Conversão Métrica
Ao contrário da maior parte do mundo, os EUA não adotam o sistema métrico. Uma tabela de conversão ou um conversor eletrônico de bolso facilita o processo de transformar milhas em quilômetros para distâncias, onças em litros para capacidade de recipientes de substâncias líquidas, quilos em libras para peso e Fahrenheit em Celsius para temperaturas.

8. Estudante ou Idoso
Metrôs, ônibus, cinemas: a maioria das atrações e muitos hotéis dão descontos para idosos a partir de 65 anos, mas às vezes é preciso comprovar a idade, portanto carregue um documento de identidade válido com foto para ter o benefício de tais descontos. A maioria dos museus e das atrações turísticas também dá descontos para estudantes, mediante a apresentação do documento relevante. Nos EUA, a idade mínima para entrar em bares e casas noturnas é 21, e esses locais exigem comprovação da idade.

9. Minicalculadora
Para não quebrar a cabeça com cálculos complicados para converter o preço de produtos em dólar para real durante as compras, ande com uma calculadora de bolso. Algumas são do tamanho de um cartão de crédito e cabem na carteira.

10. Carteira de Motorista
Se você pretende fazer viagens fora de Nova York com um carro alugado, entre no país com uma carteira de motorista válida. Será preciso mostrar também um documento de identidade oficial com uma foto e sua assinatura, a exemplo do passaporte. Além desse documento, as locadoras de carro exigem cartão de crédito.

Chegada de avião; Chegada de navio; Chegada de ônibus

Como Chegar

De Avião
Voos internacionais pousam no John F. Kennedy Airport e em Newark. O LaGuardia Airport é mais para voos domésticos. As tarifas de táxi até a cidade são de US$45 do JFK Airport (mais o pedágio). De Newark, variam entre US$35-55, e do LaGuardia, US$20-30.

Traslado de Limusine
Limusines levam de porta a porta na ida e na volta dos aeroportos, terminais de trem e de navio, a tarifas prefixadas entre US$10-20 a mais do que as dos táxis. Reserve na Carmel ou na Dial 7. ◎ *Carmel: 212 666 6666 • Dial 7: 212 777 7777*

Supershuttle
Vans Supershuttle vão de porta em porta e são o traslado mais barato. Como elas pegam vários passageiros, é melhor não ter pressa. O custo é de US$16 a US$21, conforme a região da cidade. ◎ *Supershuttle: 212-BLUEVAN*

Traslado de Ônibus
Os ônibus que saem dos aeroportos para pontos na região central custam US$8-13. Micro-ônibus coletivos que param nos hotéis custam US$13-19. Há postos de informação sobre transportes nas áreas de coleta de bagagem nos aeroportos. ◎ *Informações: 800 247 7433 • NY-NJ Port Authority: www.panynj.gov*

De Trem
De todas as partes dos EUA chegam trens Amtrak à Penn Station (7th Avenue com 33rd Street). Trens da Long Island Railroad e da New Jersey Transit também usam a Penn Station; trens regionais da MetroNorth usam o Grand Central Terminal, na Lexington Avenue com a 2nd Street. Há táxis na entrada dos terminais.
◎ *Amtrak: 800 872 7245*
• Long Island Railroad: 718 217 5477 • New Jersey Transit: 973 275 5555
• MetroNorth: 212 532 4900

De Ônibus
Ônibus intermunicipais e linhas suburbanas chegam ao Port Authority Bus Terminal. Há táxis na entrada da 8th Avenue. ◎ *Port Authority Bus Terminal: 8th Ave com 42nd St • 212 564 8484*

De Navio
Navios de cruzeiro chegam em Nova York no NYC Passenger Ship Terminal. Fiscais da alfândega e da imigração fazem os procedimentos de praxe com passageiros de outros países. Táxis aguardam ao lado de fora do terminal. ◎ *NYC Passenger Ship Terminal: 711 12th Ave • 212 246 5450*

De Carro
Estacionar em Midtown pode custar cerca de US$40 por dia. Informe-se antes se seu hotel tem estacionamento e quanto custa. Se necessário, considere a opção de usar um motel suburbano que tenha transporte para Manhattan por perto.

Limites da Alfândega
Pode-se entrar nos EUA com presentes no valor de US$100 (US$400 para cidadãos dos EUA), um pacote com 200 cigarros, cem charutos e 1 litro de bebida alcoólica, sem pagar taxas à alfândega. É proibido trazer carne, sementes, plantas e frutas frescas. Medicamentos com receita devem estar claramente sinalizados. Quem vem de avião só pode carregar líquidos em garrafas de 100ml. Isso significa que você só pode levar sua bebida alcoólica sem taxação até seu primeiro destino dentro dos EUA. Caso tenha um voo de conexão, os líquidos serão confiscados, a menos que estejam em sua bagagem já checada. ◎ *U.S. Customs Service: 800 697 3662. Para mais informações: 877 CUSTOMS*

Imigração
Em geral, o cartão de identificação e a declaração alfandegária são fornecidos no avião. Brasileiros necessitam de visto para entrar nos EUA. Para mais informações, visite o site: www.visto-eua.com.br. Quem pretende visitar o país sob o Visa Waiver Scheme deve se inscrever on-line. Mais detalhes, no site *https://esta.cbp.dhs.gov/esta/*

Para detalhes do Airtrain saindo do JFK e de Newark, consulte www.panynj.gov/airports

Visitors Bureau; Táxi de Nova York; Big Onion Walking Tours

TOP 10 Informações Práticas

Dicas de Viagem

1. Informações Turísticas
O NYC & Company, ou New York Convention & Visitors Bureau, é uma fonte de apoio para turistas e mantém um Visitor Information Center com atendentes poliglotas, divulgando informações úteis.
◎ *Visitor Information Center: 810 7th Ave com 53rd St • Mapa J3 • www.nycgo.com • 8h-20h diariam*

2. Jornais de Nova York
O renomado jornal *New York Times* é lido nos EUA e no exterior devido à sua ampla cobertura da atualidade internacional. Os tabloides da cidade, *New York Post* e *New York Daily News*, são conhecidos por suas manchetes sensacionalistas e pelas páginas reservadas para notícias do mundo dos esportes. Muitos jovens nova-iorquinos leem o semanário gratuito *Village Voice* e o rival *New York Press*.

3. Jornais de Outras Procedências
Jornais de outras partes dos EUA e estrangeiros são encontrados nas filiais da livraria Barnes & Noble, e muitos jornais de domingo estão disponíveis na Universal News Stand. Caso não consiga achar o que quer, a empresa atacadista Hotalings News Agency talvez possa ajudar. ◎ *Universal News Stand: 234 West 42nd St • Mapa K3 • Hotalings News Agency: 212 974 9419*

4. Listas de Programação
A seção de artes no *New York Times* de sexta-feira, a *New Yorker* e a *New York Magazine* são fontes semanais abrangentes do que está acontecendo na cidade. Você as encontra nas bancas de jornais.

5. Guias de Museus e Galerias
Além das listas de programação que saem na imprensa, *Museums New York* é uma publicação trimestral disponível nas bancas de jornais, com artigos sobre as exposições em cartaz nos museus e galerias. O *Art Now Gallery Guide*, gratuito na maioria das galerias, dá detalhes sobre mostras por toda a cidade.

6. Horários
Boa parte das lojas e atrações turísticas abre diariamente (p. 165); alguns bancos abrem no fim de semana, mas sempre há caixas eletrônicos (p. 169); os correios fecham no domingo, exceto o General Post Office (p. 169). Muitos museus fecham na segunda-feira e em feriados. Informe-se sobre o horário de funcionamento de cada local.

7. Gorjetas
Uma gorjeta de pelo menos 15%-20% é a norma para refeições, táxis e serviços pessoais como cortes de cabelo e massagens. Mensageiros nos hotéis geralmente recebem US$1 por mala, e barmen, US$1 por drinque. Alguns acham mais fácil calcular a gorjeta dobrando o imposto (8,375%) na conta do restaurante.

8. Impostos
Lembre-se de incluir os impostos ao calcular os custos. O imposto sobre venda é de 8,375% a mais em cada compra superior a US$110. Em hotéis acrescente 14,25% à conta, mais aproximadamente US$3,50 por quarto para cada diária.

9. Guias Residentes
É uma boa ideia passar uma tarde com um Big Apple Greeter. Um guia voluntário dessa organização sem fins lucrativos leva grupos pequenos ou casais para um passeio de 2 a 4 horas em qualquer bairro de Nova York, ou dá orientações sobre a cidade sem cobrar. Há passeios so melhantes da Big Onion Walking Tours (p. 164), porém pagos. ◎ *Big Apple Greeter: 212 669 8159 • www.bigapplegreeter.org*

10. Banheiros
Hotéis (pp. 172-9) e lojas de departamentos (p. 64) são os melhores lugares para ir ao banheiro. A maioria dos restaurantes de fast-food, como o McDonald's, e cafeterias, como a Starbucks, também tem banheiros destinados aos clientes.

Controle do trânsito; Staten Island Ferry; Placas de rua e de trânsito

10 Como Circular

Dicas de Viagem

1. Traçado das Ruas
Acima do Greenwich Village, Manhattan apresenta um traçado reto, com as avenidas no sentido norte e sul, e as ruas cruzando do leste para o oeste. A maioria das avenidas é de mão única, com exceção da Park Avenue, que é de mão dupla. A 5th Avenue constitui a linha divisória entre os lados East e West.

2. Como Achar um Endereço
Para localizar a rua transversal mais próxima de um endereço em uma avenida em Manhattan, corte o último dígito do número da rua, divida por 2 e acrescente estes números-chave:

3rd Avenue	10
6th Avenue	12
7th Avenue	20
8th Avenue	9
Lexington Avenue	22
Madison Avenue	27

Isso funciona se o número da rua for inferior a 1800.

3. Sinais de Trânsito
Os semáforos acendem o vermelho para parar, o amarelo para alertar e o verde para os veículos seguirem. Para pedestres, a mão vermelha significa "espere" e a figura branca é o sinal para atravessar a rua. A mão vermelha pisca quando o semáforo vai mudar; em vista do trânsito agressivo, é melhor não tentar burlar os avisos.

4. Rotas de Metrô
Metrôs vão para o norte e o sul (uptown e downtown) na Lexington Avenue, 6th Avenue, 7th Avenue, Broadway e 8th Avenue. Os trens Q, N, R, E, F e 7 para o Queens correm no sentido leste-oeste cruzando Manhattan. As linhas A, C, B, D, J, M, Z, L, N, Q, R, 2, 3, 4 e 5 vão ao Brooklyn. ◎ *Informações: 718 330 1234* • *www.mta.info*

5. Rotas de Ônibus
Os ônibus de Manhattan passam por todas as artérias norte-sul, exceto a Park e a West End Avenues. Os ônibus circulares mais usados transitam nas ruas 96th, 86th, 79th, 66th, 57th, 49/50th, 42nd, 34th, 23rd e 14th. Os números da rota aparecem (iniciados por um M) acima do para-brisa dianteiro. Há mapas gratuitos na maioria dos ônibus.

6. Metrocard
Válidos para metrôs e ônibus, os Metrocards estão à venda em metrôs e em lojas com o logo dos cartões. Cada utilização deduz o valor de US$2,50 do cartão; baldeações são grátis entre ônibus, entre metrô e ônibus e entre dois metrôs interligados. Passes semanais de uso ilimitado custam US$29.

7. Como Pegar Táxi
Você pode acenar para os táxis amarelos de Manhattan sempre que os avistar. Uma luz fica acesa no alto de táxis disponíveis e "Off-Duty" significa fora de serviço. Pontos de táxi em hotéis são bons para ganhar tempo. ◎ *Reclamações sobre táxis: 311*

8. Locação de Carro
Há locadoras de carro por toda a cidade; os motoristas devem ter no mínimo 25 anos, habilitação válida e cartão de crédito conhecido. Como a demanda é alta em fins de semana, reserve antes por telefone. ◎ *Hertz: 800 654 3131* • *Avis: 800 331 1212* • *National: 800 227 7368* • *Budget: 800 527 0700*

9. Estacionamento e Multas
É proibido estacionar no centro, e achar vaga é difícil em toda a cidade. Algumas avenidas têm parquímetros que permitem parar de 15 a 60 minutos; exceder o tempo pode render multa ou guincho. Ruas laterais têm o sistema "alternate side", no qual um carro pode parar ali dia e noite, devendo mudar de lado antes das 8h do dia seguinte.

10. Balsas e Táxis Aquáticos
Balsas da New York Waterways ligam Manhattan a New Jersey e levam a jogos de beisebol do New York Yankees e do Mets. Táxis aquáticos vão do East 90th Street Pier ao Pier 84. ◎ *Para horários de balsas: 800 533 3779* • *Balsas para Staten Island: p. 59* • *Para táxis aquáticos: www.nywatertaxi.com*

Barco da Circle Line; Ônibus de turismo; Carruagem no Central Park

TOP 10 Passeios Guiados

Caminhadas nos Bairros
A melhor maneira de ver Nova York é a pé, com um guia experiente. Entre as principais empresas de guias estão a Big Onion Walking Tours (foco em história), a Joyce Gold History Tours e a 92nd Street Y (foco judaico). ◎ *Big Onion Walking Tours: 212 439 1090* • *Joyce Gold History Tours: 212 242 5762* • *92nd St Y: 212 415 5500*

Arquitetônicos
A Municipal Art Society, que atua em prol da preservação e excelência do design urbano, oferece os ótimos passeios "Discover New York" com foco nos edifícios e bairros da cidade. Historiadores de arquitetura conduzem os passeios. ◎ *Municipal Art Society: 212 935 3960*

De Barco
A Circle Line faz cruzeiros de 2 ou 3 horas por Manhattan, assim como os Harbor Lights à noite e passeios de 1 hora saindo do South Street Seaport. Na New York Waterways há passeios de 90 minutos no porto. ◎ *South Street Seaport: Pier 16 e Pier 83, 212 563 3200* • *New York Waterways: 800 53 FERRY*

De Ônibus
A Gray Line oferece passeios turísticos de 2 a 10 horas em Manhattan, em ônibus de dois andares, com guias poliglotas, e passeios no Brooklyn e outros para ouvir gospel no Harlem. O passeio de dia inteiro "Classic New York" custa US$84, incluindo o cruzeiro de barco de 1 hora até a Estátua da Liberdade e o ingresso para o Top of the Rock. ◎ *Gray Line Bus Tours: 212 397 2620*

Visitas aos Bastidores
Um dos programas mais interessantes é conhecer os bastidores de locais icônicos como o Lincoln Center (p. 139), a Metropolitan Opera, a Radio City Music Hall (p. 13), os NBC Studios (p. 13), o Carnegie Hall (p. 125), o Madison Square Garden (p. 51), o Grand Central Terminal (p. 123), a Gracie Mansion (p. 135) e a New York Public Library (p. 124). ◎ *Lincoln Center: 212 875 5350* • *Metropolitan Opera: 212 769 7020* • *Radio City Music Hall: 212 307 7171* • *NBC Studios: 212 664 3700* • *Carnegie Hall: 212 903 9600* • *Madison Square Garden: 212 465 6080* • *Grand Central Terminal: 212 340 2345* • *Gracie Mansion: 212 639 9675* • *New York Public Library: 212 340 0849*

Em Parques
Conheça as atrações e o esplendor do Central Park sob a orientação especializada dos Urban Park Rangers ou de guias voluntários ligados à Park Conservancy. Programas gratuitos estão disponíveis na maioria dos fins de semana e em algumas quartas-feiras. ◎ *Para programação e horários da Park Conservancy, 212-310-6600* • *Urban Park Rangers, 311*

De Bicicleta
Uma volta agradável de duas horas pelo Central Park abrange todas as atrações principais, com uma parada para um lanche leve. O preço do passeios varia em torno de US$45-50, incluindo o aluguel de uma bicicleta. ◎ *203 West 58th St* • *Mapa H2* • *212 541 8759*

Em Jardins
O New York Botanical Garden (718 817 8700) oferece diversos passeios. ◎ *Ligue para mais detalhes* • *Ingressos grátis com entrada paga no jardim* • *Passeios de bonde saem a cada 20 minutos (US$2 adultos, US$1 crianças, p. 151)*

Em Museus
O Metropolitan Museum of Art (p. 133) oferece vinte tipos de passeios guiados em vários idiomas, cobrindo os destaques do museu e das galerias; os passeios estão inclusos no preço do ingresso. O Guggenheim Museum (p. 133) tem passeios sob medida para famílias – eles focam os destaques e fazem parte do preço do ingresso.

De Carruagem
Puxadas por cavalos, fazem um passeio curto e tradicional pelo Central Park (pp. 26-7) por US$34-54. ◎ *Central Park South na 59th St* • *Mapa H3*

Givenchy; Compras gourmet; Livraria Barnes & Noble

TOP 10 Dicas de Compras

Dicas de Viagem

Horário de Lojas
A maioria abre de 10h-19h seg-sáb, até 20h qui, e de 11h ou 12h até 18h ou 19h dom. Muitas abrem em feriados e fecham na Páscoa; todas fecham no Natal.

Cartões de Crédito
Mastercard e Visa são aceitos em todo lugar; American Express e Discover, em quase todos.

Moda Feminina
Lojas de departamentos têm mais opções (p. 64), a Madison Avenue reúne estilistas (p. 136) e o SoHo oferece o que há de mais moderno (p. 65). Para descontos, vá à Orchard Street (p. 91), Century 21 e Daffy's. ◉ *Century 21: 22 Cortlandt St, Mapa Q4 • Daffy's: 125 East 57th St e 111 5th Ave, Mapas H4 e L3*

Moda Masculina
Para roupas de grife, vá à Barneys; estilo tradicional é na Brooks Brothers ou Paul Stuart; a Thomas Pink oferece o que está na moda; e a John Varvatos é mais esportiva. ◉ *Barneys: 660 Madison Ave, Mapa K4 • Brooks Brothers: 346 Madison Ave, Mapa L4 • Paul Stuart: 350 Madison Ave com 45th St, Mapa J4 • Thomas Pink: 520 Madison Ave, Mapa H4 • John Varvatos: 122 Spring St, Mapa N3*

Livros
A Barnes & Noble tem variedade; a Rizzoli é especializada em arte e fotografia; a Books of Wonder é o lugar certo para livros infantis; e a Strand vende livros de segunda mão. ◉ *Barnes & Noble: 1150 East 86th St, Mapa F4 • Rizzoli: 31 West 57th St, Mapa H3 • Books of Wonder: 18 West 18th St, Mapa M3 • Strand Book Store: 828 Broadway, Mapa M4*

Gastronomia
O supermercado mais badalado é o Zabar's (p. 141), mas Dean & DeLuca, Gourmet Garage, Citarella e Whole Foods têm clientes fiéis e muitas filiais. ◉ *Dean & DeLuca: 560 Broadway, Mapa M4 • Gourmet Garage: 2567 Broadway, Mapa E2 • Citarella: 2135 Broadway, Mapa G2 • Whole Foods: 10 Columbus Circle, Mapa H2*

Artesanato e Antiguidades
A Manhattan Art & Antiques e a Chelsea Antiques têm um estoque amplo e diversificado de peças de arte e antiguidades. Para o que há de melhor em artesanato americano, vá à Kelter-Malce. Há antiguidades em profusão no Archangel Antiques; a Doyle & Doyle oferece joias antigas, ao passo que a Iris Brown é especializada em bonecas antigas. ◉ *Manhattan Art & Antiques: 1050 2nd Ave, Mapa G4 • Chelsea Antiques: 110 West 25th St, Mapa L2 • Kelter-Malce: 74 Jane St, Mapa M2 • Archangel Antiques: 334 East 9th St, Mapa M4 • Doyle & Doyle: 189 Orchard St, Mapa N5 • Iris Brown: 205 East 63rd St, Mapa H4*

Brinquedos e Moda Infantil
A FAO Schwarz (p. 66) e a Toys 'R' Us são espetaculares; a Children's General Store é menos apertada. Há roupas lindas na Bonpoint, moda criativa na Space Kiddets e moda infantil a preços mais acessíveis na Children's Place. ◉ *Toys 'R' Us: 1514 Broadway, Mapa J3 • Children's General Store: Grand Central Terminal, Mapa J4 • Bonpoint: 1269 e 810 Madison Ave, Mapa E4 • Space Kiddets: 26 East 22nd St, Mapa L4 • Children's Place: 1460 Broadway, Mapa K3*

Música
Amantes de ópera devem ir à Metropolitan Opera Shop; os colecionadores de discos antigos, à House of Oldies. Para jazz e funk, a Bleecker St Records é ideal, e para house a meca é a Other Music. ◉ *Metropolitan Opera Shop: 136 West 65 St, Mapa G2 • House of Oldies: 35 Carmine St, Mapa N3 • Bleecker St Records: 239 Bleecker St, Mapa N3 • Other Music: 15 East 4th St, Mapa M4*

Perfumes e Cosméticos
A Fresh é especializada em produtos para o corpo e perfumes; a Kiehl's, em produtos de qualidade para a pele; e a Aveda, em produtos naturais à base de plantas. ◉ *Fresh: 57 Spring St, Mapa N4 • Kiehl's: 109 3rd Ave, Mapa L4 • Aveda: 233 Spring St, Mapa N3*

➤ *Veja mais sobre lojas em Nova York nas* **pp. 64-5**

Guichê da TKTS; Chafariz no Lincoln Center

TOP 10 Nova York Econômica

1 Guichês da TKTS
Ingressos para shows da Broadway e off-Broadway são vendidos com 25% a 50% de desconto (mais uma pequena taxa de serviço) no dia da apresentação nos guichês da TKTS. Chegue cedo, pois as filas podem ser longas.
✆ *47th St e Broadway • Mapa J3 • Abertos 15h-20h diariam, 10h-14h para matinês qua e sáb, 11h-19h30 dom • www.tdf.org*

2 Programas de TV Grátis
Se conseguir um convite antes, veja seu programa favorito de graça. Para mais informações, ligue para as redes de TV. Às vezes há ingressos para o mesmo dia no Tourist Information Center *(p. 162)* ou no balcão no saguão da NBC. ✆ *ABC: 212 456 3054 • CBS: 212 975 2476 • NBC: 212 664 3056*

3 Eventos Grátis
Há peças e concertos gratuitos no Central Park em julho e agosto. Ligue para a Summerstage (212 360 2777). Shows excelentes também são feitos por professores e alunos talentosos na Julliard School (212 799 5000).

4 Programas de Verão
Apresentações na Metropolitan Opera, concertos da New York Philharmonic, Shakespeare in the Park no Delacorte Theater do Central Park e apresentações ao ar livre no Damrosch Park do Lincoln Center – de graça – estão entre as razões de o verão ser tão divertido em Nova York. Ligue para a NYC & Company (212 484 1222) para saber a programação.

5 Transporte por Menos
O melhor para uma visita de três dias ou mais, se você planeja usar muito o sistema de transporte público, é o Metrocard semanal, por US$29, que permite um número ilimitado de viagens de metrô e ônibus. O sistema Pay-Per-Ride Metrocard dá um bônus de 7% em um cartão de US$10. Ambos permitem baldeação livre entre metrô e ônibus, ou entre ônibus. O bilhete unitário custa US$2,50.

6 Refeições Baratas
Jantares a preço fixo antes de ir ao teatro valem a pena, mas menus de almoço são mais baratos. Durante a Restaurant Week, por duas semanas em janeiro e em junho, os melhores restaurantes oferecem almoços com três pratos a US$24 e jantares a US$35. Reserve em www.opentable.com.

7 Câmbio Monetário
Poupe dinheiro usando seu cartão de banco em caixas automáticos (ATMs). Muitos aceitam cartões das bandeiras Plus e Cirrus, debitam de sua conta e lhe fornecem dólares. As taxas pela transação são menores do que as de casas de câmbio, e você obtém a cotação de atacado usada entre bancos *(p. 169)*.

8 Turismo Econômico
O CityPass dá direito a entrar em seis grandes atrações por US$79 (US$64 para a faixa de 6-17 anos), que é a metade do preço. Você pode comprá-lo em sites como o do Empire State Building e o do Guggenheim Museum. O New York Pass custa US$80 para um dia e é válido em 60 atrações. Há também passes de maior duração.
• *www.citypass.com*
• *www.newyorkpass.com*

9 Liquidações
Há liquidações de roupas de cama e mesa em janeiro e agosto; as de casacos são durante a semana do Veteran's Day em novembro e fevereiro; as de roupa de banho são após o 4 de Julho; e tudo entra em promoção antes e depois do Natal.

10 Moda com Desconto
Viagens de ida e volta são disponíveis sete vezes por dia, cada trecho durando uma hora, até o Woodbury Common Premium Outlets. Reúne 220 grifes como Armani, Gucci e Burberry. A passagem custa a partir de US$42.
✆ *Short Line Bus Tours: Port Authority Bus Terminal, 800 631 8405 • www.coachusa.com/shortline*

Metrô de Nova York

TOP 10 A Evitar

Dicas de Viagem

1 Táxis Ilegais
Carros sem licença cujos motoristas abordam passageiros em aeroportos e diante de hotéis não seguem regras de segurança nem de cobrança. É melhor ter paciência e entrar na fila para pegar um táxi amarelo. (Para dicas sobre táxi, *veja p. 163*.)

2 Placas de "Prestes a Fechar"
Placas de "lost our lease" ou de "going out of business" vistas em lojas – sobretudo na 5th Avenue ou na Broadway – podem estar lá há anos. Elas visam atrair consumidores incautos para lojas de eletrônicos com preços exorbitantes.

3 Punguistas
Como na maioria das cidades grandes em todo o mundo, Nova York tem batedores de carteira prontos para tirar proveito de turistas distraídos. Fique alerta em multidões e ao subir e descer de ônibus e vagões de metrô lotados. É importante também guardar o dinheiro em carteiras escondidas sob a roupa o tempo todo. Não leve joias valiosas na viagem ou deixe-as no hotel, e nunca pare para contar dinheiro na rua.

4 Cambistas
Você pode ficar feliz por conseguir ingressos de eventos esportivos ou shows esgotados, mas fique ciente de que corre um risco, pois muitas vezes os ingressos vendidos por cambistas são falsificados e você pode acabar desperdiçando dinheiro, sem conseguir assistir ao evento que queria.

5 Bloquear a Calçada
Evite chamar a atenção como um turista, tenha algum senso de tráfego na calçada. Não pare em escadarias ou na frente de catracas e saia do caminho antes de parar para abrir o seu mapa ou observar edifícios.

6 Horário de Pico no Metrô
A maioria dos trabalhadores não tem escolha a não ser pegar o metrô no horário de pico. Mas você não precisa cair nessa cilada; evite as horas de pico entre 7h e 9h e entre 16h30 e 18h30, e se desloque de forma mais agradável. (Para se informar sobre rotas de metrô, *veja p. 163*.)

7 Telefonar no Hotel
Não há norma sobre quanto os hotéis podem cobrar por telefonemas feitos pelos hóspedes. Leia com atenção o cartão que explica as sobretaxas telefônicas do hotel, pois elas podem ser altas, mesmo se você usar cartão de crédito. Economize usando o telefone público no saguão ou comprando um cartão telefônico (*p. 169*).

8 Café da Manhã no Hotel
De modo geral, os hotéis cobram caro pelo café da manhã, já que os hóspedes acham mais fácil e agradável não ter que sair. Mas você pode economizar muito e até ter um desjejum melhor indo a alguma cafeteria por perto.

9 Perda de Bagagem
Uma boa dica para você evitar problemas com bagagem é prevenir violações dificultando a vida dos malandros. Use fita adesiva nas malas, e qualquer tentativa de abri-las ficará óbvia. Você também deve colocar seu itinerário de viagem dentro de todas as malas, pois caso se percam a empresa aérea poderá localizá-lo.
✪ *Achados e Perdidos para ônibus e metrô: 212 712 4500 • Achados e Perdidos para táxis: 311*

10 Imprudência na Rua
Pode parecer altamente tentador ganhar alguns minutos driblando o trânsito no meio da rua, em vez de atravessar nos semáforos que indicam o momento seguro para pedestres na esquina. Mas isso pode custar muito caro em Nova York, se um motorista desatento e em alta velocidade cruzar seu caminho. É muito mais sensato e seguro seguir o slogan "Atravesse no sinal verde, não entre os carros".

Ônibus "se desdobra" para ajudar os idosos; Acesso para cadeirante; Ônibus de turismo

TOP 10 Idosos e Portadores de Deficiência

1 Fontes de Informação
A Hospital Audiences, Inc. publica *Access for All*, um guia dos recursos especializados em todas as instituições culturais de Nova York. O Office for People with Disabilities da prefeitura presta serviços aos residentes e dá informações sobre instalações na cidade. ◊ *Hospital Audiences, Inc.: 212 575 7676* • *People with Disabilities: 212 788 2830*

2 Hospedagem para Portadores de Deficiência
Por lei, todos os edifícios de Nova York construídos após 1987 devem ter entradas e banheiros acessíveis para portadores de deficiência. Hoje, todos os ônibus contam com degraus que baixam para dar acesso a cadeiras de rodas, e a maioria das esquinas tem guias rebaixadas.

3 Passeios Especiais
A Hands On, entidade voltada a deficientes auditivos, publica um calendário informativo sobre visitas a museus e bastidores, apresentações, filmes e outros eventos que disponibilizam a língua de sinais. ◊ *Hands On: 212 740 3087*

4 Deficientes Auditivos
Os shows da Broadway têm dispositivos amplificadores grátis para deficientes auditivos, e pode-se pedir interpretação com a língua de sinais ao Theater Access Project ou à Hands On. ◊ *Theater Development Fund: 212 912 9770* • *Hands On: 212 740 3087*

5 Deficientes Visuais
A Lighthouse International é uma entidade voltada à reabilitação e à educação de deficientes visuais. Ela dá dicas de viagem e também empresta receptores que permitem ouvir os sinais sonoros de trânsito na 59th Street e na Lexington Avenue. ◊ *Lighthouse International: 111 East 59th St entre Park e Lexington Aves* • *Mapa H4* • *800 829 0500*

6 Estrutura para Bebês e Crianças
Lojas de departamentos são equipadas com fraldários (*p. 64*). Como falta espaço em Nova York, outras comodidades são raras. A maioria dos restaurantes tem cadeirões, mas sempre é melhor ligar antes de sair para saber qual é a estrutura de apoio disponível para crianças.

7 Babás
Em atividade no mercado há mais de 60 anos, a Babysitter's Guild é uma fonte confiável para conseguir babás. Suas profissionais falam dezesseis idiomas, e as tarifas custam a partir de US$25 por hora, mais o valor do transporte da babá, que varia de acordo com o horário. ◊ *The Babysitter's Guild: 212 682 0227*

8 Auxílio Jurídico
A Legal Aid Society oferece orientação grátis e referências; o Legal Services for New York City, um serviço sem fins lucrativos, também dá assistência a quem tem problemas com a lei. ◊ *The Legal Aid Society: 212 577 3300* • *Legal Services for New York City: 212 431 7200*

9 Outros Números Úteis
A cidade oferece solução rápida para eventualidades. ◊ Conserto de roupas: *Ramon's Tailor Shop 212 226 0747*. Farmácias 24 horas: *Duane Reade 212 541 9708, Eckerd 212 772 0104*. Panes em carros: *Citywide Towing 866 TOWING 2*. Achados e Perdidos para ônibus e metrôs: *212 712 4500*. Achados e Perdidos para táxis: *311*. Informações gerais sobre Nova York: *311*.

10 Carteira de Estudante
Estudantes estrangeiros com a International Student Identity Card (ISIC) têm descontos em meios de transporte, no aluguel de carros, em hotéis e em várias atrações em Nova York. As carteiras custam US$22 e são emitidas pela STA Travel, CTS Travel U.S.A. e Travel Cuts. ◊ *STA Travel: 205 East 42nd St, Mapa K4, 212 822 2700* • *CTS Travel U.S.A: Empire State Building, 350 5th Ave, Mapa K3, 212 760 1287* • *Travel Cuts: 124 MacDougal St, Mapa N3*

Veja mais lugares para crianças em Nova York nas pp. 66-7

Caixa de correio padrão; Caixa eletrônico; Guichê de casa de câmbio

Bancos e Comunicações

Bancos
A maioria dos bancos funciona de 9h-16h de segunda a sexta-feira, embora algumas agências possam ter horários mais longos, inclusive em fins de semana. Somente bancos maiores são capacitados a trocar moedas estrangeiras. No momento de fazer o câmbio, é preciso mostrar o passaporte ou outro documento de identidade com foto.

Casas de Câmbio
O People's Foreign Exchange faz câmbio sem cobrar comissão. O Travelex Currency Services oferece esse serviço mediante uma taxa. ◐ *People's Foreign Exchange: 575 5th Ave com 47th St, Mapa K3, 212 883 0550 • Travelex Currency Services: 1590 Broadway com 48th St, Mapa J3, 212 265 6049*

(ATMs) Caixas Eletrônicos
Há caixas eletrônicos 24 horas em quase todos os bancos. Eles aceitam a maioria dos cartões bancários e cartões de crédito conhecidos, mas cobram uma pequena taxa de serviço. ◐ *Para bancos que aceitam cartões bancários Cirrus: 800 622 7747 • Cartões Plus: 800 843 7587*

Cartões de Crédito
Pode-se retirar dinheiro de caixas eletrônicos usando cartões Mastercard e Visa. Bancos que aceitam Cirrus (veja ATMs) admitem MasterCard; bancos que aceitam cartão Plus (veja ATMs) admitem Visa. Membros do American Express podem sacar dinheiro com seu cartão de crédito em postos dessa bandeira.

Como Descontar Cheques
Cheques de viagem (traveller's cheques) em dólares emitidos por operadoras conhecidas como American Express e Travelex são amplamente aceitos em restaurantes, bancos e lojas nos EUA, o que não ocorre com cheques pessoais em um banco estrangeiro. Postos do American Express descontam cheques para quem possui seus cartões.

Telefones
Há telefones públicos no saguão de hotéis, em restaurantes e em lojas de departamentos. Hoje em dia é raro encontrar orelhões nas ruas. Geralmente são necessárias moedas de 50 cents para fazer uma ligação local de três minutos, e mais moedas para conversas mais longas. Compre cartões telefônicos pré-pagos em bancas de jornais, o que dispensa as moedas.

Acesso à Internet
Muitos hotéis têm conexão grátis para laptops. Há também acesso gratuito à internet disponível para o público nas diversas filiais da New York Public Library. ◐ *188 Madison Ave com 34th St • Mapa K4 • 212 592 7000*

Envio de Correspondência
A postagem de cartas dentro dos EUA custa 44 cents pelos primeiros 28,3g e 17 cents por gramas adicionais; selos para cartões-postais valem 27 cents. Para envios internacionais, cartões-postais custam 90 cents, e cartas, a partir de 90 cents pelos 14,1g iniciais.

Horário dos Correios
Todas as agências de correios locais abrem das 9h às 17h de segunda a sexta; algumas funcionam no sábado; o General Post Office fica aberto 24 horas por dia. A maioria dos hotéis vende selos para os hóspedes e envia cartas. ◐ *General Post Office: 421 8th Ave com 33rd St, Mapa K2, 800 ASK USPS*

Entregas Expressas e por Courier
Entregas expressas no dia seguinte feitas pelos correios dos EUA têm custo de US$17,50 por até 226,4g; a entrega no resto do mundo em 2 ou 3 dias custa a partir de US$49. Entrega no dia seguinte também é feita pela Federal Express, DHL (só internacional) e United Parcel Service; a tarifa inclui a retirada dos pacotes. ◐ *Federal Express: 800 GO FEDEX • DHL: 800 CALL DHL • UPS: 800 742 5877*

Dicas de Viagem

169

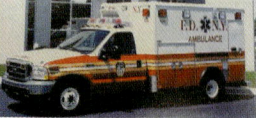

Placa de telefone público; Kaufman's Pharmacy; Ambulância de Nova York

Segurança e Saúde

Desencoraje os Ladrões
Batedores ficam de olho em turistas, que geralmente andam com boa quantia de dinheiro. Não ostente joias nem alardeie sua condição de turista usando pochete e circulando com sua câmera pendurada no pescoço. Um saco de mercearia local é um lugar bem insuspeito para guardar a câmera.

Evite Malandros
Cuidado com distrações ao entrar em ônibus e metrôs; atrás de você, o cúmplice de um batedor dará o bote em sua carteira. Se comprar eletrônicos de vendedores de rua por uma ninharia, quando abrir a caixa pode se deparar com algo sem valor.

Lugares a Evitar
A taxa de criminalidade está diminuindo em Nova York, mas não faz sentido correr riscos. A maioria dos parques da cidade é agradável durante o dia, mas à noite a insegurança aumenta. Da mesma forma, é melhor evitar alguns bairros (em geral, qualquer lugar nos subúrbios) tarde da noite.

Segurança no Hotel
Não anuncie que seu quarto de hotel está vazio colocando a placa de "please make up this room". Deixe as luzes acesas se achar que vai demorar para voltar. Com exceção das camareiras, não deixe estranhos entrarem; caso necessário, ligue para a recepção para verificar se alguém é realmente funcionário do hotel.

Clínicas Médicas
As clínicas D.O.C.S, ligadas ao Beth Israel Medical Center, atendem adultos e crianças, com ou sem hora marcada.
◊ 55 East 34th St entre Madison e Park Aves, Mapa K4, 212 252 6000, abertas 8h-20h seg-qui, 8h-19h sex, 9h-15h sáb, 9h-14h dom
• 202 West 23rd St com 7th Ave, Mapa L3, 212 352 2600

Prontos-Socorros Hospitalares
Atendimento de emergência disponível 24 horas; se for possível, ligue primeiro para sua seguradora e informe-se sobre quais hospitais aceitam seu seguro de saúde. ◊ Roosevelt Hospital: 428 West 59th St com 9th Ave, Mapa H2, 212 523 4000 • Bellevue Hospital Center: 550 First Ave, Mapa K5, 212 263 7300

Emergências Dentárias
Para problemas dentários de emergência, recorra às clínicas D.O.C.S, que atendem a qualquer hora. Outra opção é entrar em contato com a N.Y.U. Dental Care para atendimento em caráter de urgência. ◊ N.Y.U. Dental Care: 345 East 24th St entre 1st e 2nd Aves • Mapa L4 • 212 998 9800, 212 998 9828 fim de semana e fora do horário comercial

Seguro de Viagem
A maioria dos seguros americanos é eficiente em todo o país, mas quem tem cobertura de seguradoras estrangeiras deve fazer um seguro de viagem e saúde bem abrangente antes de viajar para os EUA. No caso de precisar de algum tratamento, você terá de pagar por ele na hora – e a conta pode ser extremamente cara.

Fumantes
Em Nova York, é proibido fumar em quase todos os lugares públicos, a exemplo de metrôs, cinemas, restaurantes, bares e muitos parques. As multas são a partir de US$100.

Auxílio por Telefone
Em momentos de crise, pode-se recorrer a várias linhas especializadas que prestam auxílio por telefone. ◊ Suicide Help Line: 800 543 3638 • Sex Crimes Report Line: 212 267 7273 • Victim Services Agency: 212 577 7777 • Travelers' Aid: 212 944 0013

Telefones de Emergência

Polícia, bombeiros e emergências médicas
911

Emergências médicas em hotéis
212 737 1212

Banhistas tomando sol na Jones Beach

Dicas de Viagem

TOP 10 Arredores de Nova York

Jones Beach State Park
Quilômetros de praias, lagos, um calçadão com jogos, minigolfe e diversão fazem parte deste formidável centro recreativo na costa sul de Long Island, ideal para passar um dia agradável fora da cidade. ❧ *Long Island Railroad tem conexão com ônibus* • *LIRR: 718 217 5477* • *a 90min de Manhattan*

Fire Island
Um verdadeiro sonho, esta ilha tranquila na costa de Long Island é desenhada por 42km de praia e proíbe carros. Os visitantes circulam a pé ou de bicicleta e fazem compras e comem em pequenos vilarejos.❧ *Long Island Railroad para balsas na Bayshore* • *LIRR: 718 217 5477* • *a 2h30 de Manhattan*

The Hamptons
Ver celebridades é o esporte favorito nos sofisticados Hamptons, a leste de Long Island, onde as celebridades se reúnem para desfrutar quilômetros de praia e belas cidades coloniais como Southampton e Easthampton. ❧ *Long Island Railroad* • *LIRR: 718 217 5477* • *a 2h30 de Manhattan*

New Jersey Shore
Com praias do oceano Atlântico se estendendo ao longo do estado, a costa de New Jersey é ideal para famílias. Aqui há calçadões animados, praias tranquilas e descontraídas e cidades vitorianas como Spring Lake e Cape May, repletas de hotéis românticos. ❧ *Trens da New Jersey Transit: 973 275 5555* • *a 90min de Manhattan*

Hyde Park
A propriedade de F. D. Roosevelt e a biblioteca presidencial, a mansão Vanderbilt, a chance de ver futuros chefs em ação no Culinary Institute of America e a linda vista fluvial estão entre os encantos desta cidade no vale do rio Hudson. Rhinebeck, a 16km, é boa para o pernoite de quem está de carro. ❧ *Trens Metro North: 212 532 4900* • *Ônibus Short Line: 800 631 8405* • *a 2h de Manhattan*

Buck's County, PA
Este enclave bucólico com colinas, regatos, pontes cobertas e casas de pedra rurais oferece hotéis campestres aconchegantes, cozinha refinada, antiquários e galerias. Para se hospedar, New Hope é uma charmosa colônia de arte. ❧ *Ônibus Trans-Bridge Line: 610 868 6001* • *a 2h de Manhattan*

Princeton, NJ
Sede de uma das universidades de elite mais antigas dos EUA, Princeton também é uma cidade encantadora, com belas casas do século XVIII. No campus universitário ficam o Nassau Hall, o Capitólio de 1783 e um museu de esculturas. ❧ *Trens da New Jersey Transit para Princeton: 973 275 5555* • *a 90min de Manhattan*

Filadélfia, PA
Com o Independence Hall, bairros coloniais, um animado calçadão na beira do rio e mais de cem museus, Filadélfia é um plus em qualquer viagem a Nova York. ❧ *Trens Amtrak: 800 USA RAIL, a 1h45 de Manhattan* • *Boltbus: 1 877 BOLTBUS, a 3h de Manhattan*

Caramoor, Katonah
Caramoor, uma propriedade rural de 40ha no norte de Westchester County, inclui um museu de ambientes trazidos de palácios europeus e um terreno veneziano que sedia um festival de música ao ar livre no verão. ❧ *Metro North "Caramoor Specials": 212 532 4900* • *a 75min de Manhattan*

Mansões em Tarrytown
Kykuit, a mansão de Rockefeller voltada para o rio Hudson, é a atração principal, mas há a Philipsburg Manor, uma casa de fazenda que foi restaurada. Em Irvington, encontram-se a Sunnyside, casa do influente escritor americano Washington Irving, e a Lyndhurst, palácio do financista Jay Gould. ❧ *Trens Metro North: 212 532 4900, a 1h de Manhattan* • *Cruzeiros fluviais da New York Waterway para Kykuit: 800 533 3779*

Four Seasons; Carlyle; Pierre

Os Melhores Hotéis de Nova York

Four Seasons
Se você busca luxo e modernidade, esta torre em tons calmos de I. M. Pei é o máximo, com quartos que estão entre os maiores da cidade e todos os confortos. O bar e restaurante atrai a elite de Nova York. ✆ *57 East 57th St, Nova York, NY 10022 • Mapa H4 • 212 758 5700 • www.four seasons.com • $$$$$*

Carlyle
Antiguidades dão o tom neste hotel de luxo em uma área nobre, que há muito atrai os famosos com sua atmosfera europeia e seus quartos espaçosos e de elegância discreta. O Café Carlyle é o cabaré mais chique da cidade. ✆ *35 East 76th St, Nova York, NY 10021 • Mapa G4 • 212 744 1600 • www. thecarlyle.com • $$$$$*

New York Palace
Este hotel lendário abrange as opulentas Villard Houses de 1882 e uma torre de 55 andares, onde os hóspedes optam por quartos de decoração tradicional ou contemporânea. O hotel abriga o suntuoso restaurante Gilt. ✆ *455 Madison Ave com 50th St, Nova York, NY 10022 • Mapa J4 • 212 888 7000 • www.newyork palace.com • $$$$$*

Trump International Hotel and Towers
Pés-direitos altos e janelões garantem vista fabulosa da cidade e do Central Park. As inúmeras mordomias incluem banheira de hidromassagem, cartões de visita personalizados, serviço de quarto de Jean Georges (p. 68) e um chef a seu dispor. ✆ *1 Central Park West, Nova York, NY 10023 • Mapa H2 • 212 299 1000 • www.trumpintl.com • $$$$$*

Peninsula
O grupo hoteleiro de Hong Kong se orgulha de ter transformado um clássico de 1905 em um hotel de luxo. Os quartos contemporâneos têm toques art nouveau e controles remotos para todos os equipamentos. A academia com piscina é fantástica. ✆ *700 5th Ave, Nova York, NY 10019 • Mapa H3 • 212 956 2888 • www. peninsula.com • $$$$$*

Pierre
Um marco diante do Central Park desde os anos 1930, o Pierre é um bastião da elegância dos velhos tempos. Sua equipe conta com três profissionais para cada hóspede; esse serviço personalizado é um diferencial que atrai a elite. ✆ *2 East 61st St, Nova York, NY 10021 • Mapa H3 • 212 838 8000 • www.tajhotels.com/pierre • $$$$$*

St. Regis
Os quartos deste hotel beaux-arts têm móveis Luís XVI, paredes revestidas de seda, lustres e um mordomo para atendê-lo em tudo. O restaurante Adour, de Alain Ducasse, e o famoso bar King Cole são vizinhos. ✆ *2 East 55th St, Nova York, NY 10022 • Mapa H4 • 212 753 4500 • www.stregis.com • $$$$$*

The Mark
Discretamente elegante, este membro do grupo Mandarin é um santuário contemporâneo. Sua clientela internacional aprecia os móveis Biedemeier, as gravuras antigas e a luxuosa roupa de cama e banho. ✆ *25 East 77th St, Nova York, NY 10021 • Mapa F3 • 212 744 4300 • www. themarkhotel.com • $$$$$*

Hotel Plaza Athénée
Um reduto de Paris com 152 quartos, fica em uma rua tranquila no Upper East Side. Entre as comodidades, há um fitness center, com equipe a postos para atendê-lo a qualquer hora. ✆ *37 East 64th St, Nova York, NY 10021 • Mapa H4 • 212 734 9100 • www. plaza-athenee.com • $$$$$*

Mandarin Oriental
Se seu cartão de crédito permitir, hospede-se neste hotel luxuoso com vista para o Central Park. Os quartos têm TVs de tela plana e acesso de alta velocidade à internet; o spa é de categoria internacional. ✆ *80 Columbus Circle, Nova York, NY 10023 • Mapa H2 • 212 805 8800 • www.mandarinoriental. com • $$$$$*

Todos os hotéis aceitam cartões de crédito e têm quartos com banheiro e ar-condicionado, exceto quando há indicação do contrário

Fachada, The Plaza; Renaissance New York; Le Parker Meridien

Categorias de Preço

Diária de quarto de casal (com café da manhã, se houver), impostos e taxa de serviço.	$ até␣$150 $$ $150-$250 $$$ $250-$350 $$$$ $350-$450 $$$$$ mais de $450

Hotéis de Luxo

1. Sherry Netherland
De 1927, este hotel ornamentado tem um saguão espetacular de mármore e bronze e um relógio icônico que marca a entrada na 5th Avenue. Os quartos são espaçosos e em sua maioria com vista do Central Park. ◊ 781 5th Ave, Nova York, NY 10022 • Mapa H3 • 877 743 7710 • www.sherrynetherland.com • $$$$$

2. Renaissance New York
Este oásis luxuoso no Theater District exibe um saguão elegante, belos móveis em estilo tradicional e suítes com banheiras. O restaurante interno oferece linda vista da Times Square. ◊ 714 7th Ave, Nova York, NY 10026 • Mapa J3 • 212 765 7676 • www.renaissancehotels.com • $$$-$$$$

3. Michelangelo
Bela filial em Nova York de um hotel italiano, tem quartos espaçosos em estilos variados (art déco, campestre francês e neoclássico), à escolha da clientela. ◊ 152 West 51st St, Nova York, NY 10019 • Mapa J3 • 212 765 0505 • www.michelangelohotel.com • $$$$

4. The London NYC
Um retiro luxuoso, este arranha-céu de 54 andares é composto de 564 suítes bem decoradas e salas de estar cujas janelas são em formato de nicho. O chef britânico Gordon Ramsay, detentor de estrelas do Michelin, mantém no hotel um restaurante intimista com apenas 45 lugares e uma filial de sua mais informal MAZE. ◊ 151 West 54th St, Nova York, NY 10019 • Mapa H3 • 866 690 2029 • www.TheLondonNYC.com • $$$$-$$$$$

5. Regency Hotel
Refúgio dourado e espelhado que hospeda magnatas do show business, o hotel tem decoração regency, estilo que inspirou seu nome e as suítes imensas. O restaurante 540 Park, que serve um café da manhã reforçado, se transforma à noite no clube Feinstein's (p. 56). ◊ 540 Park Ave, Nova York, NY 10021 • Mapa H4 • 212 759 4100 • www.loewshotels.com/regency • $$$$-$$$$$

6. Le Parker Meridien
Este hotel tem chamarizes como as áreas de uso comum elevadas, aparelhos de ginástica e uma piscina na cobertura. Os quartos bonitos e compactos oferecem cadeiras ergonômicas e TVs enormes. ◊ 118 West 57th St, Nova York, NY 10019 • Mapa H3 • 212 245 5000 • www.parkermeridien.com • $$$$-$$$$$

7. 70 Park Avenue
Um esconderijo pequeno e sofisticado cuja decoração tem móveis neoclássicos e um esquema cromático com tons dourados e verdes. Entre as mordomias, um spa bem equipado. ◊ 70 Park Ave, Nova York, NY 10016 • Mapa K4 • 212 973 2400 • www.70parkave.com • $$$

8. The Plaza
A grande dama dos hotéis de Nova York, este edifício renascentista francês de dezenove andares foi erguido em 1907 como residência de milionários e hoje é um Marco Histórico Nacional. O hotel tem um bar de champanhes e jardins tranquilos. ◊ 5th Ave no Central Park South, Nova York, NY 10019 • Mapa H3 • 212 759 3000 • www.fairmont.com/theplaza • $$$$-$$$$$

9. Sofitel
Embora tenha sido inaugurado somente em 2000, este hotel exala a elegância típica do passado. Os quartos têm peças de arte e isolamento acústico. A loja de presentes oferece produtos franceses difíceis de achar. ◊ 45 West 44th St, Nova York, NY 10036 • Mapa J3 • 212 354 8844 • www.sofitel.com • $$$-$$$$$

10. Waldorf-Astoria
Marco art déco com um saguão magnífico e um relógio enorme, o Waldorf dispõe de 1.416 quartos de variados tamanhos, sendo que alguns são em escala grandiosa. ◊ 301 Park Ave, Nova York, NY 10017 • Mapa J4 • 212 355 3000 • www.waldorfastoria.com • $$$$-$$$$$

Dicas de Viagem

Warwick Hotel; Mansfield Hotel; Hotel Roger Williams

TOP 10 Hotéis de Preço Médio

San Carlos Hotel
Todos os toques extras, como jornal pela manhã, chocolates à sua espera sobre o travesseiro à noite e TVs de tela plana, fazem o San Carlos mais parecer um hotel quatro-estrelas. A decoração é moderna e o hotel dispõe de uma academia. ◊ *150 East 50th St, Nova York, NY 10022 • Mapa J4 • 800 722 2012 • www.san carloshotel.com • $$$$*

Warwick Hotel
Em 1927, William Randolph Hearst construiu o Warwick com quartos grandes e elegantes, e desde então este hotel costuma hospedar celebridades. As tarifas subiram depois da reforma que acrescentou mais estilo à decoração e banheiros de mármore italiano. ◊ *65 West 54th St, Nova York, NY 10019 • Mapa J3 • 212 247 2700 • www.warwickhotelny.com • $$$-$$$$*

Mansfield Hotel
Hotel conhecido no Theater District, o Mansfield apresenta um saguão de pé-direito alto e cúpula de cobre. Oferece café da manhã continental gratuito e chá da tarde. Os quartos têm uma atmosfera intimista que mais parece a de apartamentos privados. ◊ *12 West 44th St, Nova York, NY 10036 • Mapa J4 • 212 277 8700 • www.mansfieldhotel.com • $$$*

Algonquin Hotel
Um marco literário famoso pelo grupo de escritores que aqui compunham a "Mesa Redonda", o Algonquin ainda é um oásis urbano, com luminárias antigas e salões cujo papel de parede tem cartoons da *New Yorker*. Os quartos são pequenos e charmosos. ◊ *59 West 44th St, Nova York, NY 10019 • Mapa J3 • 212 840 6800 • www.algonquin hotel.com • $$$*

Salisbury Hotel
Com localização prática para idas ao Carnegie Hall, a lojas e a teatros, o Salisbury mantém um ambiente sereno e discreto. Tem decoração americana tradicional, quartos de bom tamanho e um salão para o café da manhã. ◊ *123 West 57th St, Nova York, NY 10019 • Mapa H3 • 212 246 1300 • www.nyc salisbury.com • $$$*

Roger Williams Hotel
Um átrio com janelões do teto ao chão, colunas esguias de zinco, móveis de bordo e um lounge no mezanino para o café da manhã de cortesia estão entre os atrativos do hotel. Os quartos, porém, têm estilo mais aconchegante. ◊ *131 Madison Ave, Nova York, NY 10016 • Mapa L4 • 212 448 7000 • www.hotel rogerwilliams.com • $$$*

Hotel Elysée
O Elysée é aconchegante como um hotel pequeno e, além de café da manhã, serve vinho e hors d'oeuvres à noite. O serviço de quarto é do lendário Monkey Bar & Restaurant. ◊ *60 East 54th St, Nova York, NY 10022 • Mapa J4 • 212 753 1066 • www.elyseehotel.com • $$$-$$$$*

Blakely New York
O ar cosmopolita começa no saguão art déco com relógios que mostram a hora pelo mundo. Os quartos modernos exibem móveis de cerejeira e uma pequena cozinha. ◊ *136 West 55th St, Nova York, NY 10019 • Mapa H3 • 212 245 1800 • www. blakelynewyork.com • $$$$*

Shoreham
A ampla repaginação moderna incluiu móveis exclusivos, o uso criativo de luzes e texturas e quartos em tons claros. O café da manhã e os lanches ao longo do dia estão inclusos na tarifa. ◊ *33 West 55th St, Nova York, NY 10019 • Mapa H3 • 212 247 6700 • www.shoreham hotel.com • $$$$*

Doubletree Guest Suites
Pelo preço de um quarto comum, este hotel no Theater District oferece dois cômodos confortáveis (um com sofá-cama), duas TVs e uma pequena cozinha. ◊ *1568 Broadway, Nova York, NY 10036 • Mapa J3 • 212 719 1600 • www.doubletreehotels. com • $$$*

Todos os hotéis aceitam cartões de crédito e têm quartos com banheiro e ar-condicionado, exceto quando há indicação do contrário

Hotel Edison; Carlton Arms

Categorias de Preço

Diária de quarto de casal (com café da manhã, se houver), impostos e taxa de serviço.	$ até $150
	$$ $150-$250
	$$$ $250-$350
	$$$$ $350-$450
	$$$$$ mais de $450

TOP 10 Hotéis Econômicos

Cosmopolitan Hotel
Esta joia econômica no coração do badalado bairro de TriBeCa tem quartos pequenos, porém asseados, com banheiros igualmente exíguos e limpos. A localização dá fácil acesso ao transporte público. ✪ 95 West Broadway, Nova York, NY 10007 • Mapa Q3 • 212 566 1900 • www.cosmohotel.com • $$

The Pod Hotel
Pequeno, mas muito bem localizado. O estilo moderno e os traços high-tech incluem conexões Wi-Fi e para iPod grátis. Há quartos com camas queen-size e outros com beliches. Os de solteiro com banheiros compartilhados custam menos de US$125. ✪ 230 East 51st St, Nova York, NY 10022 • Mapa J4 • 212 355 0300 • www.thepodhotel.com • $

Gershwin Hotel
A fachada vermelha enfeitada com imensas formas abstratas brancas por si só indica que este hotel econômico atrai uma clientela jovem. Não há mordomias, mas os quartos têm TV e banheiro. ✪ 7 East 27th St, Nova York, NY 10016 • Mapa L3 • 212 545 8000 • www.gershwinhotel.com • $$

Herald Square Hotel
Um pequeno esconderijo econômico, reformado com bom gosto. Os quartos pequenos têm bela decoração e banheiros modernos. O querubim acima da porta de entrada é dos tempos em que este edifício beaux-arts era sede da revista Life. ✪ 19 West 31st St, Nova York, NY 10001 • Mapa K3 • 212 279 4017 • www.heraldsquarehotel.com • $$

Hotel Edison
Construído em 1931, este hotel oferece ótima relação custo-benefício no Theater District. Tem estupendo saguão art déco, quartos pequenos, bem decorados, e banheiros modernos. Muita gente vem comer no café e restaurante do hotel antes de ir ao teatro. ✪ 228 West 47th St, Nova York, NY 10036 • Mapa J3 • 212 840 5000 • www.edisonhotelnyc.com • $$

La Quinta Manhattan
Em um quarteirão no centro conhecido por seus restaurantes coreanos, este edifício reformado oferece hospedagem confortável, banheiros modernos e serviços de primeira classe a tarifas razoáveis. ✪ 17 West 32nd St, Nova York, NY 10001 • Mapa K3 • 212 736 1600 • www.applecorehotels.com • $-$$$

Roomorama
Há centenas de quartos e apartamentos para alugar, e hospedagem em residências locais, para pernoite e estadias semanais e mensais. O sistema de pagamento on-line é inovador e acessível para todos os bolsos. ✪ 1 877 750 7666 • www.roomorama.com • $-$$

Carlton Arms
Opção econômica, não tem TV e telefone, mas sua atmosfera moderna e salas com paredes pintadas por jovens artistas atraem turistas também jovens. Há banheiros privativos em pouco menos da metade dos 54 quartos coloridos. ✪ 160 East 25th St, Nova York, NY 10010 • Mapa L4 • 212 679 0680 • www.carltonarms.com • $

Hostelling International
Embora gerido pela American Youth Hostels, aceita gente de todas as idades nos quartos limpos e seguros, com 4 a 12 leitos a preços econômicos. Com 624 leitos, o albergue tem bar, cafeteria e cozinha self-service. ✪ 891 Amsterdam Ave, Nova York, NY 10025 • Mapa D2 • 212 932 2300 • www.hinewyork.org • Não tem banheiro na maioria dos quartos • $

Elite City Stays
Empresa que aluga de estúdios mobiliados a apartamentos de três quartos a preços variados. As geladeiras costumam ter opções para o café da manhã. Escolha algo localizado perto do transporte público. ✪ 116 West 23rd St, 5º andar, Nova York, NY 10011 • Mapa L3 • 646 274 1505 • www.elitecitystays.com • $-$$$

Dicas de Viagem

The Muse; Inn at Irving Place; Iroquois

Hotéis-Butique

1 Library Hotel
Livros são o tema deste hotel com 60 quartos. Cada andar enfoca uma categoria do sistema decimal do bibliógrafo Dewey, como artes ou filosofia, com obras sobre o assunto em cada quarto. Na cobertura do hotel há uma sala de estar e um terraço. ⓢ *299 Madison Ave, Nova York, NY 10017 • Mapa K4 • 212 983 4500 • www. libraryhotel.com • $$$-$$$$*

2 The Muse
No Theater District, o hotel-butique The Muse é inspirador, com seu belo saguão com murais no estilo de Matisse e quartos de bom tamanho. Ocasionalmente oferece happy hours com vinho de cortesia para os hóspedes. ⓢ *130 West 46th St, Nova York, NY 10036 • Mapa J3 • 212 485 2400 • www. themusehotel.com • $$$*

3 Inn at Irving Place
Duas casas em estilo revival grego compõem um hotel elegante com doze quartos, que parece saído de um romance de Jane Austen. Os quartos têm lareiras e antiguidades; o único toque atual são as TVs modernas. ⓢ *56 Irving Place, Nova York, NY 10002 • Mapa M4 • 212 533 4600 • www. innatirving.com • $$$*

4 Crosby Street Hotel
O britânico favorito do Soho tem quartos elegantes, chá inglês tradicional servido diariamente e um bar e restaurante animado. Dispõe até de uma sala de cinema particular com filmes semanais. ⓢ *79 Crosby St, Nova York, NY 10012 • Map N4 • 212 226 6400 • www.firmdale. com • $$$$$*

5 Lowell
Luxuoso e intimista, o Lowell exala o charme dos velhos tempos em quartos e suítes com lareira, biblioteca, flores e banheira de mármore. A decoração mescla toques franceses, art déco e orientais. ⓢ *28 East 63rd St, Nova York, NY 10021 • Mapa H4 • 212 838 1400 • www.lowell hotel.com • $$$$-$$$$$*

6 Iroquois
Uma suíte é intitulada James Dean, pois ele morou aqui de 1951 a 1953; outros hóspedes de Hollywood foram Sandra Bullock e Johnny Depp. Os quartos têm tamanho modesto, mas são luxuosos e com decoração francesa. As tarifas dos pacotes são excelentes. ⓢ *49 West 44th St, Nova York, NY 10036 • Mapa J3 • 212 840 3080 • www.iroquois ny.com • $$$*

7 Casablanca
Com tema marroquino, este hotel no Theater District tem arcos, azulejos e ventiladores de teto. Os 48 quartos pequenos são bem equipados. O café da manhã é servido no Rick's Café. ⓢ *147 West 43rd St, Nova York, NY 10036 • Mapa J3 • 212 869 1212 • www.casa blancahotel.com • $$$*

8 Hotel Giraffe
Um saguão envidraçado dá as boas-vindas neste premiado hotel com decoração retrô e um agradável terraço no alto. Os quartos são confortáveis, apenas sete por andar, e têm controle remoto ao lado da cama para graduar as persianas. Serve café da manhã, petiscos e, à noite, queijos, vinhos e champanhe de cortesia. ⓢ *365 Park Ave South, Nova York, NY 10016 • Mapa L4 • 212 685 7700 • www.hotelgiraffe.com • $$$-$$$$*

9 Dylan
Embora a fachada de 1903 tenha sido bem restaurada, o antigo Chemists' Club mudou muito com a decoração serena. Os banheiros de mármore de Carrara são outro toque de luxo. ⓢ *52 East 41st St, NY 10017 • Mapa K4 • 212 338 0500 • www.dylan hotel.com • $$$-$$$$$*

10 Bryant Park
De 1924, o American Radiator Building de Raymond Hood hoje é um hotel contemporâneo, com janelões de vidro, muita laca vermelha no saguão e quartos ricamente equipados e em tons pálidos que são o máximo em decoração minimalista. ⓢ *40 West 40th St, Nova York, NY 10018 • Mapa K3 • 212 869 0100 • www. bryantparkhotel.com • $$$$$*

Todos os hotéis aceitam cartões de crédito e têm quartos com banheiro e ar-condicionado, exceto quando há indicação do contrário

TriBeCa Grand Hotel; Soho Grand Hotel

Categorias de Preço

Diária de quarto de casal (com café da manhã, se houver), impostos e taxa de serviço.	$ até $150 $$ $150-$250 $$$ $250-$350 $$$$ $350-$450 $$$$$ mais de $450

TOP 10 Hotéis Charmosos

1 Soho Grand Hotel
Em sintonia com seu bairro artístico, o hotel fica em um marcante edifício de ferro fundido. A ambientação contemporânea causa impacto e o Grand Bar é sempre festivo. ⓘ *310 West Broadway, Nova York, NY 10013 • Mapa P3 • 212 965 3000 • www.soho grand.com • $$$$-$$$$$*

2 TriBeCa Grand Hotel
O primeiro hotel em TriBeCa é um sucesso. Toda a vizinhança se reúne no Church Lounge, o impressionante saguão-bar com 70 colunas translúcidas de vidro. Os quartos criam um contraponto tranquilo e têm diversões high-tech. ⓘ *2 6th Ave, Nova York, NY 10013 • Mapa P3 • 212 519 6600 • www.tribecagrand. com • $$$$-$$$$$*

3 W Union Square
O designer David Rockwell transformou um edifício beaux-arts num sucesso contemporâneo com uma escadaria flutuante. Os traços singulares do W incluem um saguão com livros e tabuleiros de xadrez, e um animado bar. ⓘ *201 Park Ave South, Nova York, NY 10003 • Mapa M4 • 212 253 9119 • www.whotels. com • $$$$-$$$$$*

4 Morgans Hotel
O primeiro hotel de Ian Schrager em Nova York ainda tem clientes fiéis devido ao seu visual clean e aos equipamentos embutidos nos quartos pequenos, porém bonitos. Favorito de celebridades, o restaurante Asia de Cuba fica junto ao saguão. ⓘ *237 Madison Ave, Nova York, NY 10016 • Mapa K4 • 212 686 0300 • www. morganshotel.com • $$$*

5 Hotel on Rivington
Um tanto deslocado por sua altura no Lower East Side, onde não há prédios altos, este hotel faz o máximo para capitalizar a fama da área. Os quartos são atraentes e modernos e têm linda vista da cidade. ⓘ *107 Rivington St, Nova York, NY 10002 • Mapa N5 • 212 475 2600 • $$$$*

6 The Standard
Este posto avançado do luxuoso hotel de Los Angeles tem estilo próprio. Perto do Meatpacking District, The Standard tem um bar agitado no 18º andar. Os 337 quartos, com janelas do teto ao chão e linda vista, são bem arejados. Os chuveiros ficam em boxes de vidro. ⓘ *848 Washington St, Nova York, NY 10014 • Mapa M2 • 212 645 4646 • www. standard hotels.com • $$$-$$$$*

7 Hudson Hotel
A dupla Schrager-Starck cuidou de todos os detalhes neste hotel extravagante com mil quartos, que é um caldeirão de estilos descrito como "caos organizado". Os quartos pequenos eram baratos, mas as tarifas subiram quando o hotel ganhou fama. ⓘ *356 West 58th St, Nova York, NY 10019 • Mapa H2 • 212 554 6000 • www. hudsonhotel.com • $$*

8 The James
Contemple as luzes brilhantes de Manhattan no bar da cobertura deste hotel elegante. Durma num dos bonitos quartos e, ao acordar, desfrute o café da manhã de cortesia do chef David Burke. ⓘ *227 Grand St, Nova York, NY 10013 • Mapa P3 • 212 465 2000 • www.james hotels.com • $$$$*

9 Mercer Hotel
Sucesso junto a astros de Hollywood desde sua inauguração, o Mercer fica em um prédio de 1890 construído para John Jacob Astor II e se destaca pelos espaços amplos e o estilo casual chique. ⓘ *147 Mercer St, Nova York, NY 10012 • Mapa N4 • 212 966 6060 • www.mercer hotel.com • $$$$$*

10 Cooper Square Hotel
Este hotel, decorado por Antonio Citterio, dispõe de 145 quartos e janelões com vista para o centro. Os toques especiais incluem muitos eletrônicos e até mesmo um aroma exclusivo. ⓘ *25 Cooper Square, Nova York, NY 10013 • Mapa M4 • 212 475 5700 • www.the coopersquarehotel.com • $$-$$$$$*

Dicas de Viagem

Benjamin; Hilton New York; Hotel Metro

TOP 10 Hotéis para Executivos

Hilton New York
Típico hotel para executivos, o Hilton tem 2.040 quartos, localização central, um enorme salão de baile e amplas instalações para reuniões. Uma reforma mudou o saguão, modernizou os quartos e acrescentou uma academia grande e um spa. ◉ *1335 6th Ave, Nova York, NY 10019 • Mapa J3 • 212 586 7000 • www.hilton.com • $$$-$$$$*

Millennium Broadway
Arranha-céu pós-moderno que abrange um teatro, o Millennium é elegante e tem linhas aerodinâmicas. Os quartos são compactos e bonitos, com equipamentos high-tech como voicemail em vários idiomas. ◉ *145 West 44th St, Nova York, NY 10036 • Mapa J3 • 212 768 4400 • www.millenniumhotels.com • $$$$*

Benjamin
Datado de 1927, o principal edifício de Emery Roth foi transformado em um hotel só de suítes adequadas para executivos, com todos os equipamentos tecnológicos necessários e o requintado restaurante The National. ◉ *125 East 50th St, Nova York, NY 10022 • Mapa J4 • 212 715 2500 • www.thebenjamin.com • $$$-$$$$*

Beekman Tower Hotel
O Beekman é uma joia art déco. As suítes amplas têm até uma pequena cozinha; no 26º andar, o lounge Top of the Tower é o lugar perfeito para relaxar. ◉ *3 Mitchell Place, 49th St, Nova York, NY 10017 • Mapa J5 • 212 355 7300 • www.affinia.com • $$$-$$$$*

Hyatt 48 Lex
Hotel elegante, a pequena distância do Grand Central Terminal e do Central Park. Todos os quartos e suítes são amplos e requintados, decorados como um apartamento de luxo. ◉ *517 Lexington Ave at 48th, Nova York, NY 10017 • Mapa J4 • 212 838 1234 • www.48lex.hyatt.com • $$$-$$$$*

Hotel Metro
Do agrado do pessoal ligado à moda e com preços compatíveis, o Metro tem um sofisticado ar art déco e quartos de bom tamanho. Entre as áreas de uso comum estão uma biblioteca, terraço na cobertura e um espaçoso salão de jantar. ◉ *45 West 35th St, Nova York, NY 10001 • Mapa K3 • 212 947 2500 • www.hotelmetronyc • $$*

Millennium U.N. Plaza Hotel
A torre altaneira de Kevin Roche atrai uma clientela internacional, que usufrui vistas panorâmicas nos quartos do 28º andar em diante, uma piscina com cobertura de vidro e a única quadra de tênis coberta existente em um hotel de Nova York. ◉ *U.N. Plaza, 44th St entre 1st e 2nd Ave, Nova York, NY 10017 • Mapa J5 • 212 758 1234 • www.unplaza.com • $$-$$$$*

The Manhattan at Times Square
Piscina coberta, sauna e café da manhã continental estão entre os atrativos deste hotel de 22 andares, que é um vizinho mais calmo do Sheraton New York, usado para convenções. O Theater District fica a poucos passos. ◉ *790 7th Ave, Nova York, NY 10019 • Mapa J3 • 212 581 3300 • www.starwoodhotels.com • $$$-$$$$$*

Gild Hall
Aliando luxo e negócios no centro do Financial District, o Gild Hall é um empreendimento do Thompson Hotels Group. Os quartos são elegantes e equipados, e há diferenciais como a biblioteca, o bar de champanhe e o restaurante de Todd English. ◉ *15 Gold St, Nova York, NY 10038 • Mapa Q4 • 212 232 7700 • www.thompsonhotels.com • $$$-$$$$*

Ritz Carlton Battery Park
Este hotel de luxo tem vista memorável do porto e se notabiliza pelo esmero em todos os detalhes. Seus toques especiais incluem telescópios nos quartos, colchões de pluma e um mordomo que prepara o banho dos hóspedes. ◉ *2 West St, Nova York, NY • Mapa Q3 • 212 344 0800 • www.ritzcarlton.com • $$$$*

Todos os hotéis aceitam cartões de crédito e têm quartos com banheiro e ar-condicionado, exceto quando há indicação do contrário

Lucerne; Excelsior

Categorias de Preço	
Diária de quarto de casal (com café da manhã, se houver), impostos e taxa de serviço.	$ até $150 $$ $150-$250 $$$ $250-$350 $$$$ $350-$450 $$$$$ mais de $450

TOP 10 Hotéis de Bairro

Lucerne
O Upper West Side prima pela boa relação custo-benefício – como no Lucerne, que fica em um edifício de 1903 com detalhes em terracota. Há um saguão confortável, academia, business center, um terraço no alto e quartos de bom gosto com muitas comodidades. ◎ *201 West 79th St, Nova York, NY 10024 • Mapa F2 • 212 875 1000 • www.the lucernehotel.com • $$$*

Excelsior
Um saguão antigo recebe os hóspedes neste belo hotel com decoração tradicional e muitas suítes com computador e Wi-Fi. Outras instalações são a sala de café da manhã, a biblioteca, deques ao ar livre e um salão de mídia. ◎ *45 West 81st St, Nova York, NY 10024 • Mapa F2 • 212 362 9200 • www. excelsiorhotelny.com • $$*

Hotel Beacon
Homônimo do famoso teatro ao lado *(p. 52)*, o Beacon é um hotel descontraído e confortável. Os quartos amplos têm decoração padrão e uma pequena cozinha com geladeira e micro-ondas. ◎ *2130 Broadway, Nova York, NY 10023 • Mapa G2 • 212 787 1100 • www. beaconhotel.com • $$*

Belleclaire Hotel
Embora simples, os quartos neste imóvel têm algum estilo. Os banheiros são pequenos, e alguns são partilhados por certos quartos. Se levar seus filhos, peça uma suíte maior. Bem localizado, é uma ótima base para passeios. ◎ *250 West 77th St, Nova York, NY 10024 • Mapa F2 • 212 362 7700 • www. hotelbelleclaire.com • $$*

The Inn on 23rd
Desconhecido fora de Nova York, este charmoso B&B tem catorze quartos espaçosos. O café da manhã pode ser servido na biblioteca, que tem um bar onde se recomenda tomar um drinque antes da ir para a noitada. ◎ *131 West 23rd St, Nova York, NY 10011 • Mapa L3 • 212 463 0330 • www.innon23rd. com • $$-$$$*

Franklin
Opção acessível no Upper East Side, o Franklin tem mais estilo do que tamanho e apresenta móveis elegantes e quartos compactos. O café da manhã é cortesia, e bebidas quentes são servidas o dia inteiro. ◎ *164 East 87th St, Nova York, NY 10128 • Mapa F4 • 212 369 1000 • www.franklin hotel.com • $$$*

Chelsea Savoy
Excelente hotel de bairro, perto de lojas, cafés e galerias de Chelsea. Os quartos têm decoração agradável, tamanho decente e todas as comodidades necessárias. Peça um quarto recuado da 23rd Street. ◎ *204 West 23rd St, Nova York, NY 10011 • Mapa L2 • 212 929 9353 • www.chelseasavoy nyc.com • $$*

Best Western Seaport Inn
Próximo ao South Street Seaport, este prédio do século XIX restaurado tem os quartos de praxe em um hotel de rede, mas o saguão é aconchegante. O café da manhã é incluso. ◎ *33 Peck Slip, Nova York, NY 10038 • Mapa Q4 • 212 766 6600 • www. bestwestern.com • $$*

Washington Square Hotel
Um refúgio no centro do Greenwich Village. Os quartos são pequenos, mas a decoração é agradável e o café da manhã está incluso. Antes da fama, Bob Dylan e Joan Baez se hospedaram aqui uma vez. ◎ *103 Waverly Place, Nova York, NY 10011 • Mapa N3 • 212 777 9515 • www.wshotel.com • $$*

60 Thompson
Hotel de luxo com doze andares no SoHo, tem cem quartos elegantemente decorados com móveis diferenciados e banheiros em mármore. O lounge ajardinado no alto oferece linda vista e o café na calçada é ideal para observar o movimento no bairro. O restaurante, Kittichei, serve comida tailandesa soberba. ◎ *60 Thompson St, Nova York, NY 10012 • Mapa N3 • 877 431 0400 • www. 60thompson.com • $$$$*

Dicas de Viagem

Índice

2 West Battery Park Place 75, 77
6th Avenue 65, 117, 119
9th Avenue Food Festival 62
11 Madison Park 113, 115
13th Avenue 156
18th Avenue, Bensonhurst 156
60 Thompson Hotel 179
69th Regiment Armory 113
74th Street, Jackson Heights 156
75 Bedford Street 107
77th Street Flea Market 141
292 Gallery 101
303 Gallery 120

A

ABC Carpet & Home 111, 113
Abyssinian Baptist Church 146, 147
Acapulco Caliente 149
Acqua 83
adaptadores de corrente elétrica 160
Agee, James 106
Agnanti 157
aeroportos 161
Al Di La Trattoria 153, 157
Albee, Edward 106, 108
Albers, Josef, *Portais* 14
Algonquin Hotel 174
Alice Tully Hall 50, 139
Allen, Woody 56
Alleva Dairy 87
Altman Luggage 94
American Family Immigration History Center 19
American Folk Art Museum 41, 128
American Museum of Natural History 7, **34-5**, 40, 66, 139, 141
American Standard Building 127
Amy Ruth's 149
Andersen, Hans Christian 27
Anderson, Sherwood 105
Andy's Chee-pees 107
Ansonia Hotel 141, 142
Anthropologie 113
Antique Boutique 107
antiquários 165
apexart 43, 101
Apollo Theater 147, 148
Apple Store 126
Apthorp Apartments 141-2
Aquagrill 103
Arbus, Diane 120
arquitetura
 arranha-céus 44-5
 Midtown 127

arquitetura (cont.)
 passeios guiados 164
 prédios de apartamentos 142
 Upper West Side 141
Ariel Meyerowitz 101
Armani, Giorgio 136
arranha-céus 44-5
artes cênicas 50-1
Arthur, Chester Alan 114
Arthur Avenue, Bronx 156
assistência jurídica 168
Astor, John Jacob III 73
Astor, Mrs. 11
Astor, William Waldorf 11
Astoria 156
AT&T Building, antigo 79, 81
Atlantic Avenue, Brooklyn 153, 156
auxílio telefônico 170
Avery Fisher Hall 50, 139
A. W. Kaufman 94

B

babás 168
Babbo 109
Il Bagatto 69
Balanchine, George 50
Balthazar 103
balsas 163
bancos 169
banheiros 162
Le Baobab 149
Bar 13 53
barcos
 balsas 163
 barcos pesqueiros na Sheepshead Bay 155
 cruzeiros marítimos 67
 excursões no porto 82
 navios de cruzeiro 161
 passeios de gôndola 58
 passeios guiados 164
 navios históricos 82
 Staten Island Ferry 59, 155
bares 54-5
Barney's New York 64
Barrymore, John 107
Bartholdi, Frédéric-Auguste 16, 17, 114
batedores de carteira 167, 170
beisebol 63
Basie, Count 145
basquete 63
Battery Gardens 77
Battery Park 16, 75
Battery Park City 74-5
BCBG Max Azria 136
Beacon Theatre 52
Beekman Tower Hotel 178
Behan, Brendan 117
Belafonte, Harry 52

Belasco, David 24
Belasco Theater 24
Belleclaire Hotel 179
Bellini, Giovanni 41
Belmont Stakes 63
Belnord 142
Belvedere Castle 26
Benjamin Hotel 178
Bennett, Tony 52
Bensonhurst 156
Bergdorf Goodman 10, 125
Bernardin, Le 69, 129
Bernhardt, Sarah 24
Best Western Seaport Inn 179
Beth Hamedrash Hagadol Synagogue 92, 93
Bethesda Terrace 26
Bialystoker Synagogue 93
Big Apple Greeters 162
Birdland 52
Bissell, George Edwin 114
Blakemore, Michael 25
Blakely New York 174
Bleecker Street 106
Bloody Angle 87
Bloomingdale's 64
Blue Fin 129
Blue Hill 109
Blue Note 52
Blue Ribbon Bakery 109
Blue Smoke 53, 115
Bluestockings Bookstore 60
Boathouse Bar 55
Bobby Van's Steakhouse 75, 77
Bogart, Humphrey 140
Bonne Soupe, La 69, 129
Booth, Edwin 112, 114
Borden, Janet 101
Borough Park 156
Bottega Veneta 136
Bottino 69
Bouley 103
Bowery Ballroom 53
Bowne & Company 82
Brancusi, Constantin 32, 113
Brasserie, The 129
Breuer, Marcel 40
Bridge Café 81, 83
Bridgemarket 133, 135
Brighton Beach Avenue, Brooklyn 156
Brill Building 23
Broadway 22, 25, 156
Broken Kilometer, The 99
Bronx 156
Bronx Zoo 66, 150, 151
Brooklyn 156
 caminhadas 153
Brooklyn Academy of Music 51
Brooklyn Botanic Garden 151, 153
Brooklyn Bridge 59, 79

Brooklyn Children's Museum 155
Brooklyn Heights Historic District 152, 153
Brooklyn Museum 41, 153-4
Brown, Henry Kirke 114
Brown, James 148
Bruegel, Pieter, *Os ceifeiros* 30
Bryant Park 59
Bryant Park Hotel 176
Buck's County, Pa. 171
Buddakan 121
Bullock, Sandra 176
Bunshaft, Gordon 127
Burgee, John 134
Burnham, Daniel 44, 112
Burr, Aaron 48
Burroughs, William 106
butiques de estilistas 126

C

Cabana at the Seaport 81, 83
cabarés 56-7
café da manhã 167
Café d'Alsace 137
Café Boulud 137
Café Carlyle 56
Café Fiorello 143
Café Loup 107, 109
Café Luxembourg 143
Café Pierre 56
Café Sabarsky 56
Café Wha? 108
Caffe Reggio 107
Caffè Roma 87
caixas eletrônicos 169
calçados 160
calculadoras 160
Calder, Alexander 32
Calle Ocho 141, 143
Calle, Sophie 43
Calloway, Cab 145, 148
câmbio 169
cambistas 167
caminhadas
 Brooklyn 153
 caminhadas guiadas nos bairros 164
 Chelsea e Herald Square 119
 Chinatown e Little Italy 87
 Civic Center e South Street Seaport 81
 Greenwich Village 107
 Lower East Side e East Village 93
 Midtown 125
 Morningside Heights e Harlem 147
 SoHo e TriBeCa 101
 Union Square, Gramercy Park e Flatiron 113
 Upper East Side 135
 Upper West Side 141
Campbell, John W. 54

Campbell Apartment 54
Canal Street 100
Capote, Truman 10, 153
Caramoor, Katonah 171
Carl Schurz Park 135
Carlton Arms 175
Carlyle, The 172
Carmel 161
Carnegie, Andrew 46
Carnegie Hall 46, 50, 125
Caro, Anthony 42
Caroline's Comedy Club 57
Carrère e Hastings 124
Carroll, Barbara 56
carros 161
carteira de estudante 160, 168
carteira de motorista 160
Cartier 11
cartões de crédito 165, 169
Casablanca Hotel 176
casas noturnas 53
Castle Clinton National Memorial 16
Cathedral of St. John the Divine 46, 145, 147
Cather, Willa 108
Central Park 7, **26-7**, 49, 58, 66, 133, 141
Central Park Zoo 27, 66
Century 142
Century 21 64-5
Cézanne, Paul 32
 Bibémus 33
 Jogadores de cartas 30
 Natureza-morta: Garrafa, copo e vasilha 33
Chagall, Marc 32, 50, 125, 135, 141
 Paris pela janela 33
Chambellan, Rene 12
Chanin, Irwin 142
Chanin Building 127
Channel Gardens 12
Charging Bull 75
Charles, Ray 52, 148
Chef's Table at Brooklyn Fare 157
Chelsea e Herald Square 116-21
 caminhadas 119
 galerias em Chelsea 120
 mapa 116
 restaurantes 121
Chelsea Historic District 118-9
Chelsea Hotel 117, 119
Chelsea Piers 118
Chelsea Savoy 179
cheques de viagem 169
Cherry Lane Theatre 106
Chicago City Limits Theater 57
Children's Museum of the Arts 67, 98, 99

Children's Museum of Manhattan 66, 140-41
Chinatown e Little Italy 84-9
 caminhadas 87
 lojas de alimentos 88
 mapa 84
 restaurantes 89
Chinatown Food Market 88
Chinatown Ice Cream Factory 89
Christmas Tree Lighting Ceremony 63
Christopher Street 60
Chrysler Building 44, 123, 125
Chu, David 118
Church Lounge 101, 102
Cielo 53
cinema *veja* Filmes
Circus, The 67
Citigroup Center 45
City Center Theater 51
City Hall 46, 80
City Hall Park 81
Civic Center e South Street Seaport 78-83
 atrações marítimas 82
 caminhadas 81
 mapa 78
 restaurantes 83
Cleveland, Grover 16
clima 160
clínicas 170
clínicas médicas 170
Clinton, DeWitt 48
Cloister Gardens 31, 58
O Cloisters **31**
Close, Chuck 42
clubes
 casas noturnas 53
 clubes de humor 57
 para gays e lésbicas 61
clubes de humor 57
Coat of Arms 46
Cocks, Samuel 105
Cole, Natalie 52
Colonial, Le 129
Columbia University 145, 147
Columbus Circle 139
Columbus Park 87
Comedy Cellar 57
Comic Strip Live 57
compras 64-5, 165
 butiques na Madison Avenue 136
 fora do centro 156
 liquidações 166
 Lower East Side e East Village 94
 mercearias em Chinatown 89
 Midtown 126
 shoppings com descontos 166
comunicações 169
Condé Nast Building 23, 127

Coney Island 67
Conran, sir Terence 133
Convivio 129
Cooper, James Fenimore 106
Cooper-Hewitt National Design Museum 133
Cooper Square Hotel 177
Corso, Gregory 106
Cosmopolitan Hotel 175
Cotton Club 148
Coward, Noel 142
Craftbar 115
Crane, Hart 108
crianças 66-7
  babás 168
  compras 165
  estrutura para bebês 168
  fora do centro 155
criminalidade 167, 170
cruzeiros de navio 67, 161
Cubby Hole 61
Currier e Ives 41
"Curry Hill" 113

D
Da Nico 89
Da Silvano 109
Da Umberto 121
Daily, Clifford Reed 107
Daha Vintage 94
Daily News Building 125, 127
Dakota Building 142
Dangerfield's 57
Daniel 68, 135, 137
David Barton Gym 61
davidburke townhouse 137
De Niro, Robert 98, 101
Dean, James 176
Dearie, Blossom 57
Degas, Edgar 29
Delacorte Theater 27
Deluxe Food Market 88
Depp, Johnny 176
descontos 160, 166
Dial 7 161
Diamond District 125
DiMaggio, Joe 153
dinheiro 166, 169
Dinosaur Bar-B-Que 149
Di Palo Fine Foods 87
diversão para a família 155
Dizzy's Club Coca-Cola 53
DKNY 136
Dolce & Gabbana 136
Dominick's Restaurant 157
Don't Tell Mama 56
Dorilton 142
Dos Passos, John 105
Doubletree Guest Suites 174

The Drawing Center 43
Dreiser, Theodore 106, 108
Dressing Room, The 94
Dubuffet, Jean, *Quatro árvores* 76
Duchamp, Marcel 113
Duffy Square 23
Dumpling Man 95
Duncan, Isadora 142
Duplex, The 57
Dylan, Bob 52, 104, 105
Dylan Hotel 176
Dylan Prime 101, 102

E
The Eagle 61
Ear Inn 102
East of Eighth 121
East Side *veja* Lower East Side; Upper East Side
East Village *veja* Lower East Side e East Village
Easter Parade 62
Eastern Bloc 61
Eastern States Buddhist Temple 86, 87
Edward Albee Residence 108
E.J.'s Luncheonette 137
Eldorado 142
Eldridge Street Synagogue 91-2
Element 53
Elite City Stays 175
Elizabeth II, rainha da Inglaterra 8
Ellington, Duke 145, 148
Ellis Island Immigration Museum 6, **18-21**
emergências 170
emergências dentárias 170
Emmett, Mary 105
Empire State Building 6, **8-9**, 44, 49, 58, 123
empórios gourmet 165
Enoteca Maria 157
endereços 163
entregas por courier 169
entregas urgentes 169
Epstein, Jacob 120
Erminia 135, 137
escultura ao ar livre 76
esportes 63
Estátua da Liberdade 6, **16-17**, 49, 75
Estátua de Atlas 13
estátuas 114
Evans, Walker 120
Excelsior Hotel 179
excursões 171
excursões no porto 82

F
Fairway 141
Fantasy Fountain 114
FAO Schwarz 66-7, 125-6
Farragut Monument 114
Fashion Institute of Technology (FIT) 118-19
Faulkner, Barry, *Despertar da inteligência humana* 14
Faulkner, William 108
Fay Da Bakery 89
Feast of San Gennaro 62
Federal Hall National Memorial 73, 75
Federal Reserve Bank 75
Feinstein's at Loews Regency 56
Fernbach, Henry 101
Ferrara's 87
festivais e eventos 62-3
Fifth Avenue 6, **10-11**, 64
figuras históricas 48-9
filmes 100, 101
Fire Island 171
First Chinese Presbyterian Church 47
Fish Market 83
Fisher, Avery 50
Fishs Eddy 113
Fitzgerald, Ella 148
Flagg, Ernest 100
Flatiron *veja* Union Square, Gramercy Park e Flatiron
Flatiron Building 44, 112, 113
Fleur de Sel 115
Flor de Mayo 69
Flower District 119
Flushing 156
Flushing Meadow-Corona Park 152
Flute 54
Food Network 119
Forbidden Planet 107
Ford Foundation 125, 127
The 40/40 Club 53
Forty-Four 54
Foster, Jody 36
Four Seasons 69, 124,129, 172
Franklin, Benjamin 81
Franklin Hotel 179
Fraunces Tavern 77
Fraunces Tavern Museum 75
Fred F. French Building 127
French, Daniel Chester 47
  Os quatro continentes 76
French, Fred F. 127
Frick, Henry Clay 40
Frick Collection 40-41, 135
Frizzante Italian Bistro & Bar 149
Frock 94
Fuleen Seafood 89
Fulton, Robert 46
fumantes 170
furtos 167, 170

furtos e golpes 170
futebol 63

G
G 61
Gabriel's 143
Gagosian 42, 120
galerias *veja* Galerias de arte; Museus e galerias
galerias de arte 42-3
 Chelsea 120
 veja também Museus
galeria de lojas (Rockefeller Center) 13
Gandhi, Mohandas K. (Mahatma) 114
Garfield, James 114
Garvey, Marcus 146
Gauguin, Paul 32
 Haere Mai 33
gays e lésbicas 60-61
General Electric (GE) Building 13, 44, 127
General Motors Building 10
General Theological Seminary 118, 119
Gennaro 143
George's Café 77
Gershwin Hotel 175
Gigino's at Wagner Park 77
Gilbert, Cass 44, 79
Gild Hall 178
Ginsberg, Allen 106
Giselle 94
Giuliani, Rudolph 49
Glackens, William 105
Gladstone, Barbara 120
Glover, Savion 148
Golden Unicorn 87, 89
Goldin, Nan 43
Good Fortune Gifts 85
gorjetas 162
Gotham Bar and Grill 68
Gotham Comedy Club 57
Gould, Jay 171
Grace Church 59
Gracie, Archibald 135
Gracie Mansion 135
Gramercy Park 112, 113
 veja também Union Square, Gramercy Park e Flatiron
Gramercy Tavern 69, 115
Grand Army Plaza 10
Grand Bar 102
Grand Central Oyster Bar and Restaurant 129
Grand Central Terminal 47, 123, 125
Grand Sichuan 89
Grant, Cary 107
Grant, Ulysses S. 147
Great Lawn (Central Park) 26

Great N.Y. Noodletown 89
El Greco, *Vista de Toledo* 30
Greco, Buddy 56
Greek Orthodox Cathedral of the Holy Trinity 47
Green Flea Market 141
Greenacre Park 59
Greenberg, Howard 101
Greene Street 99, 101
Greenhouse 53
Greenmarket 111, 113
Greenpoint 156
Greenwich Village 104-9
 caminhadas 107
 mapa 104
 marcos literários 108
 restaurantes 109
Grey, Joel 142
Grooms, Red 42
Grove Court 105
Guastavino, Rafael 133
Guggenheim Museum *veja* Solomon R. Guggenheim Museum
Guggenheim, Peggy 40
Guggenheim, Solomon 32
Gym 61

H
H&M 65, 113, 126
Halles, Les 77
Hall of Records 81
Halloween Parade 106
Hals, Frans 41
Hamilton, Alexander 46, 48, 145
Hamilton Heights Historic District 145
Hammerstein, Oscar 24, 25
Hampton Chutney Co. 103
Hamptons, The 171
Hanks, Tom 37
Hans Christian Andersen, estátua de 27
Harbour Lights 81, 83
Harlem *veja* Morningside Heights e Harlem
Harlem Market 147
Harlem Stage 148
Harrison, The 103
Harrison, Wallace 124
Harrison Street 100-101
Harry's Café 77
Harry Winston 126
Haughwout Building 100
Hawke, Ethan 100
Hayden Planetarium 37
Healy, Thomas 140
Hearst, William Randolph 174
Heartland Brewery 83
Hemingway, Ernest 108
Henderson, John C. 134
Henderson Place Historic District 134, 135

Henri Bendel 64, 126
Henrietta Hudson 61
Henry, O. 105
Herald Square 119
 veja também Chelsea e Herald Square
Herald Square Hotel 175
Herts e Tallant 25
High Line 59, 117, 119
Highline Ballroom 52
Hill Country 121
Hilton New York 178
Hilton Theater 24
Hirst, Damien 42
Historic Richmond Town 150, 153, 154
Holbein, Hans 41
Home 109
Homer, Winslow 107
Hood, Raymond 15, 44, 127, 176
Hopper, Edward 105
hóquei no gelo 63
horário de funcionamento 162
 agências dos correios 169
 bancos 169
 lojas 165
horário de pico 167
hospitais 170
Hostelling International 175
Hotel des Artistes 142
Hotel Beacon 179
Hotel Edison 175
Hotel Elysée 174
Hotel Giraffe 176
Hotel Metro 178
Hotel Plaza Athénée 172
Hotel on Rivington 177
Hotel Roger Williams 174
Hotel Wales 176
hotéis 172-9
 café da manhã 167
 hospedagem econômica 175
 hotéis-butique 176
 hotéis charmosos 177
 hotéis de bairro 179
 hotéis de luxo 173
 hotéis de preço médio 174
 hotéis para executivos 178
 melhores hotéis 172
 portadores de deficiência 168
 sobretaxas telefônicas 167
 segurança 170
Hudson Bar 55
Hudson Hotel 177
Hudson Theater 24
Hughes, arcebispo John 124
Hunt, Richard Morris 16, 46
Hyde Park 171

I

idosos, RG 160
igrejas
  Abyssinian Baptist Church 146, 147
  Cathedral of St. John the Divine 46, 145, 147
  Church of the Transfiguration 86
  First Chinese Presbyterian Church 47
  Grace Church 59
  Greek Orthodox Cathedral of the Holy Trinity 47
  Judson Memorial Church 107
  Riverside Church 145, 147
  St. Elizabeth of Hungary Church 47
  St. George's Ukrainian Catholic Church 47
  St. John the Baptist Church 59, 119
  St. Mark's-in-the-Bowery Church 92-3
  St. Nicholas Russian Orthodox Cathedral 47, 134
  St. Patrick's Cathedral 10, 11, 46, 124
  St. Paul's Chapel 46, 59, 80, 81
  St. Sava Serbian Orthodox Cathedral 47
  St. Vartan Armenian Cathedral 47
  Trinity Church 46, 73
  Zion St. Mark's Evangelical Lutheran Church 47
Iki Iki Gift Shop 86
Il Porto 83
imigração 161
  Ellis Island Immigration Museum **18-21**
impostos 162
imprudência na rua 167
informação turística 162
Inn at Irving Place 124, 176
Inn on 23rd 179
International Center of Photography 128, 133
internet 169
Ionesco, Eugene 106
Iridium Jazz Club 52
Iroquois Hotel 176
Irving, Washington 171
Isamu Noguchi Garden Museum 154
Islamic Cultural Center 47

J

Jackson Diner 157
Jackson Heights 156
Jacques Marchais Museum of Tibetan Art 154
James, Henry 107, 108
jardins *veja* Parques e jardins

Jazz Standard 53
Jean Georges 68, 143
Jefferson, Thomas 106
Jefferson Market Courthouse 106, 107
Jennewein, Carl Paul,
  Indústrias do Império Britânico 14
Jewish Museum 133
Jing Fong 87, 89
Jodamo 94
Joe's Pub 57
Joe's Shanghai 89, 157
John Jay Park 59
Johns, Jasper 43
Johnson Jr., J. Seward,
  Checagem dupla 76
Johnson, Philip 45, 69, 134
Jones Beach State Park 171
jornais 162
Joseph's 77
Joyce Theater 51
Judd, Donald 43
Judson, Adoniram 107
Judson Memorial Church 107
Juicy Couture 113
Juilliard School 139

K

Kalustyan's 113
Kam Man Food Products 89
Kamali, Norma 118
Kamwo Herb and Tea 89
Kandinsky, Wassily 32
  Linhas negras 33
Katonah 171
Katz's Delicatessen 93, 95
Kelley & Ping 101
Kelly, Elsworth 43
Kennedy, John F. 19
Kent, Rockwell 105
Kerouac, Jack 106, 117
Kiefer, Anselm 42
King, B. B. 52
King Cole Bar and Lounge 54
Kitaj, R.B. 42
Klee, Paul 32
Klein, Calvin 118
Kossar's Bialystoker Bakery 93
Krapp, Herbert J. 25
Kreaton, Judy 57
Kum Gang San 157

L

La Farge, John 107, 145
La Quinta Manhattan 175
Lachaise, Gaston 14
Lady Mendl's 124
Lafayette, marquês de 114
LaGuardia, Fiorello 48, 51, 91 135
Lahm, David 57
Lamb, William F. 9
Laurie Beechman Theater at the West Bank Café 57

Lawrence, D.H. 108
Lawrie, Lee
  A história da humanidade 14
  Estátua de Atlas 13
  Mercúrio alado 14
  Sabedoria 14
Lazarus, Emma 17
Le Brun, Napoleon and Sons 112
Lefferts Homestead Children's House Museum 155
Léger, Fernand 32
Lehmann Maupin 101
Lennon, John 27, 142
Lenox Lounge 148
Lesbian, Gay, Bisexual & Transgender Community Center 60
Lesbian Herstory Archive 61
Lever House 44, 127
Lewitt, Sol 43
  Mural 896 14
Library Hotel 176
limites da alfândega 161
limusines 161
Lin, Maya 99
Lincoln, Abraham 114
Lincoln Center for the Performing Arts 139, 141
Lipschitz, Jacques 42
liquidações 166
listas de programação 162
Little Italy *veja* Chinatown e Little Italy
"Little" Singer Building 100
livrarias 165
locadoras de carros 163
locais de diversão 50-51
Loeb Boathouse 141
lojas de alimentos 165
  Chinatown e Little Italy 88
lojas de artesanato 165
lojas de brinquedos 165
lojas de cosméticos 165
lojas de departamentos 126
lojas de música 165
lojas de perfumes 165
Lombardi's Pizza 69, 89
Londel's Supper Club 147, 148
London NYC, The 173
Lord & Taylor 11
Lotus 53
Louis Vuitton 126
lounges 54-5
Lowell Hotel 176
Lower East Side e East Village 90-95
  caminhadas 93
  lojas 94
  mapa 90
  restaurantes 95

Lower East Side Tenement
  Museum 91
Lower Manhattan 72-7
  esculturas ao ar live 76
  mapa 72
  restaurantes 77
Lucerne Hotel 179
  bagagem segura 167
Lunt-Fontaine Theater 24
Lyceum 24
Lyon 109

M

MacDougal Alley 105, 107
Macondo 95
Macy's 64, 118, 119
Macy's, desfile no Dia de
  Ação de Graças 63
Madame Tussauds, Nova
  York 23
Madison Avenue 65, 136
Madison Square 111, 112
Madison Square Garden 51
Madonna 23
Mahler, Gustav 50
Mailer, Norman 108
Main Street, Flushing 156
Majestic 142
Malcolm Shabazz Mosque
  147
Malcolm X 147
Mamet, David 106
Mandarin Oriental 172
Manet, Edouard, *Diante
  do espelho* 33
Mangin e McComb Jr. 80
Manhattan *veja* Lower
  Manhattan
Mansfield Hotel 174
Manship, Paul, estátua de
  Prometeu 12
Mantle, Mickey 153
Mapplethorpe, Robert
  32, 40
maratona de Nova York 63
marcos literários, Greenwich
  Village 108
Marcus Garvey Park 146
Marden, Bruce 43
Marisol 42
Maritime Crafts Center 82
Mark, The 172
Mark Twain Residence 108
Mark's Wine & Spirits 88
Marlborough 42, 120
Marquee 53
Marsh, Reginald 47
Marshall, Thurgood 145
Martin, Agnes 42
Marx, Groucho 142
Mary Boone 42
Masefield, John 108
Matthew Marks 43, 120
May May Gourmet Chinese
  Bakery 89
McGovern, Maureen 56

McKim, Charles 145
McKim, Mead e White 80,
  146
mercados de rua, Chinatown
  89
MercBar 102
Mercer Hotel 177
Mermaid Inn 143
mesquitas 147
Metrocard 163
Metropolitan Hotel 178
Metropolitan Life Tower
  112
Metropolitan Museum of Art
  7, **28-31**, 40, 133, 135
  Roof Terrace 59
Metropolitan Opera 26, 50,
  139, 141
The Metropolitan Room
  57
metrôs 163, 167
Michelangelo 135
Michelangelo Hotel 173
Midtown 122-9
  arquitetura 127
  caminhadas 125
  compras 126
  mapa 122
  museus 128
  restaurantes 129
Mies van der Rohe, Ludwig
  44
Millay, Edna St. Vincent 107
Millennium Broadway 178
Millennium U.N. Plaza Hotel
  178
Miller, Arthur 153
Miller, Robert 120
Miller Theatre 148
Millrose Games 63
Minuit, Peter 48, 49
Miró, Joan 32
Miss Lonelyhearts 94
Miss Mamie's 147, 149
Miss Maude's 149
Miu Miu 101
Mobay 149
Modigliani, Amadeo 135
Momofuku Ssäm Bar 68, 95
Mondrian, Piet 32
Monet, Claude, *Terraço em
  Sainte-Adresse* 30
Monkey Bar 54
Monroe, Marilyn 142
Monster Sushi 121
monumentos 114
Moore, Clement 118
Moore, Henry 125, 141
Moore, Marianne 108
Morgan, J. Pierpont 41
Morgan Library & Museum
  41, 125, 128
Morgans Hotel 177
Morningside Heights
  e Harlem 144-9
  caminhadas 147

Morningside Heights
  e Harlem (cont.)
  mapa 144
  música ao vivo 148
  restaurantes 149
Moses, Robert 49
Mott Street Shopping 86
Mount Vernon Hotel
  Museum and Gardens
  135
MTV 23
Mulberry Street 85
Il Mulino 109
Municipal Art Society
  Galleries 128
Municipal Building 80, 81
Murphy, Eddie 57
The Muse 176
museus e galerias 40-1
  American Folk Art
    Museum 41, 125,
    128, 139
  American Museum of
    Natural History 7, **34-5**, 40,
    66, 139, 141
  Brooklyn Children's
    Museum 155
  Brooklyn Museum 41,
    153, 154
  Castle Clinton National
    Memorial 16
  Children's Museum of
    Manhattan 66, 140-41
  Children's Museum of the
    Arts 67
  O Cloisters **31**
  Cooper-Hewitt National
    Design Museum 133
  Ellis Island Immigration
    Museum 6, **18-21**
  El Museo del Barrio 133
  fora do centro 154
  Frick Collection 40-41,
    135
  guias 162
  Historic Richmond Town
    154
  International Center of
    Photography 128, 133
  Isamu Noguchi Garden
    Museum 154
  Jacques Marchais
    Museum of Tibetan
    Art 154
  Jewish Museum 133
  Lefferts Homestead
    Children's House Museum
    155
  Lower East Side Tenement
    Museum 91
  Metropolitan Museum of
    Art 7, **28-31**, 40, 133,
    135, 154
  Midtown 128
  Morgan Library &
    Museum 41, 125, 128

museus e galerias (cont.)
Mount Vernon Hotel Museum and Gardens 135
Municipal Art Society Galleries 128
Museum of Arts and Design 128
Museum of Chinese in America 85, 87
Museum of the City of New York 41, 133
Museum of Jewish Heritage 74
Museum Mile 133
Museum of Modern Art 40, 126, 128
Museum of the Moving Image 154
National Academy of Fine Arts 133
New Museum of Contemporary Art 90, 91
New York City Fire Museum 99
New York Hall of Science 154
New York Historical Society 139
New York Public Library Galleries 128
NY Paley Center for Media 125, 128
passeios guiados 164
P.S. 1 Contemporary Art Center 154
Queens Museum of Art 154
Rose Center for Earth and Sculpture Garden at 590 Madison 128
Space **36-7**
Snug Harbor Cultural Center 154
Solomon R. Guggenheim Museum 7, **32-3**, 40, 133, 135
South Street Seaport Museum 82
Staten Island Children's Museum 155
Studio Museum in Harlem 146, 147
Transit Museum Gallery Annex 128
Ukrainian Museum 93
U.S. Custom House 74, 75
Whitney Museum of American Art 40
Van Cortlandt House Museum 154
música ao vivo 52-3

N

Ñ 55
Nações Unidas 12

Nações Unidas, sede das 49, 124-5
Nasdaq 22
Nassau Avenue, Greenpoint 156
National Academy of Fine Arts 133
National Arts Club 112
Nauman, Bruce 42
NBC Studios 13
Nemerov, Rene 9
Nevelson, Louise, *Sombras e bandeiras* 76
New Age Designer 86
New Amsterdam Theater 24
New 42nd Street 23
New Green Bo 89
New Jersey Shore 171
New Museum of Contemporary Art 90, 91
New Victory Theater 24, 66
Ano-Novo, festa com bola 63
New York Aquarium 67, 155
New York Botanical Garden 151
New York City Ballet 139
New York City Opera 139
New York Comedy Club 57
New York County Courthouse 80, 81
New York Giants 63
New York Hall of Science 154
New York Historical Society 139, 141
New York Jets 63
New York Knicks 63
New York Liberty 63
New York Mets 63
New York Palace 172
New York Philharmonic 26, 139
New York Public Library 10, 11, 47, 124, 125
New York Public Library Galleries 128
New York Public Library for the Performing Arts 141
New York Rangers 63
New York Red Bulls 63
New York State Theater 50
New York Stock Exchange 47, 49, 73, 75
New York Times 22
New York University 106
New York Yacht Club 127
New York Yankees 63
Nieporent, Drew 101
Niketown 126
Nobu 68, 103
Nobu Next Door 103

Noguchi, Isamu
Cubo 76
Isamu Noguchi Garden Museum 154
News 14
Novitá 115
Nyonya 69

O

Oak Room, The 56
oásis 59
Odeon 103
off-Broadway 23
Oldenberg, Claes 32
Olives 115
Olmsted, Frederick Law 26, 27, 140, 151, 152
One if by Land 59
O'Neill, Eugene 108
ônibus 161, 163
passeios guiados 164
Ono, Yoko 27
Orchard Street 91
Orsay 137
Osteria del Circo 129
Other Music 165
Ottomanelli New York Grill 137
Ozzie's 153

P

Pace Wildenstein 42
Pacha New York 53
Pacific Grill 83
Palace Theater 24
Palapa, La 95
Palazzo, Il 89
Paley Center for Media 125, 128
Paragon Sports 113
Park Avenue 173
Park Avenue Armory 134
Park Slope Historic District 152-3
Parker, Charlie 52
Parker, Lewis 140
Parker Meridien, Le 173
parques e jardins
Battery Park 16, 75
Brooklyn Botanic Garden 151, 153
Bryant Park 59
Carl Schurz Park 135
Central Park 7, **26-7**, 49, 58, 66, 133, 141
Channel Gardens 12
City Hall Park 81
Cloister Gardens 31, 58
Columbus Park 87
Conservatory Garden 27, 59
Flushing Meadow-Corona Park 152
Gramercy Park 112, 113
Greenacre Park 59
John Jay Park 59
Marcus Garvey Park 146

parques e jardins (cont.)
  Mount Vernon Hotel
    Museum and Gardens 135
  New York Botanical
    Garden 151
  passeios guiados 164
  Prospect Park 152, 153
  Riverside Park 140
  Jardim Submerso 12, 76
  Theodore Roosevelt Park 59
  Washington Square Park
    105
  Wave Hill 59
passeios de bicicleta 164
passeios de carruagem 164
passeios de gôndola 58
passeios em parques 164
passeios guiados 162, 164
  portadores de deficiência
    168
Parrish, Maxfield 54
Partridge, William O. 124
passaportes 161
Pastis 109
Patchin Place 108
Paul, Les 52
Paul Kasmin 43, 120
Paula Cooper 43, 120
Pearl of the Orient Gallery
  86
Pearl River Chinese Products
  Emporium 86
Pei, I. M. 172
Pelli, Cesar 45
Pene du Bois, Guy 105
Peninsula, The 172
People's Improv Theater 57
Periyali 121
Per Se 69, 143
Peter Luger Steak House
  157
Philadelphia 171
Phoenix 61
Picasso, Pablo 29, 42, 135
  Gertrude Stein 30
  Mulher passando roupa 32
  Mulher de cabelo amarelo
    32
Piemonte Co. 87
Pier 17 82
Pierre, The 172
Pilot House 82
Pinter, Harold 106
Pissarro, Camille, *A ermida
  em Pontoise* 33
Pizzarelli, John 56
placas de "going out of
  business" 167
Planetarium, Hayden **37**
Plant, Morton F. 10
Plaza Hotel 125, 173
Plunge 55
Pod Hotel, The 175
Police Headquarters Building
  85
Police Plaza 81

Pollock, Jackson 29
  Ritmo de outono 30
Pomaire 69
Pomander Walk 140
Pongal 113
Porchetta 69
Porter, Cole 23
portadores de deficiência 168
Posh Bar 61
Powell Jr., Adam Clayton 146
praças 112
Pravda 102
prédios de apartamentos,
  Upper West Side 142
Princeton, NJ 171
programas românticos 58-9
Prometeu, estátua de 12
Prospect Park 152, 153
Prospect Park Carousel 155
Prospect Park Zoo 155
protetor solar 160
Prune 95
P.S. 1 MoMA 154
publicações para gays
  e lésbicas 60
Puck Fair 102
Puppetworks 155

Q
Quatro de Julho, show
  pirotécnico 62
Queens, trem para o 152
Queens Museum of Art 154

R
Radio City 15
Radio City Music Hall 13, 51
Ralph Lauren 136
Ramble (Central Park) 26
Raoul's 71
Rauschenberg, Robert 32
Red 83
Red Cat, The 119, 121
Regency Hotel 173
Rembrandt 28, 40, 135
  Autorretrato 30
Renaissance New York 173
Renwick Jr., James 11, 46,
  59, 93, 108
Renwick Triangle 93
Republic 69
Reservoir (Central Park) 27
restaurantes 68-9
  Chelsea e Herald Square
    121
  Chinatown e Little Italy 89
  Civic Center e South
    Street Seaport 83
  fora do centro 157
  Greenwich Village 109
  Lower East Side e East
    Village 95
  Lower Manhattan 77
  Midtown 129
  Morningside Heights e
    Harlem 149

restaurantes (cont.)
  para gays e lésbicas 61
  SoHo e TriBeCa 103
  Union Square, Gramercy
    Park e Flatiron 115
  Upper East Side 137
  Upper West Side 143
  viagem econômica 166
Riis, Jacob 48, 87
Ritz-Carlton Battery Park 178
River, Larry 42
River Café 58, 153, 157
River Room 149
Riverside Church 145, 147
Riverside Drive 140
Riverside Park 140
Rizzoli 165
Roche, Kevin 173
Rockefeller Jr., John D. 13,
  48
  O Cloisters **31**
  Judson Memorial Church
    107
  Nações Unidas, sede das
    124
  Riverside Church 145
  Rockefeller Center 15
Rockefeller Center 6, *12-15*,
  123
Rocking Horse Café
  Mexicano 121
Rodin, Auguste 29, 41, 50
Roebling, John A. 79
Roger Smith Hotel 174
Rogers, Randolph 114
Roof Terrace, Metropolitan
  Museum of Art 59
the room 102
Roomorama 175
Roosevelt, F. D. 171
Roosevelt, Theodore 111
Roosevelt Avenue, Jackson
  Heights 156
Roosevelt Island 134
Rosa Mexicano 143
Rose Center for Earth and
  Space **36-7**
Rosen, Andrea 120
Rosenthal, Tony 81
Ross, Steve 56
Roth, Emery 142, 178
Rothenberg, Susan 42
roupas
  compras 165
  o que levar 160
Ruggles, Samuel 112
Russ & Daughters 92, 93
Russell, Rosalind 140
Ruth, Babe 152-3

S
Saigon Grill 69
St. Elizabeth of Hungary
  Church 47
Saint-Gaudens, Augustus
  10, 107, 114

St. George's Ukrainian Catholic Church 47
St. John the Baptist Church 59, 119
St. Luke's Place 108
St. Mark's-in-the-Bowery Church 92–3
St. Mark's Place 92, 93
St. Nicholas Historic District 146, 147
St. Nicholas Russian Orthodox Cathedral 47, 134
St. Nick's Pub 148
St. Patrick's Cathedral 10, 11, 46, 124
St. Patrick's Day Parade 62
St. Paul's Chapel 46, 59, 80-1
St. Regis Hotel 172
St. Sava Serbian Orthodox Cathedral 47
St. Vartan Armenian Cathedral 47
Saks Fifth Avenue 11
Salaam Bombay 69
salões de chá 124
Salisbury Hotel 174
Salon de Ning 55, 125
Sammy's Roumanian 95
Samuel Paley Plaza 59
San Remo 142
Sanguino, Luis, *Os imigrantes* 76
Santos Party House 53
Saravanaas 113
Sargent, John Singer, *Madame X* 30
Savoy 103
saúde 170
SBNY 61
Schermerhorn, Peter 82
Schermerhorn Row 82
Schiller's Liquor Bar 95
Schomburg, Arthur 147
Schomburg Center for Research in Black Culture 147
Shubert Theater 24
Schwarz, Frederick August Otto 66
Sculpture Garden at 590 Madison 128
Seagram Building 44-5
Seaman's Church Institute 82
segurança 170
seguro 170
Seinfeld, Jerry 57
Sequoia 83
Serra, Richard 42
Sert, Josep Maria, *Progresso americano* 14
serviços postais 169
Seward, William 114
Shanghai Tang 136
Sheepshead Bay, barcos pesqueiros 155

Sheraton Manhattan 178
Sherman, general William T. 10
Sherry Netherland 173
Shoreham Hotel 174
Short, Bobby 56
shows de drag queens 61
Showman's 148
Shreve, Lamb e Harmon 8
Shun Lee Cafe 143
sinagogas
  Beth Hamedrash Hagodol Synagogue 92, 93
  Bialystoker Synagogue 91, 93
  Eldridge Street Synagogue 91-2
  Temple Emanuel 47
sinais de trânsito 163
Singer, Isaac Bashevis 142
Sinotique Gallery 86
Skidmore, Owings & Merrill 45
Smoke 148
Smorgas Chef 77
Snug Harbor Cultural Center 154
S.O.B.s 52
Sofitel 173
SoHo e TriBeCa 98-103
  butiques 65
  caminhadas 101
  mapa 98
  restaurantes 103
  vida noturna 102
Soho Grand Hotel 177
Solomon R. Guggenheim Museum 7, **32-3**, 40, 133, 135
Sonnabend 120
South Street Seaport 79, 81
  veja também Civic Center e South Street Seaport
South Street Seaport Museum 82
Sparkia, Roy 9
Spector, Phil 23
Sperone Westwater 42
Springsteen, Bruce 53
Spungen, Nancy 117
Stand Up NY 57
Standard, The 177
Starck, Philippe 54
Staten Island Children's Museum 155
Staten Island Ferry 59, 155
Staten Island Zoo 155
Stein, Gertrude 30
Steinbeck, John 108
Stern, Isaac 50, 125
Stern, Rudi 101
Stiller, Ben 100
Stone, Edward Durrell 10
Stonewall Pub 60

Strand Bookstore 113
Strawberry Fields 27
Streisand, Barbra 19
Strivers' Row 146
Studio Museum in Harlem 146, 147
Stuyvesant, Peter 20, 92-3
Stuyvesant Square 112
Styron, William 108
Sui, Anna 101
Sullivan Room, The 53
Sunken Garden 12, 76
Supershuttle, vans 161
Surrogate's Court 81
Sushi Samba 109
Swanson, Gloria 140
Sweet Basil 53
Sylvia's 148

T
tabela de conversão métrica 160
Tarrytown, mansões de 171
Taste 137
táxis 161, 163, 167
Táxis aquáticos 163
táxis puxados por cavalos 58, 164
Tchaikovsky, Peter Ilyich 50
Teariffic 87
teatros 24-5
  portadores de deficiência 168
telefones 167, 169
televisão, programas grátis de 166
Temple Bar 102
Temple Emanuel 47
Ten Ren Tea & Ginseng Company 89
tênis 63
Tenth Street Studio 107
Terrace in the Sky 149
Thannhauser, Justin 40
Theater District 6, **22-5**
Theodore Roosevelt Birthplace 111
Theodore Roosevelt Park 59
Therapy 61
Thom Bar 102
Thomas, Dylan 108, 117
Thurman, Uma 100
Tiffany, Louis Comfort 134
Tiffany and Company 10, 29, 81, 125
Tilden, Samuel 112
Tile Club 107
Time Hotel 177
Times Square 6, **22-3**, 123
Tisch Building 141
Titanic Memorial 82
Ticiano 41
TKTS, guichês da 166
Toast 149
Today Show Studio 13
Tocqueville 115

Tom Ford 136
Top of the Rock 13
Top of the Tower 58
traçado urbano 163
Transit Museum Gallery Annex 128
trens 152, 161
TriBeCa *veja* SoHo e TriBeCa
TriBeCa Film Center 101
TriBeCa Grand Hotel 177
Tribute WTC Visitor Center 72, 75
Trinity Church 46, 73
Trump, Donald 49
Trump International Hotel 172
Trump Tower 11
Tudor City 125, 127
Twain, Mark 108, 117
Tweed, William "Boss" 48, 80, 112
Twombly, Cy 42
Txikito 121

U
Ukrainian Museum 93
Union Square Café 68, 115
Union Square, Gramercy Park e Flatiron 110-15
 caminhadas 113
 estátuas e monumentos 114
 mapa 110
 restaurantes 115
Union Square Greenmarket 111, 113
Upper East Side 132-7
 caminhadas 135
 Madison Avenue, butiques na 136
 mapa 132
 restaurantes 137
Upper West Side 138-43
 arquitetura 141
 caminhadas 141
 mapa 138
 prédios de apartamentos 142
 restaurantes 143
Upright Citizens Brigade Theater 57
U.S. Custom House 47, 74, 75
U.S. Open Tennis Championships 63
Uva 137

V
Val Alen, William 44
Valentino 136
Van Cortlandt House Museum 154

Van Gogh, Vincent 32, 113, 135
 Ciprestes 30
 Montanhas em Saint-Remy 33
Vaux, Calvert 26, 28, 112, 152
Veritas 115
Vermeer, Jan 28, 40
 Jovem com jarro d'água 30
Verrazzano, Giovanni da 76
Veselka 95
viagem 161
 descontos 166
viagem de ônibus 161
viagem econômica 166, 175
Vicious, Sid 117
vida noturna, SoHo e TriBeCa 102
Village Vanguard 52
visitas a bastidores 164
vistos 161

W
W Union Square Hotel 177
Waldorf Astoria 173
Walter Reade Theater 139
Warhol, Andy 99, 120
Warwick Hotel 174
Washington, George 74, 81
 estátuas de 74, 76, 114
 Federal Hall 49, 72, 73
 Madame Tussauds de Nova York 23
 St. Paul's Chapel 46
 Washington Square Park 105
Washington Mews 105, 107
Washington Square 107, 108
Washington Square Hotel 179
Washington Square Park 105
Waterfront Ale House 153
Wave Hill 59
WD-50 95
West End Historic District 140
West Indian Day Carnival 62
West Side *veja* Upper West Side
West 10th Street 108
West 25th Street Market e Antiques Garage 117
Wharton, Edith 107, 108, 111

White, Stanford 105, 107, 112, 114, 134
White Horse Tavern 108
White Street 101
Whiting, Margaret 56
Whitney, Gertrude Vanderbilt 105
Whitney Museum of American Art 40
Whole Foods 165
Whole Foods Café 129
Wienman, Adulph 80
Willa Cather Residence 108
William Styron Residence 108
Williams, Tennessee 117
Williamsburg 153
Wilson, Julie 56
Winter Garden Theater 24
Wood Memorial 63
Woolworth Building 44, 79, 81
World Financial Center 45, 74, 75
World Trade Center 49, 72, 74
World Wide Plaza 45
Worth, general 114
Worth, monumento a 114
Wrey, Jacob 28
Wright, Frank Lloyd 7, 29, 32, 33, 135
Wyatt, Greg 114

X
Ximenes, Ettore,
 Giovanni da Verrazzano 76

Y
Yankee Stadium 152-3
York, duquesa de 23
Yu Yu Yang 76
Yves Saint Laurent 136

Z
Zabar's 141
Zara 113
Zarin Fabrics and Home Furnishings 94
Zion St. Mark's Evangelical Lutheran Church 47
zoos
 Bronx Zoo/Wildlife Conservation Park 66, 151
 Central Park Zoo 27, 66
 New York Aquarium 67, 155
 Prospect Park Zoo 155
 Staten Island Zoo 155
Zwirner, David 101

Agradecimentos

A Autora
Eleanor Berman escreve guias de turismo e já visitou os seis continentes. Mora em Nova York, onde é correspondente local do site de turismo Expedia, sendo a principal colaboradora do *DK Eyewitness New York Travel Guide* (vencedor do Wanderlust Travel Guide Award de 2009) e autora de *New York Neighborhoods* (vencedor do Independent Publishers Award de 2000), além de outras obras do gênero.

Editoras do Projeto Felicity Crowe, Marianne Petrou
Editora de Arte Gillian Andrews
Editor Sênior Marcus Hardy
Editora de Arte Sênior Marisa Renzullo
Gerente Editorial Sênior Louise Lang
Gerentes Editoriais Scarlett O'Hara, Kate Poole
Diretora de Arte Gillian Allan
Fotógrafos David King, Tim Knox
Ilustrador Chris Orr & Associates
Cartografia Casper Morris
Mapas John Plumer
Editora Caroline Taverne
Pesquisadora Vivienne Foley
Pesquisa Iconográfica Jenny Silkstone, Lilly Sellar
Revisão Stephanie Driver
Índice Hilary Bird
Diagramação Jason Little

Produção
Joanna Bull, Marie Ingledew

Projeto e Assistência na Edição
Emma Anacootee, Shruti Bahl, Lydia Baillie, Sonal Bhatt, Tessa Bindloss, Rebecca Carman, Sherry Collins, Imogen Corke, Nicola Erdpresser, Gadi Farfour, Emer FitzGerald, Fay Franklin, Anna Freiberger, Jo Gardner, Eric Grossman, James Hall, Rose Hudson, Claire Jones, Jude Ledger, Hayley Maher, Nicola Malone, Todd Obolsky, Marianne Petrou, Pollyanna Poulter, Ellen Root, Collette Sadler, David Saldanha, Sands Publishing Solutions, Melanie Simmonds, Hayley Smith, Susana Smith, Annelise Sorensen, Brett Steel, Rachel Symons, Andrew Szudek, Shawn Thomas, Karen Villabona, Ros Walford.

Fotografia Adicional
Rebecca Carman, Tony Foo, Steven Greaves, Andrew Holigan, Edvard Huember, Dave King, Norman McGrath, Michael Moran, Rough Guides/Angus Oborn, Susan Sayler, Paul Solomon, Chuck Spang, Chris Stevens, Shawn Thomas, Robert Wright.

Créditos das Fotos
a-alto; b-embaixo; c-centro; d-direita; e-esquerda; t-topo.

Obras de arte foram reproduzidas com permissão dos seguintes detentores de copyright: *Sem título*, Christian Boltanski © ADAGP, Paris e DACS, Londres 2011 99be; *'Quatro Árvores'* Jean Dubuffet © ADAGP, Londres 2011 76td; *'Cinco em Um'*, Tony Rosenthal, © DACS Londres 2011 78ad.

Os editores agradecem aos seguintes museus, empresas e bibliotecas pela permissão de reprodução de fotografias.: ALAMY IMAGES: Black Star/Jochen Tack/Das Fotoarchiv 60ca; *Charging Bull* © Arturo Di

Modica, foto Kevin Foy 75ae; Alex Segre 158-9; Martyn Vickery 108ca; AMERICAN FOLK ART MUSEUM, Nova York: John Parnell 19c; AMERICAN MUSEUM OF NATURAL HISTORY, Courtesy Department of Library Services: 35c, 35b, 35a, 37c, 37b, 138cd; D. Finnin 36ae, 36ca, 36ad, 36c; AMERICAN MUSEUM OF THE MOVING IMAGE: 154td; AMT PUBLIC RELATIONS: Jazz Standard 53cae; ANDREA ROSEN GALLERY: 'A célula universal', Matthew Ritchie, foto Tom Powel 120ad; ASSOCIATED PRESS AP: Stephen J Boitano 49b; BIG ONION WALKING TOURS: 162ad; MARY BOONE GALLERY: *Eric Fischl Installation* (1999) ZINDMAN/FREMONT, Nova York, 42ae; THE BOUTIQUE HOTEL GROUP: 174ca, 174ad; BROOKLYN MUSEUM, Nova York: 154ae; Adam Husted 40ad; CENTRAL PARK CONSERVANCY: Sara Cedar Miller 26b, 27b; CHILDREN'S MUSEUM OF THE ARTS: 99be; COACH USA: 164ca; COLORIFIC: Black Star 18b; PAULA COOPER GALLERY: *Retrospectiva em perspectiva*, de Carl Andre 43c, Adam Reich 42ad; CORBIS: 17cd, 48c, 48ca; Nathan Benn 45ce; Bettman 19a, 20ae, 20c, 20b; 25a, 48ae, 49a; ChromoSohm Inc 4-5; Duomo 63c, Duomo/Chris Trotman 63a; Patrik Giardino 167a; Lynn Goldsmith 10-11c; CLARENCE HOLMES 62cda; David Katzenstein 62b; Kit Kittle 128ad; Bob Krist 168ad; Lawrence 70-71, 104c; James Marshall 157a; Gail Mooney 9a; 18ce, 22c, 64b, 128ca; Kelly Mooney 116cd, 119a; 74bd; Museum of the City of New York 48ca; Charles O'Rear 38-39; Bill Ross 16a; Lee Snider 10ce; Michael S. Yamashita 3be, 131;

DANIEL RESTAURANT: Peter Medliek 137ae; DEPARTMENT: 170ad; EDELMAN PR: New York Road Runners 9be; HOTEL EDISON: 175ae; EXCELSIOR HOTEL: 179ca; FAIRMONT HOTELS & RESORTS 173ae; FEINSTEIN AT LOEWS REGENCY: Miller Wright & Associates 56cb; FLUTE CHAMPAGNE LOUNGE 54ae; FOUR SEASONS: Jennifer Calais Smith 68ae; GETTY IMAGES: WireImage/Janes Devaney 162tc; GLADSTONE GALLERY: 'Desreconstrução', curadoria de Matthew Higgs, foto David Regen 120ae; GRAMERCY TAVERN: 115te; THE SOLOMON R. GUGGENHEIM FOUNDATION, Nova York: 'Diante do espelho', Edouard Manet, 1876, Thannhauser Collection, doação de Justin K Thannhauser em 1978, foto David Heald 33a; 'Linhas negras', Wassily Kandinsky, 1913, doação de Solomon R. Guggenheim em 1937, foto David Heald © ADAGP, Paris e DACS, Londres 2011 33b; 'Haere Mai', Paul Gauguin, Thannhauser Collection, doação de Justin K. Thannhauser em 1978 33d; 'A ermida em Pontoise', Camille Pissaro, Thannhauser Collection, doação de Justin K. Thannhauser em 1978 32c; 'Mulher de cabelo amarelo', Pablo Picasso, dezembro de 1931, Thannhauser Collection, doação de Justin K. Thannhauser, foto David Heald © Succession Picasso/DACS 2011 32b; HARRIS LEVY: 94ad; HILTONS OF NEW YORK CITY: 178ca; HULTON GETTY ARCHIVE: 20ad; Ernst Haas 20ca. THE IMAGE BANK/GETTY IMAGES: 59ce; IMAGE STATE: AGE Fotostock 96-97; THE IRVING PLACE: Roy J. Wright 176ca; JAZZ PROMO SERVICES: 52ad; JOAN MARCUS:

Agradecimentos

Agradecimentos

23b, 25c, 25b; LUCKY CHENG'S: 60ae; THE METROPOLITAN MUSEUM OF ART, NY: The Metropolitan Museum of Art, Nova York: 28b, 29cb; *'Paisagem de outono'*, Louis Comfort Tiffany (American Tiffany Studios), doação de Robert W. de Forest em 1925 (25.173) 29ae; *'Ciprestes'*, Vincent van Gogh, 1889, Rogers Fund 1949 30b; *'Gertrude Stein'*, Pablo Picasso, 1905-6, Legado de Gertrude Stein 1946 © Succession Picasso/DACS 2011 30ad; *'Jogadores de cartas'*, Paul Cézanne, Legado de Stephen C. Clark 1960 30ae; *'Jovem com jarro d'água'*, Johannes Vermeer, 1664-5, Marquand Collection, doação de Henry G. Marquand em 1889 7c e 30c; *'Terraço em Sainte-Adresse'* Claude Monet, 1867, Monet Purchase, contribuições e fundos especiais dados ou legados por amigos do Museu 30ca; The Cloisters Collection/Mick Hales 31cbd; Aquisição do Costume Institute Fund em memória de Polaire Weissman 1989 29ca; *'Tríptico com anunciação'*, Robert Campin, 1425, The Cloisters Collection 1956 31b; The Cloisters Collection 1937 31a; The Cloisters Collection, doação de John D. Rockefeller em 1937 31ce; MISS MAMIE'S SPOONBREAD TOO: 149ae; THE MUSE HOTEL: 176ae; MUSEUM OF MODERN ART: ©2004 Foto Elizabeth Felicella, renderização arquitetônica Kohn Pedersen Fox Associates, composite digital Robert Bowen 40c; MYPLASTICHEART: 94te; NEW YORK CITY FIRE DEPARTMENT: 170ad; PACE WILDENSTEIN: Ellen Page Wilson *'Cornflake Girl'*, Mel Ramos © DACS, Londres/VAGA, Nova York 2011 42c; PHOTOLIBRARY: Ambient Images/ Peter Bennett 118bd; PLUNGE: 54ad; PRADA: 99bd; THE PENINSULA NEW YORK: 54ca; REGENT HOTELS: 178ca; RENAISSANCE NEW YORK: 173ca; ROCKEFELLER CENTER ARCHIVE: 14ad, 15c, 15a, John D. Rockefeller Jr. 48ad; SHANGHAI TANG: 136ad; SOHO GRAND HOTEL: 177ad; SOUTH STREET SEAPORT MUSEUM: 82ca; ST. MAGGIE'S CAFE: 77ae; STARR RESTAURANTS: 121tc; THEATRE DEVELOPMENT FUND: 166ae; THOMPSON HOTELS: 102ac; TISHMAN SPEYER: Rockefeller Center/ Christine Roussel *'Mercúrio alado'*,1933, de Lee Lawrie 14ae; TOP OF THE ROCK OBSERVATION DECK: 13be; TRIBECA GRAND HOTEL: Michael Kleinberg 177ae.

Todas as outras imagens
© Dorling Kindersley. Para informações adicionais, consulte www.dkimages.com.